OMEGA POINT

Le piège de Kadhafi

ISBN 13 : 979-1-090465-26-8
EAN 13 : 9791090465268

Éditions Altipresse
150, rue Aristide-Briand
92300 Levallois-Perret
Tél : 01 47 30 53 10
alti@altipresse.com

Mise en page : Richard Delahaye
Graphisme : Bastien Otelli
Première édition : 2005 / Réédition de mai 2013

Jean-Pierre Otelli

OMEGA POINT

Le piège de Kadhafi

Éditions ALTIPRESSE

À ma mère, au ciel...

CHAPITRE 1

20 janvier 1983

Le soleil venait de disparaître derrière l'horizon. La nuit n'allait pas tarder à tomber. C'était l'hiver.

Pourtant, malgré l'heure tardive, il faisait encore terriblement chaud. Au cours de la journée, le thermomètre était monté jusqu'à 42 degrés. Absolument insupportable... La canicule durait depuis maintenant une semaine et les hommes n'en pouvaient plus. À cette période de l'année, dans la plaine du Souss, les brusques accès de chaleur étaient rares et la population s'inquiétait. Sans que personne n'ose y faire allusion, tout le monde pensait au grand tremblement de terre d'Agadir de 1961. Ceux qui l'avaient connu se rappelaient avec effroi qu'il avait eu lieu en hiver et que la formidable secousse avait été précédée de trois jours de chergui[1].

1. Vent brûlant du Sahara.

Depuis, chaque fois que la terre avait tremblé dans le Souss, c'était toujours en hiver. Même si les secousses n'avaient pas fait de dégâts, elles étaient toujours survenues après une vague de chaleur.

Le pays tout entier vivait au ralenti quand le vent du désert soufflait. Les Marocains se cachaient en attendant que ça passe.

Christopher était aux commandes de l'avion depuis presque deux heures. Une éternité... Le Pawnee n'était pas climatisé et le travail par cette température était un véritable supplice.

Malgré les vitres ouvertes et la ventilation réglée au maximum, ses vêtements étaient aussi trempés que la veille lorsqu'il s'était jeté tout habillé dans la piscine de la ferme.

Son masque respiratoire lui envoyait un souffle chaud qui lui desséchait les poumons. Il avait l'impression de respirer l'air d'une forge. Le pilote détestait voler par temps de chergui, car le vent d'est provoquait une inversion de température dans l'atmosphère. Plus Christopher montait et plus il faisait chaud.

En temps normal, c'était le contraire qui se produisait.

La sueur coulait sous la visière du casque et lui piquait douloureusement les yeux. Christopher se demanda si ce petit jeu allait continuer longtemps comme ça. Il aurait donné une fortune pour une bière glacée.

Il pensa à Alex, confortablement installé dans la maison climatisée, en train d'attendre le retour de l'avion et fut impatient de terminer le vol pour pouvoir rentrer.

Malheureusement, il fallait encore patienter. Le travail était loin d'être fini.

À l'altitude de 2 000 pieds, l'appareil décrivait de larges cercles en se laissant dériver lentement vers le nord. L'avion tournait comme un rapace surveillant sa proie.

En fait, c'était un peu cela.

Depuis quelques minutes, l'inquiétude gagnait Christopher. Il ne quittait pas le tableau de bord des yeux. La chaleur lui causait un problème car la température d'huile frisait la zone rouge. Si cela s'aggravait, il allait devoir cesser l'observation et rentrer à la ferme. Ce serait une catastrophe. Il avait eu tant de mal à les repérer ! Maintenant qu'il les tenait, il ne fallait pas les lâcher ou tout était fichu.

Sentant la nuit venir, il repéra avec précision sa position sur la carte au 1/500 000 qu'il portait agrafée au genou. Au cas où il les perdrait, il aurait toujours la possibilité de revenir au même endroit le lendemain pour tenter de les retrouver. Ce serait une perte de temps et d'argent considérable, mais ce serait mieux que rien.

– Qu'est-ce qu'elles attendent, bon sang, gronda-t-il pour lui-même ! Elles devraient être posées depuis au moins une demi-heure.

Tout en parlant, Christopher entendit sa propre voix résonner dans les écouteurs du casque. Il avait acheté d'occasion l'avion agricole et le précédent propriétaire l'avait bizarrement équipé d'une radio avec interphone, alors que c'était un avion monoplace. Excès de zèle ou matériel récupéré sur un autre appareil, il n'en savait rien. Quoi qu'il en soit, le Pawnee était presque neuf et en parfait état.

Il réduisit les gaz et descendit de 1 000 pieds, à la fois pour mieux les apercevoir et pour trouver une température plus supportable.

La lumière du jour baissait.

Il eut du mal à les retrouver. À présent, elles étaient moins visibles. Il fut tenté de perdre encore un peu d'altitude mais y renonça. C'était très dangereux. Il ne fallait pas trop s'en approcher.

500 pieds au-dessus, c'était suffisant.

Le spectacle que Christopher avait sous les yeux était fantastique. Presque surnaturel. Sous l'avion, au ras du sol, un immense nuage noir de 20 kilomètres de long se déplaçait lentement vers le nord.

Le nuage était mouvant et ondulait imperceptiblement au gré

du vent. Au premier abord, un observateur non averti aurait pu croire que c'était une ombre qui s'étendait à mesure que le soleil déclinait.

Ce n'était pas une ombre... S'il avait été midi, la tache aurait été aussi noire et aussi étendue.

C'était un véritable fléau que Christopher survolait aux commandes du Pawnee. Un nuage de mort et de désolation ! Des milliards d'êtres vivants, affamés, qui causaient la ruine partout où ils se posaient. Des sauterelles...

Ce n'était pas la première fois que le pilote les approchait. Il avait souvent traité des essaims beaucoup plus importants que celui-là. Un jour, en Éthiopie, il avait dû travailler sur une masse de 50 kilomètres de circonférence. L'enfer grouillant... Ce soir-là, des milliers de fellahs avaient tremblé en voyant arriver le nuage.

Pour ceux qui en étaient les victimes, les sauterelles étaient un cataclysme aussi terrible que les tremblements de terre ou les inondations. La mort était simplement plus lente. Après leur passage, les hommes n'avaient plus rien à manger, et au bout du compte ça revenait au même.

Christopher n'oublierait jamais la première fois où il avait vu un essaim s'abattre sur la campagne.

Le ciel s'était tout à coup assombri. Dans un bourdonnement impressionnant, les sauterelles avaient surgi de partout. Il y en avait des milliards. Plus on en écrasait, plus il en venait. Les hommes se battaient avec un sentiment d'impuissance. La lutte était trop inégale, il n'y avait rien à faire. Elles tombaient sur les cultures comme une pluie vivante. Grouillante. Écœurante. Même le bruit de leurs mandibules était écoeurant. Elles dévoraient tout. Les feuilles, les brindilles et jusqu'aux écorces des jeunes arbres. Elles ne laissaient rien. Après leur passage, c'était le néant.

Ce spectacle terrifiant l'avait profondément bouleversé. La détresse des victimes était pitoyable. Les paysans n'avaient aucune défense, les femmes hurlaient des you-you, les enfants tapaient sur tout ce qui pouvait faire du bruit et gesticulaient en pleurant. Vision de cauchemar. Chaque pas s'accompagnait d'un craquement horrible en laissant une empreinte sanglante, tant on écrasait de criquets.

Les remèdes étaient ridiculement inefficaces pour lutter contre le cataclysme. En Afrique, le masque de la mort s'apparentait à celui du criquet pèlerin.

Puis les avions agricoles arrivèrent... Les mêmes que celui que Christopher pilotait ce soir-là. Spécialement conçus pour l'épandage des pesticides, c'étaient de véritables tracteurs volants. Robustes, puissants. Transportant 700 kilos de parathion, ils pouvaient atterrir pratiquement en pleine nature sur des pistes non préparées. Leur moteur de 235 chevaux leur donnait une réserve de puissance suffisante pour décoller dans des conditions impossibles pour d'autres types d'appareils.

Malheureusement, les bons pilotes sur ce genre d'avion étaient rares. Le métier était trop dangereux. Il fallait voler toujours très bas. Si bas que le pare-brise devait être protégé par un coupe-câble, une sorte de lame acérée destinée à couper les fils électriques qui auraient pu arracher la carlingue et décapiter le pilote. D'ailleurs, le coupe-câble était souvent inutile. L'avion passait en dessous des lignes. Ce n'était pas un jeu, mais une nécessité.

Les avis étaient partagés sur les « Ag-Pilots». Certains les considéraient comme des têtes brûlées, risquant leur vie à chaque vol. Les autres voyaient en eux de vrais professionnels entraînés à travailler dans des conditions pénibles et dangereuses.

Les premières méthodes de lutte antiacridienne[2] étaient archaïques. Les pilotes travaillaient au coup par coup, se ruant à l'assaut de chaque essaim dès qu'ils étaient signalés. C'était

2. Contre les sauterelles.

toute une expédition. Il fallait repérer les sauterelles, attendre qu'elles se posent dans la soirée puis revenir le lendemain matin pour traiter. C'était plus efficace que la méthode du bruit et des you-you, mais la technique était loin d'être rentable à 100 %. Les pilotes pouvaient rarement traiter la totalité de l'essaim, il en restait toujours. C'était long et fastidieux... Avant d'être repérées, les sauterelles faisaient des dégâts considérables. Ça coûtait cher. En outre, le parathion et le penthion étaient terriblement toxiques pour les paysans. On le retrouvait par la suite tout au long de la chaîne alimentaire.

Et puis, la proximité des sauterelles était mortelle pour les pilotes eux-mêmes. Christopher en savait quelque chose. Il s'était plus d'une fois fait des frayeurs en passant trop près du nuage au moment où celui-ci se déformait. Lorsque les insectes allaient se poser, ils passaient en effet « de cunimb en stratus[3] ». Vertical au départ, l'essaim s'étalait brusquement comme une gigantesque goutte d'eau qui aurait éclaté au sol sans le toucher. Si l'avion pénétrait à l'intérieur, c'était la mort. Les chances de s'en sortir étaient pratiquement nulles. L'appareil devenait impossible à contrôler. Une bouillie sanglante obstruait les entrées d'air, les filtres, le système de refroidissement. Le pare-brise devenait rouge et opaque. Même les voitures sur les routes avaient des difficultés à rouler. Il fallait s'arrêter sur le bas-côté et attendre, vitres fermées afin de ne pas être envahi par les insectes.

Vers la fin des années 1960, une véritable solution au problème des sauterelles fut trouvée. Celles-ci, après un long périple en Afrique, retournaient toujours pondre au même endroit : en Éthiopie. C'est pendant cette brève période de leur vie qu'elles étaient vulnérables. Les femelles, chargées d'œufs, avaient du mal à voler. Elles devenaient alors des proies faciles

3. Le nuage a d'abord la forme d'un nuage d'orage, puis il s'étale et ressemble à du brouillard noir.

pour les avions agricoles. On ne traita plus les essaims mais les œufs en Érythrée. Les résultats furent inespérés. Les criquets pèlerins se raréfièrent en Afrique et finirent presque par disparaître.

Malheureusement, en 1974, la guerre éclata en Éthiopie.

La violence des combats interdisant tout travail, le traitement des oeufs dut cesser. Les conséquences catastrophiques ne tardèrent pas à apparaître à travers tout le continent africain.

Christopher en avait ce jour-là un bel exemple sous les ailes. Depuis deux ans, les sauterelles revenaient en force sur le Maroc et il avait fallu reprendre la vieille méthode du coup par coup. Chaque essaim devait être traité au petit matin, après un repérage fastidieux la veille au soir.

La radio grésilla dans son casque :

– Alors, qu'est-ce que tu fais ? Il va bientôt faire nuit...

Il reconnut la voix d'Alex.

– Elles viennent seulement de passer en stratus, je crois qu'elles font des heures supplémentaires, répondit Christopher. Allume-moi la piste, j'en aurai besoin pour l'atterrissage.

Il se demandait pourquoi elles tardaient tant à se poser. C'était presque anormal.

Christopher savait qu'il pouvait compter sur son ami... Quand il rentrait tard, Alex allumait six lampes tempête qu'il plaçait de part et d'autre du chemin d'atterrissage.

Ce n'était pas la solution idéale, mais le pilote connaissait parfaitement la région et il n'y avait pas d'obstacles vraiment dangereux autour de la ferme.

Alex était un associé précieux. Il savait tout faire. Excellent pilote comme Christopher, c'était aussi un génie de la mécanique. Il savait diagnostiquer immédiatement toutes les pannes quelles qu'elles soient et trouvait toujours le moyen de réparer, même dans les situations les plus délicates.

Christopher l'avait vu un jour démonter une boîte de vitesses dans le sable, alors qu'ils étaient en panne dans le désert à

400 kilomètres du premier garage. Ils avaient finalement ramené le véhicule qui aurait dû rester à jamais dans les dunes.

Alex n'avait d'ailleurs qu'une passion : il collectionnait les voitures anciennes. Toutes ses économies y passaient. Il en avait dix-huit à lui tout seul. De toute beauté. Soudain, Christopher poussa un soupir de soulagement. Il appela Alex à la radio :

– Je crois qu'elles se posent. C'est fini pour ce soir, dit-il.

Le centre du nuage sembla peu à peu se dissoudre. Un trou se forma au travers duquel le sol apparut. La déchirure s'agrandit s'étira sur les bords. Et d'un seul coup il n'y eut plus rien.

Les sauterelles étaient au sol. Il ne les voyait pratiquement plus. Seule une très légère coloration grise du terrain indiquait la zone infestée.

– Bonne nuit les petites, siffla-t-il. Je viendrai demain au réveil pour le petit déjeuner.

Il nota la position des criquets sur la carte et mit le cap sur la côte. Il pouvait enfin rentrer.

La nuit était complètement tombée maintenant. Il faisait toujours aussi chaud et une brume sèche troublait l'horizon. Sans être limpide, la nuit était claire.

– OK, Alex, c'est tout bon. J'ai la position des fauves, prépare le chemin. Je rentre. Je serai au frais dans 20 minutes.

– Ta position, demanda la radio ?

– Je survole la côte.

– On va préparer la piste personnelle de Monsieur, ricana l'autre. T'as de la chance, on allume ça rien que pour toi !

Christopher jeta un regard à sa température d'huile. Depuis quelques minutes, elle était moins élevée. Du coup, il poussa la manette des gaz vers l'avant jusqu'à ce que le compte-tours soit à 2 600 t/mn. Il rentrerait plus vite. Les 235 chevaux du Pawnee firent plus de bruit et la vitesse atteignit péniblement 100 nœuds[4].

4. 185 km/h.

« Quelle charrue! » pensa-t-il.

L'appareil avait beaucoup de qualités, sauf celles d'être rapide et silencieux. Par chance, celui-ci était équipé de la radio alors que la plupart des avions agricoles n'en avaient pas. C'était un luxe sur les Pawnee. De plus, pour la commodité du travail, Alex avait bricolé un autre poste VHF qu'il avait installé dans la cuisine de la ferme. Les deux hommes pouvaient ainsi rester en contact permanent pendant le traitement. C'était formellement interdit par les autorités marocaines, mais ils utilisaient leur propre fréquence et personne ne le savait. Leurs interventions étaient ainsi beaucoup plus efficaces.

La voix d'Alex résonna à nouveau dans le casque.

– T'es perdu ou tu fais une promenade au clair de lune ? J'espère que t'as pas oublié que t'es invité ce soir... Sandra vient d'appeler pour que tu viennes sans faute.

– Tu iras sans moi, répondit Christopher d'un ton las, je suis crevé.

Il crut qu'Alex allait s'étouffer à la radio.

– T'es complètement fou ! Elle va être déçue et je te signale que l'Anglaise d'avant-hier sera là.

– C'est non, répliqua fermement Christopher.

Il savait qu'Alex détestait sortir sans lui, mais ce soir il n'avait qu'une envie : prendre une douche et se coucher. Il allait devoir se lever à 4 heures le lendemain pour attaquer les sauterelles et n'avait aucun désir de revoir la pulpeuse Anglaise dont Alex s'était entiché... Quant à Sandra, il la verrait plus tard. De toute façon, il n'avait rien à lui dire.

Voulant éviter la discussion, il changea de sujet et donna sa position.

– Je passe l'oued. Je serai posé dans 10 minutes.

De nuit, Christopher naviguait à vue. Le Pawnee n'était pas équipé pour le vol aux instruments. Il n'y avait presque rien sur le tableau de bord. Pas même un horizon artificiel. Tout juste un vieux compas un peu déréglé. Ça n'avait pas d'importance, les nuits du sud marocain étaient presque toujours sans nuages et Christopher pilotait un avion comme bien peu de spécialistes savaient le faire.

Il avait commencé très jeune.

Aux États-Unis, son père possédait un petit Cessna quadriplace. Dès l'âge de douze ans, Christopher avait montré des dons exceptionnels. Il n'était guère besoin de pousser le gamin dans cette voie, il ne vivait que pour voler. Tout en gardant la nationalité française qu'il tenait de sa mère, il vécut jusqu'à dix-sept ans à San Francisco. Puis il décida de rentrer en France et s'engagea dans l'armée de l'Air. C'est là qu'il acquit une expérience aéronautique considérable.

Fouga Magister puis Alphajet, Mirage, Christopher était devenu l'un des meilleurs pilotes de chasse de sa promotion. Beaucoup disaient d'ailleurs qu'il était le meilleur. Les rapports de ses supérieurs étaient toujours les mêmes :

« Élément exceptionnellement brillant en vol, mais qui ne parvient pas à s'adapter à la rigueur militaire ».

Commandant à 83 ans, Christopher aurait pu poursuivre une brillante carrière dans l'armée s'il avait accepté de voler moins pour prendre des responsabilités dans un bureau à l'état-major. Malheureusement, ne plus piloter était impensable pour lui. Il avait préféré démissionner.

C'est à cette époque qu'il avait rencontré Alexandre. Lui aussi venait de quitter l'armée. Ils décidèrent de s'associer pour monter une petite compagnie de travail agricole au Maroc. Un haut fonctionnaire prit des parts dans leur société. Ils achetèrent deux Pawnee d'occasion et louèrent une grande ferme dans la plaine du Souss au nord de Tiznit.

Rapidement, les affaires marchèrent bien. Depuis deux ans, le travail ne manquait pas et les avions étaient rentabilisés au maximum. Ils envisageaient déjà l'achat d'un troisième appareil et voyaient l'avenir avec optimisme.

CHAPITRE 2

Christopher arriva en vue de la ferme. Il distinguait maintenant les six lampes tempête d'Alex qui balisaient le chemin d'atterrissage.

Il l'appela à la radio.

– Je passe le canal d'irrigation. Visuel sur la piste. Prépare la bière, je meurs de soif.

Tout en parlant, il bascula le switch des gros phares situés dans le nez de l'avion. Deux puissants rayons blancs déchirèrent la nuit.

– OK... En vue, répliqua aussitôt Alex, qui surveillait l'approche de l'appareil.

Christopher vira pour s'aligner dans l'axe du chemin où il allait atterrir : 350 mètres de long, une quinzaine de large, c'était peu, mais il n'y avait pas de pierres et c'était relativement plat. Alex disait toujours, en riant, que c'était douze fois plus court que la piste de Roissy, mais que ça leur coûtait moins cher à entretenir.

La vitesse chuta vers 65 nœuds. Christopher sortit les volets. Les roues touchèrent le sol en douceur et Alex ne put s'empêcher d'admirer l'atterrissage parfait de son associé. Christopher posait un avion la nuit, sur un chemin de terre, aussi facilement que s'il avait été en plein jour sur trois kilomètres de béton.

Sitôt le moteur stoppé, Alex s'approcha et voulut savoir :

- Elles sont si loin que ça ?

- 22 minutes de vol... Et en plus elles sont dans une sorte de grande crevasse. Pas facile de survoler ça. Ça va être très juste pour demain matin. Il faudra se grouiller, autrement elles seront parties quand on arrivera.

Christopher débrancha son masque respiratoire et ôta son casque qu'il posa sur le manche. Puis, après avoir débouclé le harnais à cinq points qui le maintenait à son siège, il sortit lentement de l'appareil.

- Ça va être du sport pour les tirer de là, continua-t-il, songeur. Elles sont réparties sur plus de 15 kilomètres.

- C'était dur, demanda Alex ?

- Oui, j'en peux plus...

Trempée de sueur, la chemise de toile bleu collait à la peau du pilote. Il l'enleva et l'accrocha à l'hélice pendant qu'Alex examinait la carte pour repérer la position des sauterelles.

Bronzé, les yeux bleu pâle, Christopher était un grand gaillard dont les cheveux blonds très clairs ne passaient pas inaperçus au Maroc. Quand on lui demandait combien il mesurait, il répondait toujours qu'il faisait 6 pieds et 4 pouces, comme aurait répondu n'importe quel Américain. Sa taille lui avait d'ailleurs posé des problèmes pour s'installer dans le poste de pilotage de certains avions de chasse. Christopher était un peu trop grand.

La cabine du Pawnee ne posait pas ce genre de problèmes. Quoique monoplace, le cockpit était suffisamment vaste et il était même arrivé d'y monter à deux pour effectuer des dépannages urgents.

Ce n'était pas très confortable, mais c'était parfois nécessaire.

Torse nu, Christopher se dirigea vers sa Range Rover garée sous un olivier. Pendant ce temps, Alex interpella un jeune Marocain qui travaillait sur le second Pawnee décapoté :

– Rachid, cria-t-il, tu fais les pleins des deux avions et tu remplis les cuves. On décollera cette nuit à 5 heures.

Les mains pleines de graisse, un jeune Berbère se retourna. Il avait des yeux vifs et intelligents. D'un revers de manche, il essuya la sueur de son front et regarda vers l'intérieur du hangar. Soudain, il se mit à hurler dans sa langue.

Quelques instants plus tard, deux mécanos en sortirent, les yeux bouffis de sommeil et traînant les pieds. Ils se mirent à courir gauchement quand le Berbère les apostropha. Des injures, que Christopher ne comprit, pas fusèrent de sa bouche. Les deux endormis se précipitèrent vers un fût de 200 litres d'essence qu'ils roulèrent jusqu'aux avions.

Entre deux jurons, Rachid s'adressa à Alex.

– Ne vous inquiétez pas, monsieur Alexandre, ce sera fait. Est-ce qu'on libère aussi les micronairs[5] pour l'attaque de demain ?

Pour le Berbère, la lutte contre les criquets était une véritable guerre. Il les détestait viscéralement et son vocabulaire s'en ressentait. Ses parents avaient été ruinés par les insectes alors qu'il était tout jeune. Depuis, il leur vouait une haine farouche.

– Bien sûr, répondit Alex, prépare-moi tout ça.

Quand les avions ne traitaient pas, Rachid ficelait les micronairs sous les ailes. Pendant l'épandage, les petits ventilateurs dispersaient l'insecticide en fines gouttelettes et le pilote pouvait régler leur grosseur en faisant varier la vitesse de rotation. Il était important de ne pas traiter les sauterelles de la même manière que les pucerons ou les doryphores.

Rachid déploya la carte sur l'aile de l'avion, repéra la marque rouge que Christopher avait tracée pour indiquer les criquets et

5. Petits ventilateurs destinés à vaporiser le produit en gouttelettes plus ou moins fines.

il prépara la journée du lendemain. Il était chargé du transport par la route du matériel lourd nécessaire au traitement. Il fut convenu qu'il conduirait le GMC de ravitaillement jusqu'au kilomètre 54 et que les avions se poseraient sur la route à côté du camion pour refaire le plein d'insecticide.

Les conditions d'atterrissage au 54 étaient loin d'être idéales. Il n'y avait que 250 mètres de ligne droite et la route était bordée de fils électriques. Comme, de plus, la chaussée était défoncée, Rachid devrait baliser les nids-de-poule avec des fanions pour faciliter le travail des pilotes. Ça promettait de ne pas être de tout repos.

Rendez-vous fut pris entre les deux avions et le GMC pour le lendemain matin, à 5 heures 30 au bord de la route. Christopher savait qu'il pouvait compter sur Rachid. Celui-ci serait sans faute au 54, une demi-heure avant les avions.

Au Maroc, les gens qui arrivaient à l'heure à un rendez-vous étaient rarissimes. Quant à ceux qui venaient en avance, Christopher n'en connaissait qu'un seul : Rachid. Dans les pays arabes, le temps n'existait pas. Il allait monter dans sa Range lorsque le jeune Marocain l'appela :

– Monsieur Chris, j'en ai un sac, vous en voulez, demanda-t-il avec un clin d'œil complice ?

Il vouait à Christopher une admiration sans limite.

– Un sac de quoi ?

– Ben, un sac de sauterelles, bien sûr ! On commence à en trouver un peu partout et les gens savent que vous allez commencer à traiter demain, alors ils se dépêchent.

Rachid lui désigna un sac de jute sur le plateau d'un pick-up 404, inévitable véhicule du Sud marocain.

– Vous pouvez en prendre, j'en ai vraiment trop.

– Non, merci, je n'ai pas vraiment faim, rétorqua Christopher, j'ai surtout soif.

– Vous avez tort, monsieur Chris, c'est des sales bêtes mais quand elles sont grillées, c'est délicieux.

Christopher le savait bien. En Afrique du Nord, au moment des invasions, on s'en régalait. Lui-même en avait déjà mangé plusieurs fois. Il n'en raffolait pas, mais, à l'occasion, c'était aussi bon qu'autre chose.

Les Français passaient pour des barbares quand ils mangeaient des grenouilles, alors pourquoi pas des sauterelles ou du serpent ? Le seul problème était de ne pas tomber sur des insectes traités au DDT.

Très indigestes.

– Ce mec mangerait n'importe quoi, protesta Alex d'un air dégoûté en refermant le cockpit de son avion. Pour moi, les sauterelles, il faut qu'elles aient des longues jambes et un beau cul...

Il se lança dans une longue description de la compagne idéale, celle qu'il attendait depuis longtemps et qu'il allait rencontrer prochainement. Il adorait les femmes, mais il était handicapé par une allure peu avantageuse que n'arrangeait pas une calvitie presque totale.

Les deux hommes avaient le même âge. Pourtant, physiquement, Alex se sentait beaucoup plus vieux que son ami.

Il reprit la litanie habituelle que Christopher avait entendue des centaines de fois.

– D'ailleurs, toi, je te comprends pas. Si j'avais ta gueule, elles y passeraient toutes, les jeunes comme les vieilles. T'es vraiment nul de pas en profiter !

Christopher, qui était déjà au volant de la Range, l'écoutait d'une oreille distraite. Il se pencha pour lui ouvrir la portière.

– Tu montes, au lieu de dire n'importe quoi ? Pense plutôt à l'essaim de demain matin et repose-toi cette nuit !

Alex s'installa à côté de lui, pensif. Il regarda droit devant. Lorsqu'ils sortaient ensemble, il se sentait toujours complexé. Du fait de son physique peu ordinaire, son copain attirait immédiatement tous les regards.

Ce type de 1,91 mètre passait difficilement inaperçu. Perdu à ses côtés, Alex était obligé de se démener comme un forcené pour engager une conversation qui, souvent, tournait court. Pire encore, il devenait souvent « l'ami ». Celui qu'elles essayaient de se concilier pour arriver jusqu'à Christopher.

La Range ne parcourut que 800 mètres et s'arrêta en face d'une grande maison blanche dont la façade était presque entièrement cachée par des rosiers grimpants. La bâtisse était sur une petite hauteur à partir de laquelle on pouvait voir le chemin sur lequel l'avion avait atterri.

C'était la demeure de Christopher : l'Orangeraie. Bizarrement appelée ainsi malgré les rosiers, parce six orangers poussaient à l'intérieur même du patio. La maison était superbe. Il l'avait trouvée deux ans plus tôt, dans un état déplorable et l'avait restaurée entièrement, avant de la moderniser. Tout le confort y était à présent. Parfaitement climatisée, on y trouvait le luxe nécessaire pour rendre la vie en Afrique plus facile. Même la liaison radio VHF était branchée sur l'interphone, ce qui permettait de garder le contact avec l'avion depuis n'importe quelle pièce. L'intérieur était meublé dans un style résolument moderne qui contrastait avec le cachet ancien de la maison. L'ensemble était une superbe réussite d'harmonie où le cuir blanc des fauteuils suédois se mariait avec les bois anciens des coffres arabes et les vieilles pierres de l'immense cheminée.

Il aimait passionnément cette demeure.

À l'extérieur, le cadre était somptueux.

La piscine était à quelques mètres, protégée du vent par plusieurs rangées de cyprès et d'orangers.

À cent mètres, de l'autre côté du chemin, se trouvait le domaine d'Alex. La maison aurait pu être aussi confortable que l'Orangeraie, mais il n'y attachait aucune importance. Au fil des mois, sa villa était restée dans un état de délabrement désolant. Il n'avait aménagé que deux pièces, le salon et sa chambre. Le reste servait de débarras.

Christopher affirmait en riant que c'était avant tout un

garage, parce qu'on y trouvait un stock des pièces de voitures. Alex y entreposait tout ce qui, de près ou de loin, avait un rapport avec sa passion de collectionneur. Le Maroc, pays fabuleux pour les vieilles voitures, était un paradis pour lui. Il venait d'y trouver le rêve de sa vie, une Mercedes 300 SL à portes « papillon ». Le véhicule était en piteux état, mais il était en train de le refaire à neuf, avec amour.

– Je rentre à pied chez moi, dit Alex. Pense à téléphoner à ta copine, elle se languit.

– Pense à dormir, rétorqua Christopher, ça va être difficile de te tirer du lit demain matin.

Alex était déjà parti vers sa Porsche. Loin de rentrer, il filait chez Sandra à toute allure.

La nuit était chaude. Il flottait dans l'air une forte odeur de fleur d'oranger. Avant de rentrer chez lui, Christopher se déshabilla complètement et plongea dans la piscine. L'eau était fraîche. Elle lui procura une sensation de bien-être extraordinaire.

Il sortit rapidement et, entièrement nu, récupéra ses vêtements puis rentra trempé dans la maison.

La climatisation fonctionnait bien et les pièces étaient presque froides.

Il prit une bière glacée dans le réfrigérateur, mangea un sandwich avant de prendre une douche et se coucha exténué.

Au moment où il sentit le sommeil venir, il se rendit (vaguement) compte qu'il avait oublié de téléphoner à Sandra. Il se dit qu'il allait se relever mais s'endormit aussitôt profondément.

La pendule marquait trois heures quand elle entra dans la chambre. Il y régnait un parfum très particulier. Un mélange de citron et d'épices.

Sans prendre de précautions particulières, elle alluma une lampe de chevet et resta dans un coin à le regarder dormir. Elle savait qu'il avait un sommeil de plomb et qu'elle ne le réveillerait pas. Sa robe de soirée était toute froissée.

Sandra se tint là, immobile pendant de longues minutes, se demandant vraiment pourquoi elle était amoureuse de lui. Il était beau et avait une force de caractère peu commune, mais il ne l'aimait pas, et il ne l'aimerait jamais, c'était évident.

Et elle le savait...

Ils s'étaient rencontrés, deux mois plus tôt, dans un cocktail à l'ambassade des États-Unis à Rabat et avaient tout de suite sympathisé. Ni l'un ni l'autre ne semblait goûter ce genre de réception. Ils s'étaient revus d'autant plus facilement qu'elle n'habitait pas loin de l'Orangeraie. C'était un amant extraordinaire, mais il vivait sa vie sans la voir. Tout en sachant qu'elle n'y changerait rien, elle souffrait de son indifférence.

Elle retira un livre de la bibliothèque et le feuilleta distraitement, sans vraiment y porter attention. Partagée entre l'espoir et la crainte de le voir s'éveiller, elle resta assise par terre un long moment. Puis elle s'approcha du lit et posa doucement ses lèvres sur les siennes. Il ne bougea pas.

Alors, très lentement, n'y tenant plus, elle se mit d'abord à genoux sur le lit puis s'allongea à côté de lui.

– Quelle heure est-il ? souffla-t-il à voix basse, sans même la regarder.

– Tard... ne bouge pas.

Sa main frôla la joue tannée par le soleil. La barbe commençait à pousser et les ombres donnaient au visage un aspect étrange de baroudeur fatigué.

Sandra s'en voulait d'être venue. Elle aurait souhaité se lever et partir. Pourtant, malgré elle, sa main effleura les lèvres, s'attarda quelques instants sur le cou puis sur le torse.

Il ouvrit les yeux.

Elle ne put s'empêcher d'être fascinée par les prunelles bleu clair qui la fixaient.

– C'est vraiment trop injuste, murmura-t-elle.

– C'est pour me dire ça que tu es là ? chuchota-t-il sans sourire.

Sans attendre sa réponse, il glissa sa main droite derrière sa nuque et l'attira à lui.

Tout en l'embrassant, elle essaya maladroitement de se glisser sous les draps, tout habillée. Mais elle s'emmêla les pieds dans le tissu et dut s'y reprendre à trois fois.

Quand enfin elle y parvint, elle était au bord du fou rire et sa longue robe était relevée jusqu'au ventre.

CHAPITRE 3

Dans l'obscurité, Mohamed Amine Ould Hassan essaya de deviner l'heure sur sa montre. Il était si nerveux que la minuscule lueur éclairant les cristaux liquides le fit sursauter. Dans trois heures il allait faire jour... C'était le moment ou jamais. Ensuite, il serait trop tard.

Ould Hassan s'était couché la veille tout habillé, gardant même ses chaussures sous les draps. Il avait vainement tenté de dormir. C'était inutile. L'anxiété l'avait empêché de fermer les yeux, il craignait trop de ne pas se réveiller.

Maintenant, il se sentait terriblement fatigué. Il décida d'y aller. Khalifa devait l'attendre.

Au moment où il se redressa sur le lit, une sourde douleur le prit à l'estomac. Son ulcère le faisait toujours souffrir quand il avait peur. Et, depuis quelques temps, Ould Hassan avait peur en permanence.

Il n'y avait aucun bruit dans la villa. Les rues de Tripoli étaient totalement silencieuses. Aucune voiture ne passait plus sous les fenêtres. Lentement, Ould Hassan se leva et marcha sur la pointe des pieds jusqu'au placard à l'autre bout de la pièce. Il en sortit un sac de toile beige qu'il passa sur son épaule. Pour l'instant, il ne risquait rien, et pourtant il avait du mal à réprimer les battements de son coeur. L'angoisse était là, ancrée profondément au fond de lui. Ould Hassan avait mis plusieurs semaines avant de se décider à fuir. À présent, sa décision le terrifiait.

En prenant soin de ne pas faire craquer les marches, il descendit lentement l'escalier. Cela lui prit beaucoup de temps. Il se trouva soudain ridicule de prendre autant de précautions. La maison était vide et le gardien dormait à l'autre bout du jardin. Pourtant, il ne put s'empêcher de continuer sa progression dans le plus grand silence.

Il se méfiait de ce gardien qu'on venait de lui imposer : ce petit bédouin au sourire hypocrite ne lui plaisait pas. Ould Hassan était sûr qu'il aurait vendu sa mère aux Libyens pour 100 dollars. Il avait tenté de le renvoyer, mais les autres lui avaient fait comprendre qu'il devait le garder.

Malgré l'importance de sa position au sein du mouvement, Ould Hassan savait que son pouvoir de décision était presque nul. Il avait cédé.

Il sortit dans le jardin par la porte arrière de la villa. La maison du cerbère était tout au fond. Celui-ci était théoriquement employé pour surveiller la propriété et entretenir la pelouse. Vu l'état déplorable du gazon, l'homme ne devait pas s'épuiser à la tâche... Évitant le gravier trop bruyant, Ould Hassan atteignit la porte du garage. Celle-ci était entrouverte. Il avait pris soin d'égarer délibérément la clé quelques jours auparavant pour s'assurer que personne ne bloquerait l'accès au véhicule.

Avant de pénétrer à l'intérieur, il jeta un regard inquiet vers le fond du jardin. Tout était éteint.

Avec des précautions infinies, il entra sur la pointe des pieds et referma la porte derrière lui. N'osant pas allumer, il se trouva dans le noir le plus complet et dut chercher à tâtons la porte de la Toyota.

À l'instant où il mit la main sur la poignée, il ressentit un terrible élancement au niveau de l'estomac. La portière était fermée à clé ! Il était certain de ne pas l'avoir verrouillée la veille. Personne pourtant n'avait le double des clés. Transpirant à grosses gouttes, au bord de la panique, il sortit son trousseau et essaya toutes les clés une à une. L'obscurité ne lui facilitait pas la tâche. Son estomac lui faisait de plus en plus mal et le sang battait douloureusement sous ses tempes.

Alors qu'il s'énervait sans succès, il eut tout à coup un sombre pressentiment. Dans le noir, il se mit à compter les clés sur le trousseau.

Avec terreur, il s'aperçut qu'il en manquait une. Il était impossible qu'il l'ait perdue. Ne sachant que faire, il resta un moment devant le gros Land Cruiser quand une voix ironique jaillit derrière lui.

– Vous allez vous promener à cette heure, monsieur le vice-président ?

Sous le choc, Ould Hassan ne put s'empêcher de pousser un cri de frayeur.

– Qu'est-ce que...

La lumière s'alluma brusquement, lui faisant cligner les yeux dans une grimace ridicule. Une peur viscérale lui broya le ventre. La douleur de son estomac devint insupportable.

Assis dans un coin du garage, le gardien le regardait avec un sourire narquois. Ce dernier venait d'appuyer sur l'interrupteur et avait gardé le bras en l'air dans une attitude insolite.

Aucun doute, il l'attendait.

Très lentement, sans quitter Ould Hassan des yeux, il se leva, la main toujours sur le bouton électrique puis il répéta sa question comme si l'autre n'avait pas entendu.

– Vous ne partez pas à cette heure, monsieur le vice-président ?

Il y avait dans les derniers mots un ton insolent évident. Pendant quelques instants, Ould Hassan fut incapable d'articuler une parole, puis, perdant totalement son sang-froid, il se mit à bafouiller lamentablement comme un enfant surpris en train de chaparder.

– Je ne sais pas... Enfin, je crois que j'ai entendu du bruit et je suis venu voir.

L'excuse était ridicule, il s'en rendit compte immédiatement. Il avait encore le trousseau de clés à la main et son énorme sac sur l'épaule. Le bédouin sourit méchamment.

– Je vois que vous avez les clés. J'espère que vous ne cherchez pas celles de la Toyota, monsieur le vice-président.

Visiblement, l'homme se retenait de rire en prononçant son titre. Tout en parlant, il ouvrit la main bien à plat pour montrer la clé de contact.

Ould Hassan dut lutter contre la tentation instinctive de la lui arracher des mains.

Ainsi les autres savaient et le surveillaient ! Depuis combien de temps se méfiaient-ils ? Ils devaient le guetter et attendre qu'il fasse un faux pas pour se débarrasser de lui.

Maintenant c'était fait, il était fichu...

Comme s'il applaudissait, le gardien claqua ses deux mains entre elles et, d'un geste vif, il mit la clé dans sa poche.

– Je préfère la garder, vous pourriez la perdre, monsieur.

Pour la première fois, il avait omis son titre et Ould Hassan comprit qu'il l'avait fait exprès. Il bredouilla quelques mots inintelligibles, réalisant à quel point il était pitoyable.

Le gardien, semblant se désintéresser de lui, fit demi-tour et s'apprêta à sortir.

Alors, la panique de Mohamed Amine Ould Hassan se transforma en désespoir. Demain matin, ce salaud préviendrait les autres. Peut-être même allait-il le faire tout de suite, et ce serait la fin.

Viendrait la prison, la souffrance. On l'éliminerait discrètement. À moins qu'ils ne lui préparent une mort glorieuse au combat. On en ferait un martyr, mort en héros pour la cause.

Il ne put supporter cette idée. Il avait toujours eu peur de la souffrance et l'idée de mourir dans ces conditions le terrorisait.

L'homme allait franchir la porte. Ould Hassan tendit la main vers le mur en tremblant. Il décrocha une grosse clé anglaise chromée. Il devait à tout prix empêcher le Libyen de quitter la pièce.

Intrigué par le bruit métallique, ce dernier se retourna pour voir Ould Hassan, ivre de peur, brandir le gros outil à deux mains.

Instinctivement, il leva l'avant-bras, plié au-dessus de sa tête pour se protéger du coup qui l'aurait tué net.

Il le dévia et reçut la clé sur l'épaule. La violence du choc fut terrible. Il y eut un bruit sourd. Un craquement. L'outil avait littéralement désintégré la clavicule du gardien.

Sous la douleur, l'homme hurla comme un fou. Un cri déchirant de bête blessée à mort.

Ould Hassan se mordit les lèvres jusqu'au sang, sans même s'en rendre compte. Cet imbécile allait réveiller tout le quartier.

Le gardien se tenait l'épaule de sa main valide et n'arrêtait pas de hurler. Le sang rougissait déjà sa chemise sale. Electrisé par le cri, Ould Hassan se mit alors à frapper comme un dément.

Quand il s'arrêta, il tremblait de tous ses membres. Les yeux injectés de sang, trempé de sueur, il était effrayant à voir.

Le Libyen gisait à terre comme un pantin désarticulé. Ce n'était plus qu'une plaie. Ould Hassan resta immobile à regarder sa victime. Prostré, il tenait toujours la grosse clé anglaise et n'osait pas bouger.

Il demeura ainsi pendant une dizaine de minutes. Puis, tout à coup, il entendit du bruit dans la villa d'en face. Les gens allaient peut-être venir. Il fallait fuir... Le souffle court, il courut jusqu'au cadavre et fouilla frénétiquement ses poches. La clé de la Toyota y était... Sans se soucier du bruit qu'il pouvait faire, il ouvrit la porte du garage. Le gros Land Cruiser était déjà chargé de malles et de jerrycans. C'était certainement ce qui avait attiré l'attention du gardien. Ould Hassan y jeta son sac de toile et démarra. Quelques minutes plus tard, il traversait les rues de Tripoli à une vitesse folle.

La mort du gardien le bouleversait. Il s'était quelquefois battu dans le Sud mais n'avait pas l'âme d'un meurtrier.

Maintenant, ces salauds avaient fait de lui un assassin.

Sans s'en rendre compte, il grilla un stop à 90 kilomètres à l'heure. Ça n'avait aucune importance, à cette heure de la nuit, la circulation était nulle. De toute façon, à Tripoli, personne ne respectait les stops ou les feux rouges.

Dans un hurlement de freins, il s'arrêta devant une jolie villa à la sortie de la ville. La demeure était un ancien consulat italien récupéré par les Libyens au moment du coup d'état militaire de 1969. Sans même y prendre garde, Ould Hassan klaxonna deux coups brefs puis attendit.

Quelques secondes interminables s'écoulèrent. À bout de nerfs, il allait descendre quand une ombre s'approcha de la voiture. La portière s'ouvrit brusquement et une voix excédée lança en espagnol :

– Loco ! T'es complètement cinglé de klaxonner à cette heure ! Tu veux nous faire repérer ?

Un sac vola vers les places arrière. En montant dans le noir, le nouveau venu ne remarqua pas le visage catastrophé du conducteur.

– Allez, démarre vite avant que tout le monde soit aux fenêtres, dit-il dans un souffle.

Vingt minutes plus tard, Mohammed Amine Ould Hassan, vice-président de la RASD[6], et son secrétaire s'enfuyaient de Tripoli, avec l'espoir de quitter la Libye le plus rapidement possible.

6. *République Arabe Sahraouie Démocratique.*

Chapitre 4

Il faisait encore nuit noire quand Christopher et Alex arrivèrent à leurs avions. La température était plus supportable. Il était cinq heures du matin. Rachid, comme promis, était déjà parti depuis deux heures pour le kilomètre 54. Plein d'attention, il avait laissé une thermos de café chaud sur l'aile d'un Pawnee. Alex avait des cernes sous les yeux et il dut en avaler trois tasses pour se sentir d'attaque. Christopher, lui, était en pleine forme. Il aimait les décollages au petit matin. C'était toujours une sensation unique que de voir le lever du soleil en avion.

En prenant son temps, il se sangla dans le Pawnee et commença la check-list de mise en route. Quelques instants plus tard, les grondements des six-cylindres déchirèrent le silence de la nuit. Alex vérifia les contacts radio et les deux appareils roulèrent lentement vers le chemin. Quand ils furent prêts, ils s'alignèrent l'un derrière l'autre sur la piste improvisée. Le hurlement des moteurs devint soudain plus sourd et s'accentua jusqu'à être insupportable.

Quelques secondes plus tard, les Pawnee décollèrent. Il était 5 heures 24. Une légère coloration du ciel à l'est annonçait l'aube. La journée promettait d'être encore chaude. Cap au sud, volant en patrouille serrée, les deux appareils foncèrent vers la zone où se trouvaient les sauterelles.

À la gauche de Christopher, l'avion d'Alex se détachait sur l'aurore grise naissante et ressemblait à un gros insecte inquiétant.

Quand ils arrivèrent sur les lieux, 20 minutes plus tard, le soleil jaillissait de derrière les sommets de l'Atlas.

Christopher appela Alex par radio.

– Les premières sont dans le chemin bordé d'arganiers au creux de la crevasse, dit-il simplement en désignant l'endroit de la main. Ensuite, il y en a sur plus de 15 kilomètres sur toute la longueur de la vallée.

Alex hocha la tête... Les deux hommes volaient si près qu'Alex comprit le geste aussi bien que les paroles dans la radio.

– Fais attention, poursuivit Christopher, il y a des petits murs dans le sens est-ouest.

– Visuel, on va leur servir le petit déjeuner à ces saloperies, cria Alex !

La gigantesque tache grise de la veille n'avait pas bougé. En apparence, toujours aussi inoffensive, elle devenait de plus en plus visible à mesure que la lumière montait.

Pleins gaz, les deux avions piquèrent vers le sol, aile dans aile. Il fallait faire vite ! C'était le seul moment de la journée pendant lequel les sauterelles pouvaient être traitées. Au petit matin, couvertes de rosée, elles se faisaient sécher au soleil levant. Au même instant, celles qui s'étaient posées dans les arbres commencèrent à se laisser tomber sur le sol. C'était un spectacle hallucinant de voir des grappes vivantes choir sur les pierres pour chercher la lumière. Placées perpendiculairement aux rayons, elles attendaient qu'un côté soit sec. Puis, toutes ensemble, elles se retournaient pour présenter l'autre face. Et là encore, elles patientaient. La séance de séchage durait en général une heure après le lever du soleil. Le criquet pèlerin était un animal vorace mais très méthodique.

Malheureusement pour les pilotes, ce matin-là, la nuit avait été chaude. Les insectes devaient être peu humides. Le temps d'attaque des avions allait être réduit. Chaque seconde avait de l'importance.

Il n'y avait pas de temps à perdre.

Les deux Pawnee arrivèrent au ras du sol. Hauteur : un mètre. Ils se placèrent dans l'axe de la zone.

– Attention au top pour déclencher, lança Christopher.

Les premières sauterelles défilèrent à 180 kilomètres à l'heure sous les ailes des appareils.

– Top, c'est parti, annonça-t-il dans la radio en libérant simultanément les freins des micronairs et la valve de parathion.

Le hurlement des avions devint plus aigu et, sur toute la longueur des ailes, jaillit un nuage d'insecticide blanc.

C'était la mort en micro gouttelettes.

– Bon appétit mes jolies, hurla Alex dans son micro !

Les deux Pawnee atteignirent l'extrémité sud des quinze kilomètres de zone infestée et ils entamèrent ensemble un large virage en chandelle pour revenir dessus en se décalant d'une trentaine de mètres à gauche, comme des laboureurs changeant de sillon.

Ils traitèrent ainsi, allant et venant d'un bout à l'autre de la zone, jusqu'au moment où Alex annonça que sa cuve était presque vide. Chaque avion venait de larguer 700 kilos de poison violent sur les parasites. Le produit détruisait d'ailleurs aussi bien les sauterelles que les autres insectes utiles. Même certains oiseaux n'y résistaient pas.

Il n'y avait malheureusement rien d'autre à faire... La seule solution rationnelle se trouvait en Éthiopie.

Quittant la zone, les Pawnee mirent le cap à l'ouest vers l'aire de ravitaillement.

Quelques minutes plus tard, ils survolaient le kilomètre 54 où Rachid et son camion étaient au rendez-vous. Le vieux GMC avait été acquis dans une ferraille du surplus de l'armée. Lorsqu'il l'avait acheté pour une bouchée de pain, Christopher n'avait pas osé demander en quelle année il avait été mis en service. Le vieux véhicule était dans un tel état qu'Alex avait été obligé de travailler dessus à l'endroit même où ils l'avaient trouvé. Ce n'est que quinze jours plus tard qu'ils avaient réussi à le tracter jusqu'à la ferme.

Aujourd'hui, il tournait comme une horloge et c'était le camion préféré de Rachid qui l'utilisait pour les ravitaillements des avions. Rien n'y manquait, l'essentiel comme le superflu. Et même souvent l'inutile.

Le GMC était chargé de carburant, d'insecticide, mais on y trouvait aussi des outils, des couvertures, la boisson, la nourriture, la pharmacie et, luxe suprême par cette chaleur, de la glace. « Le camion de Rachid, avait coutume de dire Alex, c'est un souk ».

Rachid vit les deux appareils foncer sur lui à grande vitesse.

Fidèle à son habitude, avant d'atterrir, Christopher faisait une reconnaissance à basse hauteur, pour voir l'état de la route. Comme prévu, la ligne droite était courte et elle était bordée de lignes électriques. Apparemment, il ne restait plus que les poteaux, les fils avaient disparu. Ils avaient dû être volés.

Par chance, les poteaux se trouvaient à quelques mètres de la route et ne poseraient pas de problème pour l'atterrissage.

Le frère de Rachid dormait plus loin, à l'autre bout de la ligne droite. Quand il entendit les avions arriver, il se leva en bâillant et prit un drapeau rouge ridiculement petit. Puis, à demi endormi, il se planta en djellaba au milieu de la route pour arrêter la circulation. Précaution inutile, car il n'y avait aucun véhicule à cette heure de la matinée.

Toujours en patrouille serrée, Christopher et Alex repassèrent à trois mètres de hauteur. Le bruit était impressionnant et

Rachid baissa instinctivement la tête en ronchonnant. Pourtant, il ne put s'empêcher d'admirer la précision de leur vol. Ses patrons étaient de vrais professionnels et il aimait travailler avec eux. L'un après l'autre, les deux Pawnee se posèrent sur la route. Ils ne semblèrent pas gênés par les poteaux mais Alex rebondit lourdement sur un des nids-de-poule dont la chaussée était parsemée.

Le spectacle de ces appareils atterrissant sur une route déserte avait quelque chose d'insolite.

Sitôt la verrière de l'avion ouverte, Alex lança au jeune Marocain la plaisanterie qui ne faisait plus rire personne, tant il l'avait répétée des centaines de fois.

– Pompiste, le plein de super, j'ai un rendez-vous urgent...

Rachid et son équipe se montraient d'une efficacité remarquable. Comme dans une écurie de course, chacun avait sa tâche. Il fallait faire les pleins en insecticide, nettoyer le pare-brise et effectuer un check général des avions. Le plus important était de vérifier qu'il n'y avait pas eu d'impact avec des oiseaux et surtout pas de sauterelles dans les entrées d'air qui auraient pu limiter la puissance du moteur. Tout devait être réglé le plus rapidement possible pour revenir dans la zone infestée avant que les sauterelles ne redécollent.

Christopher n'avait pas quitté l'appareil. Il avait seulement ôté son casque et pensait à Sandra. Il faudrait qu'il lui parle.

L'attachement qu'il éprouvait pour elle était presque fraternel. Il aurait préféré qu'ils ne soient que des bons amis, les choses auraient été beaucoup plus simples.

– C'est tout bon, lança Rachid en frappant du plat de la main sur le capot de l'avion.

En une fraction de seconde, Sandra disparut de son esprit.

– Attention à la mise en route, lança-t-il en rajustant son masque respiratoire.

Il rendit le gobelet de café à Rachid qui leva le pouce avec un clin d'œil pour dire que tout allait bien.

Christopher redevint une machine à piloter, faisant corps avec un avion bourré de paramètres barbares pour un néophyte : pression d'admission, rotation des micronairs, débit du parathion, régime moteur, EGT[7]...

«Tu n'as pas de cœur, disait Sandra, tu es une mécanique sans âme ».

Quelques minutes plus tard, ils étaient de nouveau sur la zone. Les sauterelles étaient toujours au même endroit. Ils redescendirent en vol à basse hauteur et le traitement recommença.

Au moment où ils attaquaient le troisième sillon, Christopher eut soudain un étrange pressentiment. Sans comprendre, il sentit obscurément que quelque chose n'allait pas. Il fut incapable de définir ce qui se passait, mais il était programmé pour réagir avec une rapidité foudroyante. La réaction d'un pilote moyen eût été de chercher l'origine du malaise.

Christopher ne se posa aucune question. Ses réflexes jouèrent instantanément. Il hurla dans la radio tout en cabrant le Pawnee vers le ciel à la limite du décrochage :

– *Break ! Break !*[8] Elles se lèvent, dégage !

Au moment même où il criait, il y eut un claquement sec sur le pare-brise à côté du coupe-câble. Une fraction de seconde plus tard, des dizaines de sauterelles s'écrasaient sur le plexiglas de l'avion. Le bruit infernal d'une averse de grêlons emplit la cabine. Avec une rapidité incroyable, la manette des gaz partit vers sa position maximum et, simultanément, Christopher ouvrit la valve du « vide-vite ».

La totalité de l'insecticide se vida en trois secondes et l'avion, soudainement allégé de 700 kilos, jaillit vers le ciel.

Les écouteurs de Christopher déversèrent une bordée d'injures rassurantes. Alex s'en était sorti et se défoulait allégrement.

7. *Température des gaz d'échappement.*
8. *Séparation de la patrouille.*

– J'y comprends rien, protesta-t-il, rageur. Ces putes auraient dû rester au moins une heure au sol. Ça fait même pas 35 minutes que le soleil est levé !

Sous les avions, le nuage de la veille était en train de se reformer. Les deux hommes venaient de frôler la catastrophe. Tout était à recommencer et la journée de travail était perdue. Le traitement ne pourrait reprendre que le lendemain matin. Il fallait à nouveau pister les insectes pour repérer la zone de repos nocturne.

Les pilotes bouillaient de rage.

– Tu les suis. Moi, je rentre, indiqua Christopher. À plus tard, sois prudent.

Il mit le cap sur la ferme, laissant son associé jouer les chiens de chasse. Malgré l'heure matinale, la chaleur commençait à être pénible. Alex allait souffrir.

Tout en calculant la route du retour, Christopher essaya d'analyser le détail insolite qui l'avait alerté à l'instant où les sauterelles s'étaient levées. Il eut beau chercher, il ne trouva pas. Son subconscient avait remarqué quelque chose d'anormal que lui-même n'avait qu'entrevu. Ses réflexes toujours en éveil avaient fait le reste.

Le soleil était complètement levé quand Christopher arriva à la verticale de la ferme. Le pare-brise du Pawnee était constellé de taches rougeâtres et la visibilité vers l'avant était très médiocre. Il pensa à Alex qui allait devoir continuer le vol dans ces conditions pour ne pas perdre la trace des sauterelles. Avec un peu de chance, elles se poseraient plus tôt que la veille.

Il décida de profiter de sa journée de repos forcé pour descendre en ville après l'atterrissage. Sept mois auparavant, ils avaient commandé des pièces pour un tracteur et le concessionnaire l'avait enfin appelé à l'Orangeraie pour lui annoncer l'arrivée des colis. Mieux valait ne pas être en panne au bord de la route...

Christopher survola le chemin d'atterrissage pour jeter un

coup d'œil de routine avant de se poser. Les sauterelles écrasées le gênaient et il tenait à ne prendre aucun risque supplémentaire. Il fut stupéfait de voir deux véhicules garés en plein milieu de la piste.

Deux Renault 4 blanches qui empêchaient tout atterrissage. D'où pouvaient provenir ces voitures ? Même s'il n'y avait pas de clôture autour de la ferme, jamais personne n'avait pénétré sur leurs terres sans qu'il le sache.

La première réaction de surprise passée, il décida de prendre contact avec Alex qui suivait toujours les sauterelles à 100 kilomètres de là.

– Tu as invité des gens à la ferme aujourd'hui, demanda-t-il, intrigué ?

– Négatif, rétorqua l'autre, les seules créatures que j'aimerais inviter à dîner sont celles qui sont en dessous de moi en ce moment. Pourquoi tu demandes ça ?

– Il y a deux 4L garées en plein milieu de la piste. Je ne peux pas me poser. Je me demande ce que ça veut dire !

– Annonce-toi gentiment, répliqua Alex.

Christopher alluma les phares.

– Ne t'inquiète pas, je vais m'en occuper, répondit-il en piquant pleins gaz vers le sol.

Les intrus levèrent les yeux vers le ciel. Le Pawnee passa en rase-mottes sur les voitures. À grande vitesse, le bruit était infernal.

Malheureusement, le résultat ne fut pas celui espéré. Au lieu de dégager la piste, les inconnus se mirent à faire des grands signes de la main. Ils avaient l'air ravi du spectacle que Christopher leur offrait.

Furieux, il refit un second passage. Loin d'être effrayés, les invités commencèrent à photographier cet avion qui volait si bas. Mais ils ne bougèrent pas d'un pouce. Au quatrième passage, Christopher comprit qu'il n'arriverait à rien. Pestant contre ces envahisseurs inconnus, il dut se résoudre à changer de tactique. Il n'y avait personne à la ferme qui puisse leur expliquer que cet avion voulait atterrir. Le plus proche gardien était à plus de deux kilomètres. Le temps que celui-ci comprenne et qu'il vienne les faire dégager, Christopher serait en panne de carburant. Il ne pouvait pas attendre, il devait trouver une autre solution.

Fou de rage, il décida d'aller se poser ailleurs. Par chance pour les touristes, sa cuve d'insecticide était vide. Autrement, il les aurait volontiers traités au parathion.

Christopher mit le cap sur le champ du Marabout à cinq kilomètres de là. C'était l'endroit le plus proche où il pouvait atterrir sans risques. Le terrain ne faisait pas partie de la ferme, mais il entretenait de bons rapports avec Hajj Larbi, le propriétaire. Cela ne poserait pas de problèmes. Il lui faudrait simplement rejoindre la ferme à pied. Par cette chaleur, il s'en serait bien passé.

Une fois au sol, il abandonna l'avion au milieu du champ et prit la direction de l'Orangeraie. Il ne risquait rien. Personne ne viendrait dérober le Pawnee.

La demi-heure de marche forcée, nécessaire pour récupérer sa Range, acheva de le convaincre qu'il allait chasser ces gens sans prendre de gants. Il était trempé de sueur quand il arriva à la voiture.

Sitôt au volant, il brancha la climatisation au maximum pour se rafraîchir et fonça vers la piste.

Ils étaient toujours là... Deux hommes et trois femmes qui semblaient très occupés.

À côté des voitures se trouvaient pêle-mêle des valises ouvertes, pleines de vêtements, et des appareils photo montés sur pied. Etrangement, personne ne fit attention à lui. Les deux hommes étaient occupés à ranger des rouleaux de film qu'ils classaient avec précaution. À quelques mètres d'eux, une femme d'une quarantaine d'années, accroupie devant une valise, pliait des chemises.

Christopher n'en croyait pas ses yeux, ces gens devaient être complètement fous.

Debout au milieu du champ, une fille blonde, à demi nue, changeait de robe, sans complexe. Quant à la cinquième personne, Christopher l'aperçut au moment où il se garait entre les deux Renault 4. C'était une fille brune, assise à l'écart sur une malle. Elle se maquillait, en lui tournant le dos, et il ne parvint pas à voir son visage.

Excédé, il claqua la portière de la Range et s'approcha du groupe. Il se passa alors quelque chose d'extraordinaire qui le laissa sans voix.

Avant même qu'il ait prononcé une parole, la brune se retourna. Tout en le regardant d'un air furieux, elle appela l'un des deux hommes. D'une voix claire, elle dit en anglais :

– Bernie, s'il te plaît, dis à ce type de foutre le camp tout de suite, avant qu'on passe à la suite. Tu sais que j'ai horreur des curieux quand je travaille.

Elle avait vraiment l'air très en colère et sa fureur contrastait étrangement avec la douceur de ses traits.

Sur le coup, Christopher ne sut pas s'il devait éclater de rire ou pousser des hurlements de rage.

Ce fut sa première rencontre avec Jennifer.

Il avait rarement vu une fille aussi belle. Malgré le maquillage qui la vieillissait, il se dit qu'elle ne devait pas avoir plus de vingt ans. Elle portait un jean et un tee-shirt vert clair beaucoup trop grand pour elle, qui avait exactement la couleur de ses yeux.

Sans plus s'occuper de lui, elle se mit les écouteurs d'un baladeur sur la tête et reprit sa séance de maquillage.

L'anglais était la langue maternelle de Christopher... Il avait non seulement compris ce qu'elle venait de dire mais il avait également parfaitement saisi l'aspect méprisant des mots « foutre le camp ».

Le dénommé Bernie se retourna pour transmettre le message

et s'arrêta net en voyant le regard furieux de Christopher. Quand la Range était arrivée, quelques instants plus tôt, le photographe n'avait même pas tourné la tête vers le nouvel arrivant.

Il resta sans voix. L'homme qui le fixait ne semblait pas commode du tout. Ses cheveux blonds collés par la sueur et la poussière lui donnaient un air féroce. Bien que fortement impressionné par le regard dur de son interlocuteur, le photographe eut cependant une pensée de professionnel en se disant que ce type avait une allure fantastique. Il passerait extraordinairement bien en photo.

Il n'eut pas le temps de réfléchir davantage. L'homme n'avait pas l'air de vouloir parler de mode :

– La fête est finie... Je vais vous donner deux conseils que vous feriez bien de suivre immédiatement, lança-t-il. Tout d'abord, vous allez remballer votre matériel et disparaître. Vous êtes chez moi, sans y avoir été invités. En plus de cela, vous m'avez empêché d'atterrir.

La stupeur se peignit sur leur visage. Visiblement, ils ne comprenaient pas.

– Atterrir, bredouilla Bernie, qui avait l'air de tomber des nues. Parce que l'avion, tout à l'heure...

– Vous êtes plutôt longs à comprendre, ironisa Christopher. Regardez où sont vos voitures.

– Vous vouliez atterrir... ici ?

Il y eut un silence pesant. Le photographe sembla réaliser à quel point ils avaient été stupides de croire que le pilote leur disait bonjour. Avant qu'il puisse répondre, Christopher reprenait :

– Vous devriez aussi suivre mon second conseil... Vous voyez cette fille juste là ?

Il pointa un doigt vers la brune.

– Vous lui flanquez une paire de gifles, poursuivit-il. Ça lui apprendra peut-être à réfléchir avant de parler. Même dans votre boulot, ça peut servir d'être intelligent, de temps en temps...

Elle avait retiré les écouteurs du baladeur et le regardait avec des yeux outrés. Il réalisa alors qu'il avait touché au but. Les yeux verts brillaient de colère. Il crut un instant qu'elle allait lui répondre mais elle fit demi-tour et commença à ranger ses affaires.

– Vous avez cinq minutes pour dégager de chez moi, conclut Christopher en tournant les talons.

Puis il monta dans sa Range et fonça vers l'Orangeraie.

Quand il arriva devant la bâtisse deux minutes plus tard, il réalisa qu'une des Renault 4 l'avait suivie. C'était Bernie. À côté de lui se trouvait la femme qui pliait les vêtements dans la valise. Dans un nuage de poussière, la petite voiture s'arrêta à quelques centimètres de la range.

Christopher pesta. Non content d'avoir forcé sa propriété, ils avaient failli emboutir sa voiture ! L'homme descendit de la 4L avec une mine désespérée.

– Monsieur, je suis désolé... Est-ce que vous pourriez nous consacrer quelques instants. S'il vous plaît, implora-t-il.

Christopher avait déjà compris ce que l'autre voulait, mais il n'avait pas envie de discuter.

– Je pensais avoir été clair !

– S'il vous plaît, répéta Bernie.

Le ton était tellement suppliant que Christopher céda.

– Dépêchez-vous, je suis pressé.

Un peu rassuré, Bernie se jeta à l'eau.

– On s'est conduit comme des brutes, c'est vrai... Vous avez raison de nous virer. Mais il faut que vous sachiez que pour nous, c'est une catastrophe. C'est une journée de travail perdue et on avait tout basé sur quatre séries de photos ici, aujourd'hui...

– Sans m'en parler, interrompit Christopher !

– Sans vous en parler, reconnut l'autre.

– Vous pénétrez dans toutes les propriétés comme ça au hasard ?

Bernie baissa les yeux mal à l'aise.

– Non pas vraiment... Il y a deux jours, on est venus reconnaître les lieux et il n'y avait personne pour demander une autorisation. On a trouvé l'endroit extraordinaire. Alors on est revenus comme ça. On pensait qu'il n'y aurait personne !

– Vous avez eu tort, répliqua Christopher. Il y a quelqu'un...

Le photographe ne se laissa pas décourager.

– Monsieur, s'il vous plaît... Chaque jour de travail nous coûte une fortune. Les deux mannequins que vous avez vus doivent rentrer impérativement à Paris demain soir. Vous comprenez notre problème ?

La colère de Christopher tombait doucement. Peu rancunier, il était plutôt amusé par la mine défaite de Bernie. L'homme semblait tellement mal ! Il repensa à son propre échec de la matinée.

– Vous voulez quoi exactement ?

– Simplement que vous nous autorisiez à rester sur votre ferme jusqu'à ce soir. Je peux vous payer si vous voulez...

Christopher eut un geste pour repousser la proposition.

– C'est d'accord, vous pouvez rester mais vous libérez le chemin immédiatement.

Un immense soulagement apparut sur le visage du photographe qui se confondit en une avalanche de remerciements. Quant à la styliste, elle l'assura avec un regard insistant qu'elle était à sa disposition s'il avait besoin de quoi que ce soit.

Au moment où il allait ouvrir la porte de chez lui, Christopher se retourna. Le couple s'apprêtait à remonter en voiture. Il ne put s'empêcher de demander :

– Qui est cette fille ?

– heu... laquelle ? demanda Bernie.

– Celle qui est mal élevée !

Le photographe eut l'air surpris.

– C'est Jennifer Ross. Cette fille est un Special Booking, c'est un des top les plus chers des États-Unis. Elle est belle, hein ? Tous les mecs en sont dingues, ajouta-t-il avec un rire narquois.

Christopher évita de poursuivre sur le sujet.

– N'oubliez pas ce que je vous ai dit... vous dégagez le chemin tout de suite.

Bien qu'il paraisse indifférent, il ne put s'empêcher de penser que le photographe avait raison. Il avait rarement vu une fille aussi désirable et il n'était pas mécontent de l'avoir mouchée.

CHAPITRE 5

La Toyota d'Ould Hassan venait de dépasser les dernières maisons de la banlieue de Tripoli. Dans vingt kilomètres, il serait à Al Azizia et prendrait la bifurcation pour Gharyan. Il avait perdu un temps précieux à tourner dans les rues de la ville en faisant des crochets inutiles. Pour ne pas se perdre, il était même repassé par le front de mer, puis il avait rejoint le port et avait viré avant l'entrée de la base de Mitiga. Le trajet était beaucoup plus long mais au moins, il ne risquait pas de rater la bifurcation. Cela faisait deux ans qu'il était à Tripoli et il connaissait à peine la capitale. Deux ans de semi-liberté. Jamais de toute son existence il n'avait autant souffert. Deux ans pendant lesquels il s'était senti épié et surveillé comme un suspect de droit commun. Chacun de ses gestes avait été analysé. Tous ses déplacements avaient été soigneusement notés.

Depuis qu'il s'était réfugié en Libye, le vice-président en exil de la République Arabe Sahraouie Démocratique n'avait pas plus de pouvoir que le gardien de sa propre villa. Beaucoup disaient d'ailleurs que la RASD était une république fantôme, puisqu'elle n'avait pas été reconnue par la plupart des grands pays africains.

Le souvenir du gardien revint brusquement à l'esprit d'Ould Hassan et il se mit à penser au meurtre qu'il avait commis. S'il tombait sur une patrouille ou sur un barrage de comité de quartier, il était fichu. Jamais il ne serait capable d'articuler un mot sans attirer les soupçons.

Les voisins de la villa avaient certainement entendu les cris de sa victime, ils avaient dû donner l'alerte et la police devait déjà être sur les dents.

Ould Hassan jeta un coup d'oeil rapide à sa droite. Son secrétaire dormait toujours. Appuyée contre la vitre, sa tête se balançait doucement au rythme des cahots.

Comment Khalifa pouvait-il être aussi détendu alors qu'ils étaient en train de tenter une des plus spectaculaires évasions de Libye qui ait jamais été imaginée !

Ould Hassan, lui, était dans un état d'énervement indescriptible. Il s'était même perdu en conduisant. Pendant de longues minutes, il avait roulé au hasard des ruelles désertes. Paniqué... Quand, enfin, il avait fini par retrouver la route d'Al Azizia, il tremblait comme une feuille.

L'assassinat du gardien n'était pas étranger à son état de fébrilité. Il n'avait jamais tué un homme dans ces conditions. Son meurtre le plongeait dans le désarroi le plus abominable. Les hommes qu'il avait tués par le passé étaient des soldats marocains qu'il n'avait pas vus mourir. Il n'était même pas sûr de les avoir tués lui-même. C'était différent. Ould Hassan était alors en guerre et il croyait à sa cause. Ça n'avait rien à voir avec le crime qu'il venait de commettre. Jamais il n'aurait imaginé réagir de la sorte.

Puis les dernières habitations disparurent dans le rétroviseur de la Toyota.

À mesure qu'il s'éloignait de Tripoli, Ould Hassan sentit sa peur diminuer. Il se calma. Pendant un instant, il se demanda s'il devait réveiller Khalifa pour l'informer de ce qui s'était passé à la villa.

Ils étaient amis depuis toujours. Il pouvait compter sur lui. Son secrétaire saurait trouver les mots qui l'apaiseraient. Il décida pourtant d'attendre son réveil. L'autre le saurait bien assez tôt. Ce n'était peut-être pas aussi dramatique qu'il le pensait. Après tout, les Libyens ne les avaient pas encore rattrapés et son plan de fuite paraissait fonctionner.

Le véhicule contenait tout le nécessaire pour survivre dans le désert. Ould Hassan avait tout prévu. De l'eau pour 10 jours, du carburant, des cartes, de la nourriture, un sextant et un poste radio VHF qui allait lui permettre de s'échapper du piège dans lequel il se jetait délibérément.

C'était à la fois une idée de génie et un coup de poker douteux que de vouloir fuir par le sud. De toutes les façons, c'était la seule issue. Toutes les autres sorties du territoire étaient étroitement surveillées. Les ports et les aéroports étaient bouclés. Seul le Sahara n'était pas vraiment protégé. Mais aucun véhicule n'aurait pu s'enfuir seul par le désert libyen. Kadhafi le savait et il lui suffisait de verrouiller quelques points stratégiques pour décourager toute velléité d'évasion.

C'est à la sortie de Gharyan qu'Ould Hassan rencontra le barrage... Immédiatement, le calme relatif qu'il avait réussi à reprendre disparut. Le sang se glaça dans ses veines. Il sentit la sueur couler de nouveau sur son visage.

Jamais il ne pourrait répondre à leurs questions sans bafouiller. Il tenta de réveiller Khalifa. C'était déjà trop tard, la voiture arrivait sur le barrage.

Il se mit à trembler comme une feuille. Se répétant lentement à voix haute de ne pas céder à la panique. Surtout ne pas essayer de passer en force, il n'avait aucune chance, il y avait une chicane de deux herses en travers de la route.

Il ralentit...

La nuit avait été longue et pénible pour Muhamar Ben Houari. Il détestait le travail nocturne, surtout à la sortie de la ville. Les véhicules à contrôler étaient rares et, financièrement, ça ne rapportait pas grand-chose. De jour, les chauffeurs des taxis de groupe étaient de bons clients. Ils avaient l'habitude des contrôles. Quand ils apercevaient de loin un groupe de policiers, ils préparaient leur permis de conduire et y glissaient un billet de dix dinars. Cela permettait de gagner du temps. Même si les fonctionnaires préféraient les dollars, ils acceptaient la devise libyenne.

Malheureusement pour Ben Houari, la circulation avait été quasiment nulle pendant la nuit. Il allait devoir rentrer les poches vides dans son gourbi de Sabrata.

Le jeune policier se pencha vers son chef et alluma une cigarette américaine. Contrebande récupérée dans le port. Il n'y avait pas de petit profit.

Malgré l'heure matinale, le vent soufflait déjà très fort et il dut s'abriter auprès du gradé. Il ne connaissait pas son nom. L'autre avait été affecté la veille à la deuxième section du comité de surveillance de Sabrata. En fait, il devait venir de Tripoli et c'était la première fois qu'il faisait équipe avec lui.

Au moment où il tirait la première bouffée, Ben Houari releva la tête et vit approcher un Land Cruiser Toyota dans le virage. Le gros 4x4 semblait lourdement chargé.

Le jeune policier jeta un coup d'oeil interrogatif vers son chef pour savoir quoi faire. L'autre resta de marbre.

La Toyota ralentit mais ne sembla pas vouloir s'arrêter.

Immédiatement, Ben Houari se planta au milieu de la route et leva la main dans un signe autoritaire.

C'est à cet instant que le nouveau venu se manifesta pour la première fois

– Laisse tomber... Ce type-là a l'air fauché, t'en tireras rien, ordonna-t-il d'une voix ferme. De toute façon, on termine dans cinq minutes. C'est l'heure de *echai*[9].

Ben Houari se retourna, stupéfait. La Toyota était le seul véhi-

9. *Thé du désert très amer et aussi noir que du café.*

cule intéressant qui était passé de toute la nuit et ils ne l'arrêtaient même pas ? Le nouveau chef était complètement malade, ou honnête, ce qui était pire à ses yeux pour un bon policier.

- Mais, on peut quand même le contrôler...

- *Khalleh*[10], répéta le chef fermement. Je suis fatigué.

À regret, le jeune suspendit son geste et fit signe au conducteur de passer. Soupçonneux, il jeta un coup d'oeil rapide à l'intérieur de la voiture. Contrairement à ce qu'avait dit le gradé, les passagers semblaient bien habillés. Ils n'avaient pas l'air si pauvres que ça et l'arrière du 4x4 était surchargé de matériel.

Le conducteur paraissait mal à l'aise, ce qui était plutôt bon signe aux yeux de Ben Houari. Il aimait voir les gens trembler quand il posait des questions d'un air dur. Ils avaient tous quelque chose à se reprocher. Personne n'était vraiment en règle. Le policier fut certain que celui-là n'avait pas la conscience tranquille. Et dans ce cas-là, ils payaient immédiatement. Il jeta un dernier regard vers son chef qui lui confirma d'un geste qu'il fallait laisser filer le véhicule.

La Toyota passa lentement et le chauffeur grimaça un sourire aux deux fonctionnaires. Puis, évitant soigneusement la chicanes des herses, il accéléra doucement.

- On aurait vraiment dû le fouiller, lança Ben Houari avec regret, il avait une sale gueule.

Le chef resta silencieux.

- Allez, on rentre, c'est fini, dit-il enfin d'une drôle de voix.

* * *

Comme pour s'en convaincre, Ould Hassan se répéta qu'il avait beaucoup de chance. Il avait parfaitement vu le geste du policier pour l'arrêter et puis celui-ci s'était ravisé et lui avait fait signe de continuer.

10. Laisse-le...

Il ne chercha pas à comprendre ce qui s'était passé. Son moral remonta au beau fixe. Si la suite du voyage se passait de cette manière, il s'en sortirait.

Dès qu'il serait dans le désert, il se sentirait à l'abri. Ould Hassan était un Sahraoui. Le désert, c'était son domaine. Il le connaissait et le sentait comme seuls ceux qui y étaient nés pouvaient le percevoir. Quand les autres se perdaient, lui trouvait son chemin sans difficulté. Il savait s'y cacher. Le jour, il pouvait marcher longtemps sous la chaleur sans souffrir de la soif. La nuit, il savait se protéger du froid. Deux dattes et une gorgée d'eau lui suffisaient pour reprendre des forces.

Né à El Aiun, du temps où le Sahara était espagnol, Ould Hassan avait milité très jeune pour chasser l'occupant et libérer sa terre du joug du colonialisme. Il aimait se souvenir des phrases stéréotypées qui circulaient lorsqu'il était adolescent. C'étaient toujours les mêmes mots, appris par coeur et dont il s'était gargarisé à longueur de réunions clandestines.

En 1973, Ould, Hassan avait été l'un des fondateurs du Polisario[11]. La naissance du Front de libération était la concrétisation d'un rêve. C'était la plus belle période de sa vie.

Pourtant, au début, les résultats de la guérilla avaient été plutôt médiocres. Les premiers accrochages avec les troupes espagnoles s'étaient même révélés désastreux. Leur armée était puissante et remarquablement bien renseignée.

Seule l'immensité du territoire jouait en faveur des rebelles. Le Sahara espagnol était vaste comme la France mais ne comptait que 70 000 habitants. Du sable, des cailloux et 30 000 Espagnols qu'Ould Hasan et ses amis avaient juré de chasser. Ils se battaient avec la fougue de ceux qui ont un idéal. Rien n'aurait pu les arrêter.

En 1975, tout changea brutalement.

Le Maroc, qui considérait depuis toujours le Sahara occidental

11. Mouvement « Por la Liberacion del Sahara y Rio de Oro ».

comme partie intégrante de son territoire, vit la Haute Cour de La Haye lui donner raison.

Ce fut la Marche verte.

350 000 Marocains, le Coran à la main, entrèrent à pied sur cette terre qu'on leur avait volée. La période leur était favorable. Le général Franco n'en finissait pas de mourir. Plus personne ne commandait. L'Espagne hésita, puis contre toute attente, céda. Les soldats espagnols se retirèrent du Sahara occidental, transmettant le pouvoir aux Marocains.

À l'annonce des accords tripartites de Madrid[12], quelques Sahraouis s'enfuirent en Algérie, mais la majorité d'entre eux accueillit les Marocains favorablement. D'autant plus que le roi du Maroc leur proposa des responsabilités importantes, parfois même jusqu'au sein de son gouvernement. Des traîtres pour les purs du mouvements...

C'est à cette époque que la véritable guerre commença pour Ould Hassan. Les leaders du Polisario trouvèrent un allié de poids en la personne du colonel Kadhafi.

L'argent et les armes arrivèrent comme par miracle.

L'ennemi ne fut plus espagnol mais marocain. Il fut difficile d'expliquer aux hommes ce brusque changement de situation et pourquoi il fallait soudain se battre contre des frères musulmans. Qu'importe...

L'important était la Cause. Pas l'ennemi.

Propagande, armement sophistiqué, véhicules, les Libyens payaient absolument tout. Les Allemands de l'Est et les Cubains apportèrent une aide précieuse pour l'instruction et l'encadrement des troupes qui ne comportaient pratiquement que des Maliens ou des Nigériens. Les vrais Sahraouis étaient rares. Pour le recrutement, il fallut souvent improviser. Ce n'était plus la fougue qu'ils avaient connue au début du Front.

12. 1975. Accords entre le Maroc, l'Espagne et la Mauritanie pour la restitution du Sahara occidental.

L'Algérie prêta son territoire aux guérilleros pour leur fournir des bases de départ et de repli à l'occasion des incursions en terre marocaine. La vie d'Ould Hassan changea radicalement.

En 1976, après avoir hésité, il décida de se réfugier à Alger et le Polisario créa la RASD

Les premiers combats furent euphoriques. Les Marocains, peu entraînés à la guérilla, subirent de gros revers. Le Front avait toujours l'énorme avantage de la surprise et l'équipement de l'ennemi était sommaire. Ould Hassan avait un jour vu ses hommes abattre un T-6 marocain avec un tir de barrage de mitrailleuses 12,7. Le T-6 datait de la Deuxième Guerre mondiale.

Le pilote avait réussi à sauter et ils l'avaient ramené fièrement et photographié comme un trophée de pêche. Il y eut beaucoup de prisonniers. Des centaines. Puis des milliers qui furent emmenés dans les camps à Tindouf.

Pour le Polisario, la gloire fut malheureusement de courte durée. Peu à peu, le vent tourna. Les combats devinrent plus durs. L'armée marocaine se modernisa rapidement. Malgré l'effet de surprise, les pertes du Polisario devinrent considérables. Pour atteindre leur objectif, les hommes devaient rouler la nuit et se cacher le jour. Il n'y avait généralement pas de problème à l'aller, mais une fois l'attaque terminée, il fallait rentrer en Algérie et parcourir parfois jusqu'à 500 kilomètres. Pour aller vite, il fallait rouler dans les oueds asséchés et ils laissaient des traces bien visibles.

Les Mirage F-1 de l'aviation marocaine s'en donnaient alors à cour joie. C'était le massacre.

Ould Hassan avait un jour assisté à l'arrivée de ce qui restait d'une colonne du Polisario. Partie d'Algérie une semaine plus tôt, elle rentrait en lambeaux.

Un cauchemar.

Il eut cette fois l'impression de manipuler des pauvres bougres et de n'être lui-même qu'un pion que les autres déplaçaient et qu'ils pouvaient faire sauter à leur guise.

Il comprit qu'il allait décrocher un jour.

En 1983, Ould Hassan fut nommé vice-président de la RASD. Il était trop tard. En réalité, il n'était rien... Quelques photos pour la presse libyenne, une interview pour la télévision. Une sorte de caution pour justifier la politique interventionniste du colonel Kadhafi, c'est tout ce qu'il représentait. Les autres pensaient et agissaient pour lui.

Le Sahraoui ne pouvait plus le supporter, il décida de s'enfuir.

* * *

Après avoir nagé quelques instants dans la piscine pour se rafraîchir, Christopher avait pris rapidement un second petit déjeuner au bord de l'eau. Puis, vêtu d'une saharienne en toile légère, il se mit au volant de la Range pour prendre la route d'Agadir.

Au moment où il quittait l'Orangeraie, il jeta un coup d'oeil vers l'équipe de photographes qui travaillait toujours à 200 mètres de là. Ils semblaient très occupés. Ils avaient fini par dégager la piste et faisaient maintenant des prises de vue dans l'allée des cyprès. C'était un endroit splendide. Il était maintenant huit heures et les couleurs du petit matin étaient encore très pures. Ce n'était pas pour rien que le photographe avait insisté pour rester sur les lieux. L'Orangeraie était un festival de couleurs et de lumières.

Retrouver un endroit semblable aurait demandé beaucoup de temps, en supposant qu'ils obtiennent l'accord du propriétaire.

Christopher passa lentement près du groupe et les autres lui firent un signe amical de la main. La fille blonde interrompit un instant la pose pour lui lancer un « *Hi* » chaleureux.

Elle devait être suédoise. Elle en avait le type et l'accent.

Il remarqua que Jennifer Ross n'était pas parmi eux. Inconsciemment, il la chercha du regard et la découvrit dans la cabine d'un vieux camion Ford rouge. C'était une carcasse roulante qu'ils utilisaient uniquement dans l'enceinte de la ferme.

Apparemment, Jennifer s'en servait comme salon d'essayage et elle était en train de se changer à l'intérieur.

« Drôles de filles », pensa Christopher. La Suédoise se mettait nue au milieu du champ et l'Américaine se cachait comme une première communiante pour enfiler une robe.

Il passa près du camion. Mais elle ne tourna pas la tête. Il fut persuadé qu'elle avait ostensiblement regardé dans la direction opposée pour ne pas croiser son regard. Cette fille devait avoir un caractère insupportable. Elle n'avait sans doute pas apprécié les conseils qu'il avait donnés à Bernie.

En passant le portail de la ferme, il accéléra et ne pensa plus à elle.

* * *

M'barek Sebti se laissa lourdement tomber dans le fauteuil de son nouveau bureau à Gharyan. Il était épuisé. C'était la première fois qu'il faisait un tel travail et il ne supportait pas les nuits blanches.

Par la fenêtre ouverte, il aperçut le jeune policier avec lequel il avait effectué les contrôles nocturnes au bord de la route. Il était maintenant en civil et se préparait à quitter le bâtiment. Comme la plupart des fonctionnaires libyens, il possédait un petit magasin dans le souk qu'il devait ouvrir dès les premières heures de la matinée.

Les bénéfices qu'il en retirait étaient loin d'être subtentiels. Il y en avait des centaines comme le sien en ville mais ça aidait à terminer le mois.

Sebti pensa que la nuit avait été longue mais qu'ils n'avaient pas attendu pour rien.

Il décrocha le téléphone et composa un numéro à Tripoli.

La réponse fut immédiate.

– Donne ton code et ton message, lança une voix grave qu'il connaissait bien.

– Argas 10, annonça le policier, mal à l'aise. Ils sont passés ce matin à l'aube en direction de Mizdah.

Il n'y eut aucune réponse et la communication fut coupée immédiatement.

Sebti ne s'en inquiéta pas. Cela se passait toujours ainsi.

Lentement, l'incroyable machination se mettait en mouvement.

* * *

Christopher arriva à Agadir une heure et demie plus tard. Avec la climatisation réglée au maximum, il faisait frais dans la voiture. Il avait conduit rapidement, de façon à pouvoir être de retour le plus tôt possible. Il fallait préparer la journée du lendemain qui promettait d'être chargée.

En passant devant le cinéma Salam, il évita de justesse un mulet et sa charrette qui traversaient la route. Le propriétaire courait derrière en vociférant.

Conduire une voiture au Maroc était particulièrement acrobatique. Il fallait une grande habitude et une attention de tous les instants pour s'en sortir sans accident. Personne ne respectait les stops. Quant aux lignes jaunes, elles n'étaient là que pour décorer la route. Il fallait partager la chaussée avec des centaines de mobylettes, des ânes et des chameaux. Même en stationnement, les risques étaient importants. Christopher avait vu, un jour un camion sans freins fracasser la vitrine d'un concessionnaire automobile et percuter une voiture en exposition. Malgré tout, quoi qu'il arrive, la bonne humeur était omniprésente et après, avoir évité les pires catastrophes, les gens souriaient en remerciant Allah de les avoir épargnés.

Christopher se rendait parfois à Agadir avec l'un des deux Pawnee. C'était moins dangereux que la voiture mais beaucoup moins pratique car il fallait alors que les cuves d'insecticide soient vides et bien rincées. Il s'en servait alors comme d'un immense coffre à bagages pour transporter les provisions ou le matériel. Pas vraiment génial mais les appareils étant monoplaces, il n'y avait pas de place autre part.

Deux fois par semaine, quelqu'un de la ferme devait descendre en ville avec la Range pour acheter tout ce qui ne pouvait être stocké dans les deux grands congélateurs.

Après avoir récupéré la pompe à injection tant attendue chez l'importateur, Christopher fit quelques achats de routine et décida de passer chez le libraire à côté de la mosquée pour acheter les journaux de la semaine.

Il prit Life, le Herald Tribune et une dizaine de quotidiens français vieux de quatre jours. Il ne fallait pas être trop difficile. La plupart des journaux occidentaux étaient vendus au Maroc, ce qui n'était pas le cas dans tous les pays d'Afrique.

La presse avait seulement quelques jours de retard.

En sortant de la boutique, ses journaux sous le bras, il passa devant le présentoir où se trouvaient les revues en vente à l'intérieur. Il le dépassa de quelques mètres et fit soudain demi-tour. Il crut avoir rêvé.

Elle était en page de couverture de Vogue...

Le numéro datait de Noël 82. Cela faisait plus d'un mois qu'il était sur le présentoir et le papier glacé commençait à se défraîchir.

Très maquillée, elle semblait beaucoup plus âgée, mais il n'y avait aucun doute, c'était elle.

Le bandeau blanc qu'elle portait autour du front et ses cheveux relevés lui donnaient un air étrange. Mais cette fille était bien celle qu'il avait vue une heure plus tôt, en train de se changer dans le camion de la ferme.

– Tu t'intéresses à la mode, demanda une petite voix dans son dos ?

Il se retourna, surpris. Sandra était derrière lui. Souriante, malgré une pointe de tristesse dans le regard.

– Non, pas vraiment, répondit-il en reposant la revue sur le présentoir. Comment tu vas ?

Elle plongea son regard dans ses yeux bleus :

– Je vais bien... Est-ce que tu viens ce soir, demanda-t-elle à voix basse ?

– C'est pas possible, je suis désolé. Je me lève très tôt en ce moment. Il y a des sauterelles dans le sud. On est sur les dents.

– Et plus tard ? insista-t-elle.

Il fit non de la tête.

– Je viens de te le dire... On est submergé de travail. En plus de ça, on a perdu un gros essaim ce matin. Il ne faut pas que tu comptes sur moi, ajouta-t-il un peu durement.

Elle ne répondit rien. Ils restèrent, un instant, les yeux dans les yeux. Christopher soutint son regard. Il n'y avait rien à ajouter. C'était une rupture claire comme il souhaitait qu'elle se passe.

Sans un mot, Sandra s'écarta de lui et quitta la boutique.

– Vous prenez encore autre chose, monsieur Streisand, demanda la vendeuse avec un sourire radieux ?

– Non, merci, répliqua-t-il, sans la regarder.

Il rejoignit la Range, plus furieux contre lui-même de s'être laissé aller à feuilleter une revue de mode que d'avoir rompu avec sa copine.

Il était midi quand il repassa le portail de la ferme.

En arrivant à l'Orangeraie, il fut surpris de voir qu'Alex était déjà posé. Il avait laissé son Pawnee en plein milieu du chemin d'atterrissage. D'habitude, il le ramenait au moins jusqu'aux portes du hangar.

Il se dit que, décidément, c'était un jour où tout le monde laissait traîner les avions n'importe où. Ce n'était pourtant pas le style de la maison.

Garant la Range près de la porte du box, il commença à décharger les provisions qu'il stocka dans l'arrière-cuisine.

De l'intérieur de la villa venaient des éclats de voix et il entendit le rire d'Alex résonner gaiement. Il comprit tout de suite la raison qui l'avait poussé à abandonner son Pawnee au milieu du chemin. Dès qu'il y avait une fille quelque part, Alex ne pouvait plus se tenir. Alors, deux top modèles d'un coup, c'était trop pour lui.

La porte s'ouvrit brutalement et Alex surgit, toujours riant. Il eut l'air gêné en le voyant.

Chaque fois qu'il invitait quelqu'un, c'était toujours chez Christopher.

Sa maison n'était pas assez confortable.

- Ah tiens, t'es là, lança-t-il, tout excité ? Viens voir à l'intérieur ce que j'ai trouvé.

Puis à voix basse :

- Deux filles fan... tas... tiques.

Il avait détaché chaque syllabe les yeux brillant de joie. De toute évidence, il jubilait. Christopher l'arrêta net.

- Et l'essaim, il est où ?

- Essaim posé à 30 kilomètres au sud-est. C'est du gâteau pour demain, j'ai la position.

- C'est vrai ?

- Je te jure, tu crois que je pourrais te raconter des conneries ?

Christopher ne put retenir une grimace de dépit. Alex avait une chance incroyable. Jamais les insectes ne s'étaient arrêtés si tôt dans la journée.

- Tu aurais peut-être pu prendre le temps de rentrer le Pawnee, ce n'est pas à Rachid de faire ça, insista-t-il.

Alex balaya la remarque d'un revers de la main.

- Chris... Fais pas chier, on fera ça plus tard. Viens voir au salon. Je suis sûr que t'as jamais vu ça !

- Pourquoi tu les as amenées ici. C'est pas assez luxueux, chez toi, au milieu de tes carburateurs ? Tu aurais pu leur faire un cours de mécanique !

Devant le ton agacé de son ami, Alex ouvrit soudain des yeux stupéfaits.

- Ma parole, mais tu râles vraiment, protesta-t-il, indigné ! Je te ramène deux bêtes de concours, comme on n'en a jamais vues par ici. Je les livre à domicile et le mec gueule parce que j'ai laissé l'avion à cent mètres de l'endroit habituel. Allez, rentre. Ils m'ont déjà raconté ce qui s'est passé. Avoue que c'est drôle !

Au moment où Christopher pénétra dans le salon, il y eut un silence et tous se levèrent.

– Permettez-moi de vous présenter mon ami et associé Christopher Streisand, commença Alex dans un anglais à l'accent épouvantable... Christopher, voici Bernie, le photographe, Steve, vous êtes son assistant, hein ?

L'interpellé approuva d'un mouvement de tête.

– Elle, c'est Candice, la styliste, c'est ça, n'est-ce pas ?

Un regard brûlant se coula de nouveau vers Christopher.

– Et j'ai gardé le meilleur pour la fin, poursuivit Alex en insistant lourdement. Voici Karen et Jennifer.

Christopher serra la main de chacun. Il crut un instant que Jennifer allait sourire, mais elle se contenta d'un bref *« Nice to meet you »* aussi impersonnel que possible.

– C'est marrant, elle est de San Francisco, comme toi, précisa Alex pour détendre l'atmosphère.

Sa remarque tomba à plat.

Christopher ne l'écoutait pas. Il observait discrètement Jennifer. Elle était toujours en jean, mais elle avait troqué son tee-shirt trop grand contre une chemise légère, au travers de laquelle on devinait des seins pleins et fermes.

Ses cheveux étaient ramenés en arrière par une queue de cheval et il n'y avait plus aucune trace de maquillage sur son visage.

Elle était d'une beauté stupéfiante.

Bernie et la styliste remercièrent une fois encore Christopher de les avoir laissés continuer les photos à l'intérieur de la ferme et Alex apporta du champagne pour fêter l'événement. Christopher évita de demander de quel événement il s'agissait...

Au moment où ils se levaient pour prendre congé, Samia la cuisinière vint demander pour combien de personnes elle devait mettre le couvert et si elle préparait la table dans le salon ou au bord de la piscine...

Alex eut alors un regard suppliant pour Christopher.

Ils déjeunèrent au bord de l'eau, de viandes grillées et de salades. L'ambiance était maintenant parfaitement détendue et Christopher ne put se retenir de rire quand Bernie raconta qu'au quatrième passage de l'avion, ils s'étaient demandé comment faire comprendre au pilote qu'ils l'avaient assez photographié et qu'il pouvait s'en aller. Tous l'avaient trouvé complètement fou !

Au milieu des éclats de rire, Christopher se tourna vers Jennifer.

– Pourquoi tu as réagi aussi violemment quand je suis arrivé tout à l'heure ?

Elle fit une vilaine moue.

– Ce qui m'énerve le plus dans ce boulot, dit-elle, ce sont les mecs qui t'observent comme une bête curieuse pendant que tu travailles. Déjà en Europe, c'est pas facile mais t'imagines ce que ça donne dans ce pays...

Curieusement, elle entreprit ensuite de lui raconter sa vie et ses débuts dans la photo.

Elle semblait vouloir se justifier de quelque chose qu'il ne comprenait pas. Elle avait commencé à travailler à dix-sept ans chez Eilen Ford, à New York. Après trois années de succès grandissant, elle se sentait presque vieille, aujourd'hui.

Sans s'en rendre compte, ils s'isolèrent peu à peu du groupe. Christopher s'aperçut qu'il n'avait pratiquement discuté qu'avec elle et qu'il avait même oublié le prénom de l'autre fille.

À la fin du repas, Jennifer reposa sa tasse de café et demanda :

– Je voudrais aller voir tes avions, c'est possible ?

Il sursauta. Il avait complètement oublié le Pawnee dans le champ du Marabout. Depuis l'aube, l'appareil était là-bas au sud de l'Orangeraie. Est-ce qu'elle lui avait déjà fait perdre la tête ?

– J'ai laissé mon avion à 5 kilomètres d'ici. Je vais aller le chercher. Tu conduiras la Range au retour, dit-il en se levant de table.

Elle sembla enchantée et gênée à la fois par sa proposition, mais elle accepta. Après tout, elle lui devait bien ça. C'était leur faute si le Pawnee se trouvait dans ce champ.

Laissant les autres au bord de la piscine, ils partirent par l'allée des cyprès vers le champ du Marabout.

Christopher conduisait. Il fut sur le point de lui proposer de faire le tour de la ferme, mais il se ravisa et alla directement au Pawnee.

Une surprise les attendait quand ils arrivèrent à l'avion. Un immense troupeau de moutons était en train de paître autour de l'appareil.

Le berger dormait, confortablement installé sous l'aile, seul coin d'ombre à cet endroit.

Jennifer parut ravie de la rencontre.

– Tout n'est pas perdu pour tout le monde, dit-elle en riant. Grâce à nous, il peut se reposer au frais.

Pendant quelques secondes, ses yeux verts brillèrent d'une joie intense, presque juvénile. Puis elle redevint soudain sérieuse. Elle n'avait jamais approché un appareil de ce type. En fait, elle ne connaissait rien aux avions agricoles. Le Pawnee lui parut une machine monstrueuse et inquiétante qu'elle observa avec des yeux étonnés. Elle s'approcha de l'hélice et posa ses doigts dessus.

– Qu'est-ce que tu fais au juste avec cet avion ?

Il se mit à lui parler alors des sauterelles et des difficultés du traitement... Les essaims qu'il fallait parfois suivre jusqu'à la nuit tombée. Les techniques d'attaque...

Elle écoutait, attentive. À aucun moment elle n'aurait imaginé qu'on puisse traiter des champs avec un engin pareil.

Le berger dormait toujours au même endroit. Il n'avait rien entendu. Dur métier que celui de garder les moutons dans la plaine du Souss...

Christopher raconta comment, avec Alex, ils exploitaient leur ferme tout en faisant du traitement agricole dans la région. En période de pointe, ils avaient beaucoup de mal à satisfaire tous les clients tant la demande était importante.

Accroupie par terre, elle le regardait. Lui s'était assis sur l'aile. Ils restèrent longtemps ainsi, immobiles.

Tout à coup, il s'arrêta en plein milieu d'une phrase et se leva. Elle était à un mètre de lui, étonnée de son brusque silence.

Il s'approcha d'elle, lui prit la main et la força doucement à se lever. Il ne voulait plus parler de lui. Leurs regards se rencontrèrent et, sans l'avoir vraiment voulu, leurs corps furent l'un contre l'autre. Il ne fut plus question de la ferme. Il caressa lentement une mèche brune entre ses doigts. Son visage fut tout près du sien.

Il effleura ses lèvres. Elle ne résista pas. Sa bouche était fraîche. Le monde cessa d'exister quand leurs langues se rencontrèrent. Mais il la sentit bientôt se crisper. Elle sembla émerger d'un rêve et le repoussa fermement en le regardant droit dans les yeux.

– Ça ne sert à rien, je pars demain et je n'ai pas envie de faire l'amour avec toi. On se reverra pas, Christopher !

C'était la première fois qu'elle prononçait son nom. Il ne répondit pas, se contentant de la garder contre lui. Il mourait d'envie de l'embrasser à nouveau.

Il n'en fit rien.

– Viens, insista-t-elle, il faut rentrer. Les autres vont se demander ce qui nous arrive.

Elle s'écarta de lui. Depuis qu'il l'avait embrassée, elle semblait effrayée. Il n'essaya pas de la retenir.

Elle se glissa sous l'aile du Pawnee et réveilla le berger qui dormait toujours. Puis elle tenta de lui expliquer dans un français approximatif qu'il devait pousser ses moutons.

Christopher la regardait faire, intrigué par son attitude. Elle semblait presque regretter un instant de faiblesse.

Le berger comprit immédiatement ce qu'on attendait de lui. Se levant avec un sourire bienheureux, il commença par demander du feu puis une cigarette. Puis, comme aucun des ses interlocuteurs ne fumait, il entreprit de rassembler son troupeau.

En quelques secondes, Jennifer fut au volant de la Range. Christopher se rendit compte qu'elle le fuyait. C'était vraiment trop stupide. Pourquoi était-elle soudain si lointaine ? Cela n'avait aucun sens.

Elle eut du mal à trouver la marche arrière.

– Montre-moi les vitesses, demanda-t-elle d'une voix neutre.

En s'approchant d'elle, il eut envie de la reprendre dans ses bras. Elle en eut conscience.

– Je t'en prie, supplia-t-elle, laisse-moi partir, je ne veux pas rester ici.

Elle était tendue et lointaine, et pourtant il sentit qu'elle était au bord des larmes.

– Explique-moi ce qui se passe, murmura-t-il.

– Il n'y a rien à expliquer. On est sorti une minute ensemble, c'est une minute de trop. À tout à l'heure.

Sans lui laisser le temps de répondre, elle ferma la portière et accéléra brutalement, soulevant un épais nuage de poussière derrière la Range. Il la suivit des yeux, profondément troublé. Pourquoi l'avait-elle quitté aussi brutalement ?

Lorsqu'il atterrit à la ferme quelques minutes plus tard, les autres étaient encore autour de la piscine et Jennifer les y avait déjà rejoints. Bien que le couple se soit absenté très longtemps, personne ne fit le moindre commentaire. Seul Alex, comme à son habitude, accueillit Christopher avec un clin d'oeil complice. Cette allusion maladroite le rendit furieux.

Toute l'équipe s'était baignée et Bernie commençait à préparer ses rouleaux de films pour reprendre le travail de l'après-midi. Jennifer, en pleine discussion avec Karen sur le choix d'une robe, évitait de regarder dans la direction de Christopher.

– Si ça ne vous dérange pas, nous ferons les dernières photos au bord de la piscine, proposa Bernie, toujours souriant.

Alex sauta aussitôt sur l'occasion.

– La propriété est entièrement à vous, lança-t-il immédiatement, grand seigneur.

Il aurait volontiers grimpé aux arbres si l'une des deux filles le lui avait demandé.

Le photographe n'en demandait pas tant.

– Au fait, monsieur Streisand, j'allais oublier de vous dire...

Vous êtes invités tous les deux par toute l'équipe. Nous sommes à l'hôtel Europa à Agadir. Nous avons une grosse dette envers vous.

Christopher n'hésita pas une seconde. Il détestait cette situation floue avec Jennifer.

Elle lui plaisait follement, mais il avait la sensation de jouer avec le feu.

Il ne pouvait pas s'empêcher de se rappeler le pincement désagréable qu'il avait ressenti quand elle l'avait repoussé quelques instants plus tôt.

– Je vous remercie, répondit-il, mais je crois que je ne pourrai pas venir. J'ai trop de travail demain à l'aube. Ce ne serait pas raisonnable.

Le mot « raisonnable » lui parut déplacé. Il n'aimait pas l'employer.

Le photographe eut l'air déçu. Jennifer ne sembla pas avoir entendu ses paroles.

– Vous surveillez les cernes sous les yeux de vos modèles. Moi, je dois être en forme, poursuivit-il. Je fais la guerre contre des insectes.

– Vous êtes sûr ? protesta Bernie visiblement déçu.

Christopher regarda droit devant lui.

– Certain... je ne pourrai pas venir.

Alex faillit s'étouffer. Les yeux lui sortaient de la tête. Il attira Christopher à l'écart.

– T'es complètement fou ! Tu vas tout de même pas me lâcher dans un moment pareil. C'est trop important, protesta-t-il avec véhémence.

Mais il comprit tout de suite qu'il ne parviendrait pas à le faire céder.

Soudain, alors qu'il cherchait un argument, il sembla se rappeler quelque chose et fouilla frénétiquement dans sa poche. Il en sortit un papier froissé qu'il tendit en ronchonnant :

– Oh merde... J'allais oublier ça. Pendant que t'étais parti chercher le Pawnee, il y a eu un coup de téléphone pour toi. Tu dois rappeler ce numéro d'urgence. Ils ont dit que c'était très important, lança-t-il en lui donnant le papier chiffonné.

* * *

Christopher jeta un coup d'œil. Le numéro était griffonné à la hâte sur un coin d'enveloppe déchirée. Ça ne lui rappelait rien de précis. Avant de se diriger vers le salon où se trouvait le téléphone, il se retourna vers Jennifer. Leurs regards se croisèrent une seconde puis elle détourna les yeux. Il pénétra dans le salon.

Karen, allongée dans l'herbe, le suivit des yeux à travers les vitres en verre fumée de la maison. Il était évident qu'elle n'était pas insensible au physique du pilote et aurait volontiers pris la place de Jennifer pour aller chercher le Pawnee. Elle le vit s'accroupir sur le tapis de laine blanche et composer le numéro, le combiné calé sur son épaule.

Son tempérament suédois la poussait naturellement vers les hommes bruns aux yeux noirs, mais elle aurait volontiers fait une exception pour celui-là.

Christopher fut stupéfait de la rapidité avec laquelle quelqu'un décrocha. Il n'avait pas eu à attendre une seconde, comme si le correspondant avait la main sur le combiné.

– *Naam*[13]... Je vous écoute, dit une voix grave, qu'il ne connaissait pas.

– Christopher Streisand, c'est moi qui vous écoute. Vous avez demandé à ce que je vous rappelle.

L'inconnu avait une voix rocailleuse et autoritaire. Son accent prononcé était étrange, pas vraiment marocain mais plutôt du Moyen Orient. Il alla droit au but.

– Commandant Streisand, nous voudrions vous rencontrer dans les plus brefs délais.

Christopher tiqua. Pourquoi avait-il mentionné son grade ? Il se plaça sur la défensive et répliqua sèchement.

13. Oui.

– Et c'est qui « nous » ? Je ne rencontre jamais dans les plus brefs délais les gens qui m'appellent au téléphone sans même me dire leur nom.

L'inconnu évita de répondre et poursuivit comme s'il n'avait pas entendu la question.

– Eh bien, vous ferez une exception pour nous, commandant Streisand. Nous vous attendons ce soir à 22 heures à la résidence personnelle du gouverneur. Il est très important que vous soyez présent. Pour nous et pour vous...

Le ton était devenu légèrement menaçant.

Le gouverneur était le représentant du roi du Maroc dans la province du Souss et les choses avaient l'air plus sérieuses que prévu.

– Qu'est-ce qui me prouve que ce n'est pas une plaisanterie, demanda Christopher ?

Bien qu'au Maroc on ne plaisante pas avec ce qui touchait au pouvoir, il pouvait très bien s'agir d'une farce de mauvais goût. Par ailleurs, si le gouverneur désirait le voir, Christopher pouvait difficilement se dérober.

– C'est très simple, commandant Streisand. Prenez votre bottin. Cherchez le numéro de la résidence du gouverneur, appelez et dites seulement votre nom.

Sans attendre la suite, l'homme raccrocha.

Christopher resta un moment immobile, le combiné à la main. Il était perplexe. Que signifiait cette histoire ?

En feuilletant le bottin, il finit par trouver le numéro que lui avait indiqué son mystérieux correspondant. Si c'était une blague, il aurait l'air fin. Il allait même donner son nom.

Une fois encore, quelqu'un répondit dès la première sonnerie. Ces gens-là devaient coucher avec le téléphone. Christopher s'annonça, comme on le lui avait demandé.

– Streisand, lança-t-il, intrigué.

Il n'eut pas le temps d'en dire plus. Une voix de femme l'interrompit

– Bonjour commandant. Votre rendez-vous à 22 heures est bien confirmé. À ce soir.

Et elle raccrocha.

Décidément, ils semblaient efficaces et ne perdaient pas de temps en bavardages inutiles.

Songeur, il reposa le combiné. Cette fois, il n'avait pas le choix, sa soirée avec Jennifer était annulée.

Alex avait vaguement suivi les paroles de Christopher au téléphone. Il fronça les sourcils.

– Des problèmes ? demanda-t-il.

– J'en sais rien, je saurai ce soir. Je suis convoqué chez le gouverneur. Mais je n'aime pas du tout la façon dont ils ont fait cela.

– Ce soir ?

– Oui, ne comptez pas sur moi pour votre petite fête.

Après tout, c'était peut-être mieux ainsi.

CHAPITRE 6

Ould Hassan n'en pouvait plus. Ses yeux le brûlaient douloureusement et il ne sentait plus ses jambes engourdies par l'immobilité. Il aurait été incapable de dire depuis combien de temps il conduisait.

La semaine précédente, alors qu'il préparait discrètement sa fuite, il avait cherché à acheter des lunettes de soleil de qualité dans le souk de tripoli. En vain... Finalement, il avait dû se rabattre sur des verres médiocres cerclés de plastique blanc. Elles étaient importées de Yougoslavie. On aurait dit des jouets d'enfant. Khalifa n'avait pu s'empêcher de rire quand, en se réveillant, il avait découvert le vice-président ainsi accoutré.

Ould Hassan se demanda si ce n'était pas pire que de ne rien porter du tout.

Les vibrations du véhicule le faisaient souffrir atrocement et ses bras étaient engourdis. Il avait pourtant décidé de ne pas s'arrêter tant qu'il serait capable de conduire. Il irait jusqu'à la limite de ses forces. Si seulement Khalifa avait pu le remplacer, mais l'autre s'était toujours obstinément refusé à toucher le moindre volant. Ould Hassan le considérait à la fois comme son secrétaire et son ami, mais c'était un piètre compagnon de route.

Dans leur plan, ils avaient prévu de s'arrêter pour se reposer quelques kilomètres après Mizdah. Mais, en ville, ils avaient croisé trois camions « Kama » de l'armée libyenne bondés de soldats. La vue des uniformes l'avait incité à continuer à rouler. La route s'arrêtait à Mizdah. Ensuite, c'était la piste qui longeait le plateau d'Al Hamra. Un paysage extraordinaire ! Au fil des kilomètres, le terrain se dégradait progressivement mais c'était un facteur de sécurité pour les deux hommes.

Les Sahraouis savaient qu'ils seraient hors de portée des Libyens une fois parvenus à une centaine de kilomètres de Mizdah. Pas avant.

Ould Hassan ne roulait pas vite. La Toyota était robuste, mais il ne voulait pas prendre le risque d'une panne sur la piste. S'il était immobilisé, ce serait la mort pour eux. Dans le désert ou au fond d'un cachot libyen.

Le véhicule transportait le strict minimum pour mener à bien une telle expédition. De l'eau douce, du gas-oil, de l'huile, quelques outils et deux roues de secours. Ould Hassan avait eu beaucoup de mal à dissimuler ce matériel sans éveiller les soupçons de ses protecteurs. Avec l'assassinat du gardien, leur évasion était loin d'être une réussite totale.

Les heures passèrent... La piste, mal balisée, devenait par moments épouvantable. Parsemée de trous et de rochers, elle ne permettait guère de rouler à plus de dix kilomètres à l'heure.

Entre Mizdah et Gheriat, il y avait 170 kilomètres de mauvaise piste. Ould Hassan mit plus de onze heures pour les parcourir.

Pour éviter de croiser un éventuel véhicule, il roulait hors des balises chaque fois que c'était possible. La moindre erreur pouvait lui coûter cher. Il aurait immanquablement été repéré par les conducteurs venant en sens inverse.

Tout en conduisant, il jeta un coup d'œil vers son passager. Malgré les heures, Khalifa paraissait en forme.

– T'es fatigué, demanda soudain ce dernier ?

– Fatigué ? Dis plutôt que je suis à bout de forces, gémit Ould Hassan dont le corps meurtri ne supportait plus les cahots de la piste.

Une écœurante odeur de gas-oil régnait dans la voiture. Par moments, il en avait des haut-le-coeur.

Il roula toute la journée... Au coucher du soleil, il décida de continuer encore. Seule la volonté de mettre la plus grande distance entre lui et les autres le poussa à rouler encore une centaine de kilomètres. Presque jusqu'à Sciuref.

Quand Ould Hassan fut convaincu qu'il pouvait s'arrêter sans risques, il repéra la direction générale ouest-est de la piste et s'enfonça vers le sud pour la quitter complètement.

La montre de bord indiquait minuit lorsqu'il stoppa enfin le véhicule.

Le claquement du moteur Diesel cessa brusquement. Le silence lui fit mal aux oreilles. Sa tête bourdonnait, ses mains étaient douloureuses et tremblaient. Il avait conduit dix-neuf heures d'affilée.

Khalifa descendit de la Toyota en bâillant. Une minute plus tard, il revint chercher une cigarette dans la boîte à gants.

La tête sur le volant, Ould Hassan dormait à poings fermés.

* * *

Quand il se réveilla, il était trois heures du matin. Il se retrouva couché à même le plancher de la voiture dans une position terriblement inconfortable. Les pieds coincés dans les pédales et le buste tordu par les leviers de vitesse de la boîte de transfert, il tremblait sans savoir si c'était le froid ou la fatigue.

À cette époque de l'année, les nuits étaient glaciales.

Même si au cours de la journée le thermomètre montait allègrement jusqu'à 45 degrés, sitôt le soleil couché, il n'était pas rare que la température descende au-dessous de zéro.

Ould Hassan se demanda comment il avait pu dormir dans une telle position. La circulation dans ses jambes était pratiquement coupée. Il poussa un cri de douleur quand le sang se remit à circuler.

La bouche pâteuse, il prit une couverture à l'arrière et s'y enroula maladroitement. Comme il n'y avait pas suffisamment de place, il dut s'allonger en chien de fusil sur la banquette avant. C'était le seul endroit à peu près confortable du véhicule. Tout l'arrière était occupé par le matériel.

Le nez emmitouflé dans la couverture, il jeta un coup d'oeil par la vitre latérale.

La nuit était claire. Le capot du Toyota était soulevé... Dans le halo des veilleuses, Khalifa avait sorti le poste radio VHF. Il semblait occupé à faire des réglages de fréquences. Depuis le début du voyage, Ould Hassan s'étonnait du calme imperturbable de son ami. Pour un homme qui venait de s'embarquer dans une fuite suicidaire, il faisait preuve d'un sang-froid exceptionnel. Cette évasion était pourtant une folie. Selon l'état de son moral, Ould Hassan ne savait pas si son plan était génial, ou complètement stupide. Pour se consoler, il se dit que c'était sa seule chance de s'en tirer. Depuis qu'il avait quitté Alger pour Tripoli, tous ses déplacements étaient étroitement surveillés. Même à l'époque où ils ne se méfiaient pas encore de lui, les Libyens exerçaient une protection rapprochée insupportable.

Sans vraiment y croire, il avait tenté de quitter la Libye comme un simple touriste. Cela avait été un fiasco.

En arrivant à l'aéroport pour prendre un billet, il avait été aimablement abordé par deux gorilles moustachus qui lui avaient proposé de l'aider. En bredouillant une vague demande de renseignements sur l'arrivée d'un vol, il avait laissé ses protecteurs sur place et était parti. Ould Hassan avait senti leur regard pesant dans son dos et n'avait pas pu s'empêcher de se retourner. L'un d'eux le fixait avec un sourire narquois pendant que l'autre marchait vers une grosse BMW noire garée devant l'aérogare.

Il s'en était voulu d'avoir improvisé une tentative de fuite aussi maladroite. Ce jour-là, il s'était grillé lui-même.

Il avait fallu agir vite. D'autant plus que, politiquement, le vice-président devenait de plus en plus gênant.

Depuis la fin 1982, à la suite de la rencontre entre le roi du Maroc et le président algérien, les deux pays décidèrent de se rapprocher. Après vingt ans de brouille... Le Polisario devenait un fardeau trop lourd à porter pour l'Algérie et on commença à demander aux leaders sahraouis de se faire plus discrets. Du côté libyen, c'était le contraire, on les jugeait trop tièdes et Kadhafi songeait à les remplacer par des durs.

L'Afrique était divisée au sujet des Sahraouis et l'OUA[14] avait même failli éclater après une tentative libyenne pour imposer la RASD en son sein.

Seuls vingt des quarante-neuf pays d'Afrique l'avaient reconnue.

Ould Hassan admit qu'il avait échoué sur tous les points. Il fallait partir. À présent, sa seule chance de réussite résidait dans la radio que Khalifa manipulait en ce moment.

Il jeta un coup d'oeil à sa montre et s'aperçut qu'il avait oublié de passer en heure universelle. La Libye était GMT plus deux heures et il lui fallait en tenir compte pour préparer son rendez-vous. Ce genre d'oubli aurait pu lui coûter très cher.

Les écouteurs sur les oreilles, Khalifa essayait d'obtenir un contact. Apparemment, ça ne marchait pas. Ould Hassan baissa la glace de la Toyota et l'appela.

– Qu'est-ce que ça donne ?

Absorbé par l'écoute des fréquences, l'autre ne l'entendit pas.

14. Organisation de l'Unité Africaine.

Descendant de la voiture, il lui tapa doucement sur l'épaule et l'interrogea du regard. Gêné par les écouteurs, Khalifa éleva instinctivement la voix comme un sourd voulant se faire entendre.

– Il est trop tôt, cria-t-il. Je crois pas qu'on les aura cette nuit. Peut-être demain. De toute façon, il faut être patient, je vais rester à l'écoute jusqu'au matin. On ne sait jamais.

– Tu es passé en GMT, demanda Ould Hassan ?

Khalifa se contenta de lever le pouce pour dire qu'il n'avait pas oublié ce détail.

Satisfait, Ould Hassan retourna se coucher dans la voiture. Tout en s'installant, il jeta un coup d'oeil vers son secrétaire. Il pouvait compter sur lui. L'autre veillerait sans relâche.

Avant de refermer la vitre, il se pencha à la fenêtre.

– Je vais dormir. S'il y a du nouveau, n'hésite pas à me réveiller, lança-t-il.

Il n'y eut aucune réponse.

Ould Hassan ne s'en inquiéta pas. Il reprit sa position inconfortable sur la banquette. En s'endormant, il pensa qu'il avait de la chance de ne pas être seul, il aurait été bien incapable de veiller ainsi après une journée pareille.

* * *

Le chergui avait cessé de souffler sur la plaine du Souss et il faisait beaucoup moins chaud à présent.

Christopher se présenta à 9 h 55 au portail de la villa. Il venait de quitter Alex devant l'hôtel Europa. Radieux dans un smoking blanc, celui-ci ne cessait de répéter qu'il allait vivre la plus belle soirée de sa vie.

Les deux hommes avaient roulé ensemble jusqu'à Agadir, la Range poursuivant la Porsche avec difficulté. Christopher l'avait accompagné jusqu'à l'entrée de l'hôtel avec l'intention d'aller dire au revoir à Jennifer.

Mais au moment d'entrer, il avait relevé le col de son blouson de cuir et avait renoncé. Trop compliqué !

– Tu lui diras au revoir de ma part, avait-il murmuré simplement en faisant demi-tour.

Alex avait eu l'air scandalisé par l'attitude de son ami, mais il n'avait pas réussi à le faire changer d'avis. Ce dernier était remonté dans son 4x4 et il avait démarré sans se retourner.

Dix minutes plus tard, Christopher était devant la grille de la résidence du gouverneur. Il n'eut pas besoin de descendre. Immédiatement, un *Mokhazni*[15] des Forces auxiliaires s'approcha. C'était un officier.

– Bonjour mon commandant, j'ai ordre de monter avec vous et de vous guider. Vous permettez, dit-il en faisant le tour de la voiture pour ouvrir l'autre portière ?

Christopher se retint de sourire... Il n'en revenait pas. « Mon commandant ? ». Le ton était incroyablement respectueux. Pour un peu, le préposé se serait mis au garde-à-vous.

L'homme le guida à travers les allées de la résidence. Les jardins étaient somptueux. Tout semblait désert.

Ils arrivèrent devant une grande maison blanche en face de laquelle étaient garées deux Mercedes noires 380 SEC.

L'officier fit signe à Christopher de se garer juste à côté.

Si vous voulez bien me suivre, dit-il en lui montrant le chemin.

Ils pénétrèrent à l'intérieur de la villa et, une nouvelle fois, Christopher fut frappé par l'absence de domestiques. Il n'y avait personne. La réunion devait être diablement secrète pour qu'ils aient même renvoyé le personnel.

Après avoir traversé un immense salon, l'officier s'effaça devant une porte capitonnée.

– Voulez-vous entrer, mon commandant, c'est ici, souffla-t-il très stylé.

15. Force auxiliaires de maintien de l'ordre rattachées au ministère de l'Intérieur.

Christopher poussa la porte et se trouva dans un grand bureau confortablement meublé où trois hommes attendaient. La lumière tamisée plongeait la pièce dans une atmosphère intime qui contrastait avec l'attitude rigide des trois personnages. Deux Marocains et un Européen.

Bien qu'ils soient en civil, tout dans leur allure trahissait des militaires de haut rang. Christopher reconnut immédiatement l'un des deux Marocains. C'était le général Haddajji, patron de l'armée de l'Air marocaine, qu'il avait parfois vu à la télévision. L'homme passait pour être d'une grande compétence et terriblement efficace. Il jouissait d'un prestige d'autant plus grand qu'il était le pilote personnel du roi dans tous ses déplacements officiels.

Il y eut un instant de silence, puis Haddajji s'approcha de Christopher et s'adressa à lui dans un français parfait.

– Voulez-vous vous asseoir, commandant ? Nous avons beaucoup de choses à voir ensemble. Vous buvez quelque chose ?

Tout en parlant, le général fixait Christopher de ses yeux noirs. Un regard intense qu'on ne pouvait pas oublier. Celui-ci soutint la confrontation et les deux hommes se jaugèrent.

Il accepta une bière et attendit, laissant aux autres l'initiative de la conversation. Après tout, il était l'invité.

Ce fut Haddajji qui prit la parole le premier.

– Commandant Streisand, je vais être direct avec vous. Nous sommes très pressés et nous n'avons pas de temps à perdre. Nous avons besoin de vous pour un travail très particulier. Nous allons payer vos services 25 000 dollars pour que vous nous donniez 48 heures de votre temps. C'est important pour nous. Je m'empresse de vous dire que nous souhaitons très vivement que vous acceptiez notre proposition.

Le ton des derniers mots était étrangement insistant, presque menaçant. Il ne devait pas y avoir beaucoup de volontaires sur l'affaire. Christopher comprit qu'il lui fallait être sur la défensive. Pour 25 000 dollars, l'armée marocaine n'allait sûrement pas lui proposer une banale promenade de santé. Il fallait attendre la suite. Haddajji sourit étrangement.

– Je préfère vous informer tout de suite... Si nous vous disons de quoi il s'agit, vous serez tenu au secret le plus absolu, mais vous serez également engagé vis-à-vis de nous. Cela implique que vous acceptiez d'avance sans savoir ce que nous allons vous demander. Christopher ouvrit des yeux stupéfaits. Comment pouvait-il accepter n'importe quoi à l'avance ? Il y avait une contradiction flagrante. Avant qu'il ait eu le temps de protester, Haddajji reprit la parole. Il ne souriait plus.

– Je regrette d'avoir à vous le dire, mais nous ne vous laissons pas vraiment le choix. Nous avons besoin de vous et nous emploierons tous les moyens pour vous faire céder.

Christopher commença à comprendre que la réunion n'avait rien d'amicale. Jusqu'ici, c'était une conversation à sens unique dans laquelle on ne lui avait pas demandé son avis.

Son interlocuteur poursuivit :

– Vous êtes étranger au Maroc et vous y avez de gros intérêts financiers. Vous avez une autorisation de séjour. Ne nous obligez pas à utiliser des méthodes que nous n'aimons pas.

Haddajji avait l'air désolé, mais la menace était claire. L'homme se révélerait impitoyable pour arriver à ses fins. L'exploitation de la société de Christopher était soumise à toutes sortes d'autorisations administratives que le général pouvait faire sauter en un clin d'oeil.

– Allez-y, déballez votre salade, souffla-t-il, les yeux brillant de colère. Si c'est réalisable, je marche. Je vous donnerai mon numéro de compte bancaire en Suisse. Mais si ça ne l'est pas, vous ferez ce que vous voudrez, je ne céderai pas.

Avec un soupir, Haddajji sortit alors une feuille de papier d'un dossier vert et il la tendit à Christopher. Celui-ci l'examina avec curiosité. C'était son numéro de compte à Genève.

– Vous voyez que nous sommes très bien organisés, lança le Marocain.

Christopher hocha la tête.

– D'accord, un point pour vous... Je vous écoute.

– Monsieur Streisand, dit-il, c'est assez simple. Nous voulons que vous alliez chercher quelqu'un en avion et que vous le rameniez ici.

– Et... où est-il, ce quelqu'un, demanda Christopher, qui sentait venir le problème ?

Le général le regarda droit dans les yeux et lâcha d'une voix neutre :

– Il se trouve dans un rayon de 100 kilomètres autour de Ghat et... pour être plus précis, plutôt à l'est de Ghat.

Christopher en eut le souffle coupé. Le gars n'y allait pas de main morte dans ses exigences.

– Est-ce que vous savez où ça se trouve ? demanda Haddajji.

Christopher ne put retenir une grimace.

– Je sais très bien... C'est en Libye, à côté de la frontière algérienne. Je comprends pourquoi vous proposez 25 000 dollars ! Quelle que soit la façon dont vous avez envisagé le voyage, ça risque d'être mouvementé.

Le général poursuivit l'énoncé des détails. En informant Christopher, il l'obligeait à accepter de travailler pour lui.

– L'homme que vous allez chercher s'appelle Mohamed Amine Ould Hassan. C'est le vice-président de la RASD. Pour des raisons que je ne vous dévoilerai pas, il est en train de lâcher les Libyens et les Algériens.

Christopher ne put s'empêcher d'être admiratif. Si les Marocains réussissaient un coup pareil, ils étaient vraiment très forts.

Le vice-président de la RASD se ralliant au Maroc, ce serait un coup de théâtre politique et un succès incroyable pour Hassan II. Le Polisario risquait d'y perdre toute crédibilité.

– L'homme s'est enfui dans le désert libyen, poursuivit Haddajji. Pour l'instant, il se terre. Dans 48 heures, tout le monde essaiera de le localiser. Les satellites russes donneront un coup de main aux Libyens pour lui mettre la main dessus. Ce sera une question de vitesse entre eux et vous.

La comparaison fit frémir Christopher. La lutte risquait d'être assez inégale.

– Pour l'instant, la seule chose que nous ne connaissons pas, c'est sa position. D'ailleurs, même si on l'avait, on ne vous la donnerait pas, reprit le général. Elle vous sera communiquée en l'air au tout dernier moment. Je vais vous expliquer comment nous allons procéder.

Depuis qu'Haddajji parlait, le cerveau de Christopher tournait à grande vitesse et une foule de questions lui brûlaient les lèvres.

– Pourquoi moi ? demanda-t-il calmement, bien qu'il connaisse en partie la réponse.

Pendant quelques secondes, Haddajji parut embarrassé, puis il se ressaisit et sourit franchement.

– Je vais être très franc avec vous et vous donner tous les éléments. Je suis sûr qu'à notre place vous auriez choisi la même personne.

Il se retourna vers l'Européen, qui sembla approuver ses paroles.

– Avec nos amis, nous avons établi un portrait-robot de l'homme dont nous avions besoin. Il nous fallait un excellent pilote, ayant une grande connaissance du désert, sachant se repérer la nuit sans instruments à basse altitude. Il nous fallait de plus un pilote habitué à se poser n'importe où dans des conditions difficiles. Sur ce point, commandant, vous êtes un peu un phénomène, nous savons que vous pouvez faire tout cela.

Haddajji fit une pause. Christopher attendit la suite.

– Vous allez devoir traverser illégalement l'Algérie jusqu'en Libye, commandant. Pour ce voyage, nous ne voulons absolument pas que l'avion ou le pilote soient marocains. Votre double nationalité franco-américaine nous convient parfaitement. Vous savez que, depuis la rencontre entre le roi et le président Chadli, le Maroc et l'Algérie sont en pleine réconciliation. Cette tentative d'accord ne doit pas échouer. Il était donc impossible d'envoyer quoi que ce soit qui nous appartienne sur le territoire de nos voisins. En cas de problèmes, vous pouvez imaginer les conséquences catastrophiques sur les négociations. C'est la raison pour laquelle vous irez demain à Genève chercher un avion de location qui a été réservé à votre nom. Il y a également du matériel... Je pense que vous devinez la suite, elle fait partie du jeu, dit Haddajji d'une voix glaciale.

Christopher comprenait parfaitement où il voulait en venir. S'il lui arrivait quoi que ce soit, les Marocains nieraient avoir jamais entendu parler de lui.

Il était persuadé que l'Européen qui était à côté du général était en fait un Américain. Langley n'était pas loin ! L'homme n'avait pas prononcé un seul mot depuis le début de l'entretien. Il se contentait de hocher la tête de temps en temps pour montrer son approbation. Mais il était évident qu'il ne faudrait pas compter sur la CIA pour venir le tirer du guêpier où il risquait de se retrouver.

Il n'eut aucune peine à imaginer ce qui pourrait lui arriver.

Tout à coup, il pensa très fort à Jennifer et regretta de ne pas être passé la voir à l'hôtel.

La voix d'Haddajji le ramena brutalement à la réalité.

– Officiellement, vous ferez un vol de convoyage de fret entre Paris et Dakkla. Vous vous perdrez en route à partir d'Agadir et vous ferez un détour pour récupérer votre passager.

Christopher faillit sourire. Le « détour» faisait plus de 4 000 kilomètres. Ça ne serait pas facile de justifier une telle erreur de navigation devant un tribunal islamique révolutionnaire.

– Ensuite, poursuivit Haddajji, vous aurez un contact radio, et un seul, pour vous donner la position de ce que nous avons appelé le *point Oméga*. Ce sera votre lieu de rencontre.

Le général resta un moment silencieux puis il demanda :

– Si vous aviez été à notre place, quel type d'appareil auriez-vous choisi pour ce travail ?

Christopher réfléchissait à ce problème depuis déjà un moment. L'avion était la clé de la réussite.

– Il me faut un STOL[16], répondit-il. L'appareil doit être rapide, très robuste pour se poser n'importe où et il doit pouvoir emporter du matériel et du pétrole en grande quantité. Je pense qu'un Twin Otter conviendrait parfaitement.

Christopher comprit qu'il avait tapé dans le mille... Une étrange lueur s'alluma dans le regard de son interlocuteur. Il n'aurait pu dire si c'était de la satisfaction ou de l'inquiétude.

– Bien vu... C'est l'avion que nous avons loué, fit le général. Il vous attend sur l'aéroport de Genève. Vous partez là-bas demain par le vol Swissair de 12 h 30.

Christopher se dit que, décidément, ils ne lui laissaient aucune possibilité de choix. Tout semblait avoir été réglé d'avance, y compris son accord.

Haddajji lui tendit un épais dossier de couleur verte.

– Vous trouverez dans cette enveloppe toutes les informations que nous sommes autorisés à vous donner, expliqua-t-il. Lisez-le attentivement, apprenez-le par cœur, si vous voulez, mais vous ne pourrez emporter aucun document. Rien ne doit quitter cette pièce. Nous vous laissons seul maintenant.

Les trois hommes se levèrent. L'entretien était terminé. À l'exception du général, aucun des deux autres n'avait ouvert la bouche.

Au moment où Haddajji s'avança pour lui serrer la main, Christopher lui rendit le dossier vert sans l'avoir ouvert.

– Reprenez cela... Il y a plusieurs points que j'aimerais régler, lança-t-il en le regardant fixement dans les yeux.

Haddajji s'arrêta, étonné. Un éclair d'inquiétude passa sur son visage.

16. Short take-off and landing : *avion à décollage et atterrissage courts.*

– Je vous écoute ?

– C'est simple, je veux 100 000 dollars, dit Christopher fermement. Pas un de moins. Autrement, vous chercherez quelqu'un d'autre !

Le général fit semblant de prendre la demande comme une plaisanterie :

– Ma parole, mais vous marchandez comme un Soussi[17]. Je ne savais pas que les Américains faisaient ça.

Christopher balaya la remarque.

– Vous me demandez de faire un vol dans lequel je risque très gros, je vous donne mon prix, c'est tout. Il n'est pas question de marchandage ici, rétorqua-t-il, glacial.

Haddajji eut l'air perplexe. Il comprit que le pilote ne céderait pas mais pour la forme, il tenta de discuter.

– Je suis désolé, dit-il, mais ce genre de détail ne dépend pas de moi, il m'est impossible de décider ça tout seul. Vous aurez la réponse demain.

Christopher ne céda pas d'un pouce.

– Si l'argent n'est pas viré sur mon compte à Genève avant le décollage, je ne partirai pas, dit-il d'une voix ferme... 100 000 dollars, pas un de moins.

– Commandant Streisand, vous êtes le pilote le plus cher de l'heure que je connaisse. C'est d'accord, je prends ça sur moi. Je crois d'ailleurs que nos amis partageront les frais avec nous, ajouta-t-il en regardant ostensiblement l'Occidental.

Une fois de plus, Christopher se dit que le terme « nos amis » devait désigner les gens de la CIA.

À Langley, on devait certainement voir d'un oeil favorable le numéro deux du Front de libération démocratique du Sahara rejoindre le camp occidental.

Pourtant, sur le moment, il ne comprit cependant pas pourquoi le Marocain faisait un tel appel du pied pour partager les

17. Habitant de la plaine du Souss qui ont la réputation d'être très près de leur argent.

frais. Étrange attitude ou difficulté financière du Maroc ? Il eut le tort de ne pas chercher une réponse plus logique.

– Pourquoi ne m'avez-vous pas averti plus tôt, demanda-t-il ? On ne prépare pas une expédition pareille en une demi-journée. Vous auriez pu me prévenir quelque temps à l'avance.

– C'était inutile, rétorqua Haddajji. Tout a été prévu.

Il lui montra l'enveloppe verte que Christopher lui avait rendue.

– Vous pilotez et vous appliquez les instructions que vous trouverez là-dedans. Étudiez-les cette nuit, et vous saurez tout ce qu'il faut savoir.

– Et les sauterelles ? Je laisse tomber mon associé au pire moment ? J'ai un contrat avec le ministère de l'Agriculture et la Défense des végétaux.

Haddajji eut un regard vers les deux autres et sourit.

– Votre associé se débrouillera sans vous. Cette affaire est autrement plus importante que quelques essaims de sauterelles sans intérêt.

Christopher grimaça. Les paysans qui verraient des milliards de sauterelles tomber dans leurs champs ne seraient peut-être pas de cet avis.

– C'est vous qui tirez les ficelles, dit-il en reprenant le dossier vert.

Ils se levèrent de nouveau tous les trois.

– Vous partez pour Genève demain, commandant. Nous préviendrons le Ministère de l'Agriculture pour vous éviter des pénalités financières, reprit Haddajji en guise de conclusion. Rappelez-vous bien qu'à partir de cet instant vous n'aurez qu'un seul contact radio pour la position du point Oméga. Il faudra respecter scrupuleusement toutes les conditions que vous trouverez là-dedans.

Christopher se retrouva seul dans la pièce. Il y avait un immense bureau derrière lui. Il s'y installa et ouvrit l'enveloppe. C'était énorme.

Chaque détail avait été prévu avec la plus grande minutie. De toute évidence, cette opération avait été planifiée de longue date. Rien ne semblait avoir été laissé au hasard.

Il prit le téléphone sur le bureau et appela Rachid à la ferme. Le Berbère tomba des nues quand il apprit que Christopher serait absent pendant quelques jours. Il devait se passer des choses très importantes. Jamais son patron ne les aurait abandonnés dans une période aussi critique s'il n'en avait pas été ainsi. Ça n'allait pas être facile pour Alex.

* * *

Le jour se levait quand Christopher referma le dossier marqué « Omega Point ». Il tombait de sommeil.

Il décida d'appeler l'hôtel Europa. Jennifer prenait l'avion de neuf heures, elle devait être levée. Il avait une folle envie de lui parler. Maintenant qu'il était embarqué dans cette histoire, il réalisa qu'il n'aurait peut-être jamais l'occasion de la revoir et elle lui manqua encore plus.

Le réceptionniste de l'hôtel devait dormir. Il dut attendre longtemps avant qu'une voix ensommeillée lui demande quelle chambre il désirait contacter. Jennifer reconnut immédiatement sa voix. Elle parut heureuse de l'entendre

– C'est bien que tu téléphones, murmura-t-elle simplement.

Il l'interrompit.

– Je vais à Genève et ensuite à Paris. Donne-moi ton téléphone, je veux te voir.

Elle fit comme si elle n'avait pas entendu la question.

– J'aurais aimé que tu sois là, hier soir. Alex m'a dit que tu ne pouvais pas venir.

Elle sembla hésiter une seconde, puis reprit.

– Tu m'as manqué.

Elle avait l'air sincère.

– Ce que je dis est idiot, mais c'est vrai, continua-t-elle.

– Donne-moi ton téléphone, répéta-t-il, têtu.

Comme à regret, elle finit par céder et lui demanda de l'appeler dans l'après-midi du lendemain vers dix-huit heures.

Christopher sentait qu'elle était partagée entre l'envie de le revoir et le désir de l'éviter. Visiblement, elle redoutait de rester trop longtemps avec lui.

– Tu sais, Chris, poursuivit-elle, on a tous les deux une vie qu'on ne veut pas abandonner. Je n'ai pas envie de souffrir et encore moins me sentir liée dans une relation qui ne servirait à rien.

Quelque chose dans ses paroles sonnait faux. Il en eut conscience, mais il mourait d'envie de la retrouver.

– Ne dis plus rien, souffla-t-il, je t'appellerai demain soir à six heures.

– À demain, murmura-t-elle, et elle raccrocha.

Chapitre 7

Le DC-10 de la Swissair se posa à 16 h 12 sur l'aéroport de Genève-Cointrin. Christopher avait dormi pendant tout le vol. Malgré la nuit blanche qu'il avait passée, il se sentait en pleine possession de ses moyens. Une faculté de récupération peu commune lui permettait de dormir peu. Après des heures aux commandes d'un avion, il parvenait à faire face à des situations difficiles, là où les autres cédaient par fatigue.

Il avait quitté la villa du gouverneur au petit matin. À l'exception d'un billet d'avion et de 2000 dollars pour les frais, il avait laissé toute la documentation sur le bureau. Il connaissait à présent tous les paramètres de l'expédition. Restait la mise en pratique. C'était tout autre chose...

L'officier des Mokhazni était encore là. Toujours aussi stylé. Mais il n'y avait plus aucune trace des deux Mercedes. Pendant qu'il rejoignait sa Range, il eut la sensation d'être observé. Il n'aimait pas l'atmosphère de cette maison vide. Plusieurs fois, au cours de la nuit, il s'était demandé si on n'était pas en train de le surveiller alors qu'il prenait connaissance du dossier. Les autres avaient certainement écouté ses coups de fil. Ça n'avait aucune importance. Il n'avait rien révélé que les Marocains ou leurs amis de Langley ne sachent déjà.

Et ils étaient sans doute parfaitement renseignés sur sa vie privée. Sur ce point, il ne se faisait aucune illusion.

Après avoir quitté la résidence, il était retourné à la ferme, avait pris une douche glacée et, tout en se rasant dans la salle de séjour, avait rédigé un bref message pour Alex.

Celui-ci ne devait pas s'inquiéter mais le traitement des sauterelles se ferait sans lui. Il partait en voyage d'affaires.

Les deux hommes se connaissaient bien. Par cette phrase anodine, Alex comprendrait que quelque chose de grave le retenait mais qu'il ne pouvait pas en parler.

Christopher ne serait jamais parti en voyage d'affaires sans que son associé sache de quoi il retourne. Il terminait sa lettre en disant qu'il espérait être de retour dans quatre jours.

Le seul côté agréable de cette histoire était le bref séjour à Paris. Cela lui permettrait de passer quelques heures avec Jennifer.

Au moment où il sortait du DC-10, la pluie commençait à tomber sur Genève. Christopher releva le col de son blouson et se dirigea vers les comptoirs de douane.

Elle n'abandonnerait jamais son métier. Quant à lui, s'il se sortait du pétrin, il resterait dans son avion à se battre contre des sauterelles. Elle avait raison, ça ne servait à rien.

Le policier suisse lui rendit son passeport. Christopher cherchait déjà des yeux les stands de location de voitures quand un homme jeune, en costume sombre, s'approcha de lui. Il portait un badge « Val'air » et arborait un sourire commercial du plus bel effet.

– Je suppose que vous êtes Monsieur Streisand, dit-il en lui tendant une main molle !

– C'est exact, répondit Christopher. Vous êtes...

– Peter Maller. C'est moi qui vous ai eu au téléphone ce matin, annonça-t-il avec un accent suisse très prononcé. La description que vous m'avez faite de vous est très ressemblante. Vous ne passez pas inaperçu, je ne risquais pas de vous manquer, ajouta-t-il en riant.

Bien qu'il n'en laisse rien paraître devant son interlocuteur, Christopher sentit l'exaspération l'envahir. Ce n'était pas lui qui avait téléphoné. Il détestait cette situation où on le considérait comme un pion qui devait aller à dame par tous les moyens. Depuis quelques heures, à part la négociation des 100 000 dollars, il ne faisait rien d'autre que suivre des instructions. Il était manipulé.

– L'avion est prêt. Si vous voulez y jeter un coup d'œil, nous pouvons y aller tout de suite, proposa Maller aimablement. Je suis sûr que vous serez satisfait de nos services.

L'homme pouvait être aimable. La location d'un Twin Otter devait coûter une petite fortune de l'heure. Sa société allait retirer un énorme bénéfice de l'opération.

– Allons-y, dit-il simplement.

– Vous m'avez dit que vous partiez pour Paris dans la soirée. Vous allez chercher du matériel, je crois.

– Je compte décoller vers vingt heures. Je n'aurai malheureusement pas le temps de visiter votre jolie ville, ironisa Christopher. Il y a tant de belles choses à voir en Suisse !

– Quel dommage, renchérit Maller en traînant sur chaque syllabe ! À propos de Suisse, j'ai résolu le problème de votre licence. Au lieu de vous donner un avion immatriculé chez nous, nous avons eu la chance de trouver un Twin Otter immatriculé aux USA. Vous avez de la veine, il n'a que deux ans et il est en parfait état.

Les autres avaient vraiment pensé à tout. Pour piloter un avion, la réglementation internationale imposait aux commandants de bord une licence de la même nationalité que l'immatriculation de l'appareil.

Christopher avait deux brevets de pilote professionnel, l'un français, l'autre américain. S'il voulait piloter un avion suisse, il lui fallait une validation de l'Office Fédéral de l'Air.

En trouvant un Twin Otter immatriculé américain, ses commanditaires évitaient toutes les formalités administratives et ils gagnaient du temps.

L'idée effleura Christopher qu'il eût été aussi simple de louer un avion en France, mais il n'y porta pas vraiment attention sur le moment.

Tout en écoutant les explications de Maller, il monta avec lui dans une voiture de piste aux couleurs de « Val'air ». Ils traversèrent l'aéroport sur les taxiways et rejoignirent l'aire de l'aviation générale.

Peter Maller arrêta la voiture à côté d'un Twin Otter DHC-6 série 300. L'appareil était rouge et blanc et portait les couleurs d'American Air Charter. Il semblait neuf. C'était une machine superbe.

– Voilà la bête, dit Peter Maller fièrement. Il est beau, n'est-ce pas ? Il sort de révision. Il vient d'être repeint entièrement. Vous ne serez pas déçu, c'est un vrai bijou.

Christopher se dit qu'en effet la peinture était belle, mais que, pour le genre de voyage qu'il allait faire, il eût mieux valu un bon camouflage. C'était plus discret. L'autre n'imaginait sûrement pas ce que son client allait faire de l'appareil.

Le Twin Otter DHC-6 était un avion construit au Canada par De Havilland. C'était un gros bi turbopropulseur équipé de deux turbines de 650 ch chacune avec reverse[18]. Il pouvait emporter 20 passagers ou deux tonnes de fret à près de 350 km/h en croisière. Mais il avait surtout une qualité rare pour un appareil de ce tonnage, c'était un STOL. Il décollait et atterrissait sur des distances extraordinairement courtes.

18. *Le pas des hélices est réversible et le pilote utilise la puissance des moteurs pour freiner à l'atterrissage.*

Au décollage, à pleine charge, il lui fallait un peu plus de 200 mètres pour être en l'air et, grâce à ses puissantes reverses, il se posait en 160 mètres. Même les petits avions d'aéro-clubs ne faisaient pas mieux. En outre, même si la plupart des compagnies mettaient deux hommes d'équipage, l'avion était homologué pour un seul pilote.

Christopher aimait bien cet appareil. C'était pour lui une vieille connaissance. En examinant l'extérieur, il pensa que lorsqu'il serait là-bas, il devrait peut-être le manier un peu vigoureusement... Ça ne serait pas facile, c'était une machine de transport paisible, pas un Mirage.

– Vous voulez jeter un coup d'œil à l'intérieur ? proposa Maller.

– J'aimerais bien, en effet, répondit Christopher, qui était curieux de voir le poste de pilotage dans lequel il allait passer les heures à venir.

Les deux hommes pénétrèrent par l'escalier escamotable sur le côté gauche de l'appareil.

– Les vingt sièges ont été démontés, comme vous l'avez demandé, précisa Maller. Vous gagnez pas mal de poids et vous allez pouvoir mettre du matériel là-dedans.

Christopher jaugea rapidement l'espace disponible. Tout avait été enlevé, jusqu'au niveau du poste de pilotage, y compris les toilettes. Il ne restait plus qu'une cabine très vaste dans lequel il allait pouvoir stocker du carburant, de l'eau et tout ce qui serait nécessaire à l'expédition.

– Vous voulez jeter un coup d'œil au cockpit ? proposa Maller.

Tout en parlant, il ouvrit la porte et fit signe à Christopher de passer le premier. L'avion était parfaitement équipé. Il possédait un plateau de route avec des barres de tendance, un DME[19], un transpondeur et, suprême raffinement, tous les instruments

19. Distance Measuring Equipment : instrument de bord permettant d'obtenir la distance de l'avion par rapport à une balise.

étaient à affichage digital. Dommage que tout ce bel équipement coûteux ne soit d'aucune utilité pour ce qu'il allait faire dans le désert.

En Afrique, les balises radio au sol étaient souvent en panne et quand, par chance, elles fonctionnaient, les techniciens oubliaient de les mettre en marche. De toutes les façons, Christopher allait voler si bas que tout ça ne servirait à rien. La plupart des moyens radio n'étaient exploitables qu'à partir d'une certaine altitude.

Maller interrompit le cours de ses pensées.

– Alors, comment vous trouvez ça ? C'est exactement ce que vous aviez demandé. Du super équipement pour le vol sans visibilité ! C'est cher, mais c'est beau.

Visiblement, l'homme bavait d'envie devant l'électronique sophistiquée du tableau de bord. Le petit bureaucrate aurait donné n'importe quoi pour être un jour aux commandes d'un tel appareil. Le gars aux yeux bleus avait de la chance de faire un métier pareil. Un drôle de type d'ailleurs... Avec sa barbe de deux jours et son allure de baroudeur, il ne devait pas se fatiguer pour mettre des filles dans son lit. Maller avait bien remarqué les regards qui convergeaient sur lui quand il avait traversé l'aérogare.

Pendant que Peter Maller rêvait, Christopher inspectait soigneusement le poste de pilotage. Il trouva le manuel de vol sous le siège du commandant de bord et décida de l'étudier à fond. Il voulait vérifier si les performances du Twin Otter correspondaient à ce qu'il se souvenait avoir lu dans le dossier vert. Il fallait surtout vérifier l'autonomie en fonction de la charge et de la distance à parcourir. Il n'était pas question de tomber en panne sèche en plein milieu du Sahara.

Après avoir réfléchi à la façon dont il disposerait le chargement en fonction du centrage, Christopher accepta de suivre Peter Maller dans ses bureaux. Il restait certaines formalités de routine à effectuer pour prendre en charge l'avion.

La société ayant déjà reçu la totalité du prix de la location, il n'eut même pas à aborder ce problème. De toute façon, il se moquait complètement de savoir à combien allait coûter l'opération.

Pendant que Maller finissait de remplir les derniers formulaires au nom de Christopher, celui-ci demanda s'il pouvait téléphoner à Paris.

L'autre lui fit aussitôt remarquer qu'il serait obligé de facturer la communication.

– C'est le règlement de notre société et il faut le respecter, ajouta-t-il comme pour s'excuser.

Christopher ne put s'empêcher de sourire. La compagnie «Val'air» avait reçu la veille un chèque d'une centaine de milliers de francs suisses et elle facturait sans complexe une banale communication sur Paris.

La ligne étant sans cesse occupée, Christopher eut beaucoup de mal à obtenir Jennifer. Sous les yeux inquiets de Maller, il dut recommencer plusieurs fois. Il sentait confusément que c'était leur dernière chance de se parler et qu'il ne fallait pas la manquer.

Il devait lui faire savoir qu'il serait à Paris plus tôt que prévu.

Quand enfin il l'obtint au bout du fil, il remarqua immédiatement qu'elle semblait triste.

– Où es-tu ? demanda-t-elle.

– Je suis à Genève, je décolle dans une heure pour Paris. J'y serai vers vingt-deux heures.

Il y eut un moment de silence.

– Jenny, tu me manques un peu, dit-il à voix basse, sincère. Où est-ce que je peux te retrouver ?

– C'est plus possible, je t'en prie, n'insiste pas. On ne pourra pas se voir ce soir.

Elle parut soudain très lasse.

– Je suis retenue. Un gros client de l'agence a invité toutes les filles pour fêter une pub. Ça se finira au Bains Douches et je ne peux pas me libérer. Je ne sais même pas à quelle heure je sortirai.

Christopher ne se laissa pas décourager pour autant.

– Je serai là-bas à partir de minuit. Je te retrouverai, lança-t-il.

Elle ne protesta pas. Mais, avec le ton de quelqu'un qui connaît déjà la réponse, elle demanda :

– Tu repars quand en Afrique ?

– Demain soir, mais je reviendrai.

– Qu'est-ce que tu vas faire là-bas ?

Il sursauta, étonné. Pourquoi lui posait-elle ce genre de questions ?

– Je vais travailler, répondit-il évasivement.

Elle resta un instant sans rien dire. Il crut qu'elle allait raccrocher.

– À ce soir, peut-être. Mais, pour moi, c'est beaucoup plus compliqué que tu l'imagines.

– Tu m'expliqueras tout ça ce soir, dit-il.

– Sûrement pas.

Elle avait parlé d'une voix lasse, presque épuisée.

Ce fut lui qui raccrocha, pensif. Tout se brouillait dans sa tête mais il n'aimait pas les sentiments qu'il éprouvait pour cette fille qu'il connaissait à peine.

Il téléphona ensuite à l'agence Hertz de l'aéroport et demanda qu'on lui réserve une voiture au Bourget. Enfin, il appela sa banque à Genève pour avoir le solde de son compte. Quelques instants plus tard, son chargé de clientèle lui confirma qu'il venait d'être crédité d'une somme de 100 000 dollars. Sur ce point, les Marocains avaient tenu parole. Pour le moment, l'organisation de la mission semblait cohérente. Il fallait espérer que tout le reste du voyage se déroulerait de la même manière.

Christopher retourna à l'avion... Au moment où il traversait l'aire de stationnement, devant la tour de contrôle, il se mit à pleuvoir à grosses gouttes.

Après des mois de désert et de vents brûlants, il reçut l'averse comme une délivrance. Dans quelques heures, il retournerait là-bas et il goûta avec délice l'eau ruisselant dans ses cheveux.

Ce fut lorsqu'il passait sous l'aile du Twin Otter qu'il remarqua l'immatriculation américaine : N15448B.

Il lui fallut près d'une heure et demie pour déposer un plan de vol IFR vers Paris-Le Bourget et préparer sa route. C'était la piste 23 en service et il demanda un départ par « Épinal 7 Alpha » qui lui fut accordé sans difficulté.

À 19 h 35, Christopher était prêt. Ceintures attachées, ayant reçu les paramètres de décollage sur L'Atis[20], il contacta la tour de Genève sur la fréquence 118,7.

– Genève tour, ici November 15448 Bravo, bonjour...

– N15448B, la tour, 5 sur 5, on vous écoute, allez-y.

– Je voudrais la mise en route pour Paris-Le Bourget. Information Charlie[21].

– N15448B, vous êtes autorisé à mettre en route, rappelez pour rouler.

Christopher démarra les deux gros turbopropulseurs du Twin, fit les check-lists et obtint l'autorisation de rouler à 19 h 41.

Alors qu'il longeait les taxiways menant à la piste 23, il songea qu'il retrouvait avec plaisir ce gros avion un peu lourdaud sur lequel il avait volé pendant une dizaine de mois avant de s'associer avec Alex. C'était l'époque où il venait tout juste de quitter l'armée. Il n'avait pas piloté de Twin Otter depuis cette période mais il connaissait parfaitement l'avion et retrouvait naturellement la place de chaque instrument.

À 19 h 50, sous une pluie battante, Christopher aligna l'avion sur la piste. Après avoir reçu sa clearance[22], il décolla.

Les essuie-glaces fonctionnaient à grande vitesse. Une nuit d'encre était tombée et des nuages bas annonçaient une période

20. *Air trafic information service. Les paramètres de décollage sont donnés par une bande magnétique, le contrôleur n'ayant pas le temps de les fournir du fait du trop grand nombre d'appareils dans sa zone.*
21. *Référence de l'enregistrement.*
22. *Instructions du contrôle pour la route et la procédure à suivre après le décollage.*

de mauvais temps. Le contrôle de Genève l'autorisa à monter jusqu'au niveau de vol 160. Les balises lumineuses disparurent en quelques secondes sous l'appareil et Christopher estima qu'il serait au Bourget à 21 h 10.

Tout en montant vers le niveau autorisé, il pensa à nouveau à Jennifer. Elle l'obsédait... Même si c'était ridicule, il avait hâte de la retrouver. Stupide... Il était sur le point de se lancer dans une aventure dont il ne savait rien et dans laquelle il risquait de laisser sa peau, et sa seule préoccupation était de revoir une fille qu'il connaissait à peine.

Que savait-il d'elle, à part qu'elle était superbe et qu'elle semblait vouloir garder son indépendance ? C'était peut-être cela qui l'attirait ? Enfin, il l'avait cru au début mais il y avait autre chose. Cette fille avait une personnalité étrange qui le fascinait.

En stabilisant l'avion au niveau de vol, il se demanda s'il était vraiment sain d'esprit.

* * *

Alex ne trouva le message de Christopher que tard dans la soirée. Il était rentré à la ferme à la nuit tombée après avoir poursuivi un second nuage de sauterelles encore plus important que le premier. Les criquets étaient passés en stratus un peu trop brutalement et Alex avait failli se faire surprendre. Il était si fatigué qu'il aurait volontiers cherché un champ dans la campagne pour s'y poser et passer la nuit sur place. Cette fois, c'était une véritable invasion...

Le départ brutal de son ami le laissait perplexe. Il n'arrivait pas à comprendre les raisons qui l'avaient poussé à disparaître dans un moment aussi sensible. Ça ne pouvait pas tomber plus mal.

Tous les experts prévoyaient que cet hiver allait être un des plus critiques depuis bien des années. Alex se sentait désemparé sans la présence rassurante de son associé. Celui-ci savait prendre rapidement les décisions capitales quand lui hésitait pendant plusieurs jours.

Comme Christopher l'avait prévu, l'allusion au voyage d'affaires l'avait alarmé et il avait parfaitement compris que ce n'était pas le véritable motif de son départ. Pourquoi tant de mystères ? Il était certain qu'il se passait quelque chose d'anormal.

Alex voulut savoir ce qu'il en était.

Il commença par chercher le numéro de téléphone que Christopher avait contacté à Rabat. En vain. Christopher avait dû jeter le morceau d'enveloppe dans la poubelle. Il ne le retrouva pas.

Il décida alors de faire une chose incroyable. Il allait appeler la résidence du gouverneur pour demander où était passé Christopher. Il verrait bien ce qu'on allait lui répondre.

Comme Christopher, il trouva le numéro dans l'annuaire et obtint la villa. Bien qu'il laissât sonner pendant plus de deux minutes, il n'y eut aucune réponse.

Entêté, il pensa avoir fait un faux numéro et recommença.

Il paraissait impossible qu'il n'y ait ni secrétaire, ni domestique pour répondre au téléphone du fonctionnaire le plus important de la province. Il fit une nouvelle tentative.

Ce n'est qu'au quatrième essai que quelqu'un décrocha enfin.

– Oui !

Alex se trouva décontenancé par la dureté du ton. L'homme semblait en colère.

– Bonsoir, lança-t-il d'une voix mal à l'aise. Est-ce que je suis bien à la résidence, heu... de Son Excellence le Gouverneur ?

– C'est à quel sujet ?

– Eh bien justement, je voudrais parler à monsieur le gouverneur.

– Vous êtes qui ?

Dans un premier temps, Alex avait décidé de dire simplement

la vérité. Pourquoi inventer un mensonge alors qu'il lui suffisait d'expliquer que la situation était critique avec les sauterelles et qu'il cherchait à savoir où était son associé.

Mais son correspondant lui parlait si brutalement qu'il changea d'avis. Il sentit confusément qu'il ne devait pas révéler son identité.

– J'appelle de la part d'un ami, bredouilla-t-il. Nous avons un problème.

Il fut presque immédiatement interrompu.

– Votre nom, s'il vous plaît, insista l'autre ?

Alex fit comme s'il n'avait pas entendu.

– Il s'agit d'une personne que je souhaiterais contacter et je crois que monsieur le gouverneur pourrait me renseigner. Il doit être au courant.

La réponse tomba comme un sentence.

– Laissez-moi vos coordonnées et le nom de votre ami. On vous rappellera.

Alex tenta de passer outre.

– Mais est-ce qu'il ne me serait pas possible de parler à Son Excellence...

– Laissez vos coordonnées, répéta l'homme au bout du fil... Je ne peux rien vous dire de plus.

Alex se trouva soudain à bout d'arguments. Il comprit qu'il n'arriverait à rien et qu'il en avait peut-être déjà trop dit. Il resta un instant silencieux, ne sachant comment terminer la conversation.

Puis soudain, il eut l'impression d'entendre un chuchotement à côté de son interlocuteur. Ce dernier se fit tout à coup plus aimable. On devait lui conseiller de chercher à le faire parler.

– Quel service attendez-vous exactement de Son Excellence ?

Alex fut tout à coup pris d'une sensation désagréable. Il était en train de commettre une grossière erreur. Il raccrocha brusquement... Le cœur battant, il resta un long moment à regarder le téléphone comme s'il allait se mettre à sonner.

Quelques instants plus tard, Rachid entra dans le salon pour préparer le briefing du lendemain. Il le trouva affalé dans le fauteuil, l'air soucieux.

– Quelque chose ne va pas, demanda le Berbère ?

– Je sais pas...

– C'est à propos de Monsieur Christopher, n'est-ce pas ?

– J'en ai bien peur, répondit Alex en fermant les yeux.

CHAPITRE 8

À 20 h 32, le centre de contrôle aérien d'Athis-Mons autorisa le Twin Otter N15448B à commencer sa descente vers Paris. Jusque là, l'appareil avait volé au-dessus des nuages éclairés par la lune.

Il s'enfonça dans la masse sombre en dessous de lui. Au moment où il pénétra dans la couche, la turbulence se fit plus violente et Christopher resserra son harnais. Le mauvais temps et la charge de travail l'obligèrent à se concentrer fortement sur sa trajectoire d'approche vers le Bourget. Étant donné l'importance du trafic à cette heure de la soirée, il était hors de question de s'écarter d'un pouce de la route imposée par le contrôle. Chaque pilote devait respecter scrupuleusement son altitude et son axe pour assurer la sécurité de tous.

C'était l'heure de pointe et les contrôleurs régulaient le trafic le plus rapidement possible vers la capitale. Tous les avions de ligne rentraient et il n'y avait pas beaucoup de place pour les privés.

Le radar de l'aéroport de Roissy Charles-de-Gaulle assura l'arrivée de Christopher sur le Bourget. Malgré le trafic, le contrôleur lui permit de gagner quelques minutes en raccourcissant son approche. En France, la compétence de ceux que le public appelait les aiguilleurs du ciel n'était plus à démontrer. Christopher, qui avait volé sous presque toutes les latitudes, les considérait comme les meilleurs du monde. Il se concentra sur ses instruments. À mesure qu'il approchait du sol, la météo empirait. Un vent violent soufflait en rafales et la pluie rendait la visibilité nulle. Les essuie-glaces se révélaient inefficaces pour dégager les trombes d'eau qui s'abattaient sur le pare-brise de l'avion. L'atterrissage ne posa pourtant aucun problème. Le Twin se posa à 20 h 05 sur la piste 07 du Bourget. Les pneus de l'avion effleurèrent la bande détrempée et la roulette de nez vint se placer parfaitement au centre des balises. Sitôt l'appareil posé, la radio crépita dans le poste de pilotage.

– N15448B, où voulez-vous stationner pour la nuit ?

– Je voudrais prendre le parking Tango 5, le plus près possible de l'aérogare.

L'accord vint immédiatement.

– C'est d'accord, N15448B, vous serez moins mouillé pour rejoindre le bâtiment. Vous êtes autorisé pour Tango 5. Bonne soirée. Vous pouvez quitter la fréquence, ajouta le contrôleur aimablement.

Quand il fut arrêté près de l'aérogare à côté de la tour, Christopher coupa simultanément l'arrivée carburant sur les deux turbines, créant ainsi un silence brutal dans le poste. Il resta quelques instants immobile dans la lumière bleutée du tableau de bord. Les nombreux voyants encore allumés donnaient à l'endroit une atmosphère de vaisseau spatial.

Il récupéra le manuel de vol de l'avion puis coupa le contact général, faisant l'obscurité soudaine dans le poste.

* * *

La Toyota avait roulé toute la journée à travers le Djebel Al Hamra. Il avait fait une chaleur torride et les deux hommes étaient épuisés. Aucune piste ne permettait de rejoindre directement Sciuref en ligne droite. En temps normal, il fallait faire un détour de plus de 400 kilomètres. Ould Hassan savait pourtant qu'il était possible de couper directement à travers le désert. Il fallait seulement savoir éviter les enchaînements de dunes au travers desquels aucun véhicule ne pouvait passer. C'était une région épouvantable où personne ne se risquait jamais.

Malgré les protestations de Khalifa, qui craignait de se perdre ou de se planter, le vice-président décida de prendre le chemin le plus court en passant par l'Hamra. Ils pouvaient gagner du temps et ne risquaient pas de croiser une patrouille libyenne. Jamais les soldats ne s'aventuraient dans cet enfer. Même les scorpions y survivaient difficilement.

À mesure qu'il pénétrait dans le désert, Ould Hassan sentit le goût de vivre renaître en lui. Maintenant, ils allaient réussir. Ce serait dur mais il en avait la certitude.

Étrangement, c'est Khalifa qui semblait soucieux à présent. Son calme disparaissait peu à peu, faisant place à un sentiment qui ressemblait à de l'angoisse. Cette région le terrorisait.

– Ça ne marchera jamais, murmura-il à plusieurs reprises. L'avion ne nous trouvera pas dans un coin pareil. On aurait mieux fait de rester sur la piste.

– T'inquiète pas, le rendez-vous aura lieu. Il faut seulement attendre trois ou quatre jours, peut-être une semaine, mais on s'en sortira, tu verras.

Les autres avaient promis qu'ils ne les laisseraient pas tomber. Ils viendraient. Les Marocains tenaient trop à ce qu'ils représentaient pour les abandonner à leur sort.

Khalifa était resté à l'écoute de la radio toute la nuit. Sans résultat. L'avion ne devait pas être encore parti, pensa Ould Hassan. De toutes les façons, le plan prévoyait que les fugitifs seraient contactés juste après le départ de l'appareil.

Rien n'était perdu. Ils avaient de l'eau, des réserves de gas-oil et des vivres pour un mois. Même si l'alimentation se limitait à de dattes et des figues séchées, c'était tout à fait suffisant pour survivre. Il fallait savoir patienter.

Vers 21 heures, d'un commun accord, les deux hommes décidèrent de bivouaquer pour la nuit. Ils avaient parcouru 230 kilomètres au compteur de la Toyota. Etant donné, les conditions épouvantables du terrain, c'était une distance énorme.

La seconde nuit d'attente commença... Le froid était déjà très vif quand Ould Hassan déplia sa carte sur le capot de la voiture. À la lumière d'une torche, il plaça une pierre à chaque coin et prit un sextant pour faire le point avec précision.

Quand le Sahraoui eut sa position exacte, il la nota sur la carte et la transforma en paramètres codés pour la transmettre à son contact au cas où celui-ci appellerait. Ce ne serait certainement pas pour cette nuit, pourtant les deux hommes décidèrent de se relayer toutes les trois heures à l'écoute de la radio. Ils branchèrent une nouvelle fois la VHF sur la batterie de la Toyota et attendirent. Le contact devait se faire avec un avion de ligne mais ils n'avaient aucune idée de l'heure. La seule chose qu'ils savaient, c'est que ce serait la nuit.

Khalifa prit le premier quart et coiffa les écouteurs en réglant les fréquences.

– Tu as faim, demanda Ould Hassan en partageant avec son secrétaire un morceau de son sandwich ? C'était le dernier qui restait sur le stock confectionné à Tripoli. Ensuite, il faudrait se contenter d'une nourriture plus frugale.

L'autre ne répondit rien... Il prit les deux tranches de pain d'un air soupçonneux et les sépara pour renifler l'intérieur. Il regarda Ould Hassan du coin de l'œil et eut instantanément une grimace de dégoût.

– Plutôt crever que de bouffer ça, lança-t-il avec un demi sourire !

Ould Hassan haussa les épaules.

– Qu'est-ce que ça peut faire ! Le porc n'a jamais tué personne.

– Ton âme est morte, répliqua Khalifa d'un ton si inhabituel qu'Ould Hassan se demanda s'il était sérieux.

– Qu'est-ce qui t'arrive, demanda-t-il. Tu sais bien que j'ai souvent mangé du cochon et je suis toujours vivant.

– Donne-moi des dattes... Et garde ta merde. Quand tu seras devant Allah, il n'y aura que toi, répliqua Khalifa avec un étrange sourire.

Pendant une fraction de seconde, Ould Hassan aperçut une étrange lueur dans les yeux de son secrétaire. Il eut la sensation fugitive que celui-ci le détestait. Puis il se dit qu'il se faisait des idées. Khalifa était peut-être un musulman pur et dur, mais c'était son ami le plus sincère et le plus dévoué. Même s'il était très pointilleux sur tout ce qui touchait à la religion, il pouvait compter sur lui dans les situations les plus difficiles.

Il y avait bien longtemps qu'Ould Hassan ne respectait plus les principes sacrés de l'Islam.

En Libye, c'était une faute grave. Et c'était encore plus grave d'afficher ouvertement sa liberté de pensée. On lui reprochait souvent de faire au grand jour ce que beaucoup de musulmans libyens faisaient en cachette.

Ainsi, pendant le jeûne du Ramadan, il ne s'était pas gêné pour boire pendant la journée malgré les hurlements de son secrétaire. Ce dernier se serait laissé mourir sur place plutôt que d'avaler une seule goutte d'eau. Ould Hassan répétait qu'il y avait beaucoup d'hypocrisie chez ceux qui affichaient une rigueur religieuse intraitable. À ses yeux, les vrais musulmans n'étaient pas les plus intégristes !

N'avait-il pas vu des militaires libyens en stage de formation en France boire de l'alcool et manger du porc sans retenue alors que de retour au pays, ils condamnaient à la prison ceux qui s'adonnaient au même péché ?

Vexé, Ould Hassan termina son sandwich en solitaire et alla

s'allonger dans la voiture en attendant de prendre son tour d'écoute radio.

* * *

Christopher s'accouda au bar. Il commanda une bière et parcourut le night-club des yeux à la recherche de Jennifer. C'était plein à craquer et il ne la vit pas.

Il était 0 h 10.

Si elle décidait de ne pas venir, ils ne se reverraient probablement jamais. À cette pensée, il ressentit un pincement désagréable dans la poitrine. La perspective de ne plus la prendre dans ses bras lui déplaisait fortement. Il décida d'attendre jusqu'à une heure du matin.

Après quoi, il partirait.

Depuis qu'il était au bar, une blonde plantureuse ne l'avait pas quitté des yeux. Assise tout près de lui, en grande conversation avec un chevelu dégingandé, elle parlait fort en accompagnant chacune de ses paroles de grands gestes. De toute évidence, elle cherchait à attirer son attention.

Le manège dura une dizaine de minutes sans que Christopher réagisse. Finalement, ce fut elle qui engagea la conversation. Au grand étonnement de son compagnon qui n'avait rien remarqué.

– Je suis sûre que vous avez un rencard avec quelqu'un qui vous a laissé tomber, lança-t-elle avec un sourire moqueur.

La musique était telle qu'elle dut s'approcher tout près de son oreille pour se faire comprendre.

– Elle vous a planté, hein, répéta-t-elle ?

Christopher marmonna une vague réponse et ne put s'empêcher de penser qu'elle avait sans doute raison. Il était presque minuit et demi et Jennifer n'était toujours pas là.

La fille était jolie. Il la regarda avec curiosité mais n'eut aucune envie de poursuivre la conversation. Il allait attendre encore dix minutes, puis il partirait.

Fascinée par les yeux bleus de l'inconnu, la blonde s'imagina avoir rendez-vous avec un homme comme celui-là. Elle aurait été sur place avec une heure d'avance et n'aurait laissé aucune fille s'approcher à moins de dix mètres. Celle qui lui avait posé un lapin devait être complètement folle.

Elle se pencha une nouvelle fois vers lui pour dire quelque chose qu'il ne comprit pas et s'arrangea pour effleurer sa main. Il allait lui faire signe de répéter quand il aperçut Jennifer.

Elle venait d'arriver et était encore proche de la porte d'entrée. Elle avançait au milieu d'un groupe d'une trentaine de personnes. Tous riaient et chahutaient bruyamment.

Elle paraissait follement heureuse.

Une bouffée de chaleur envahit brusquement Christopher. Il se rappela la douceur de son corps contre le sien et son visage de femme-enfant étonnée quand il l'avait embrassée.

Une dizaine de mâles vêtus avec un luxe ostentatoire s'agitaient autour d'elle. Chacun essayait de capter son attention, mais elle éclatait de rire, sans vraiment porter les yeux sur personne. À son passage, les danseurs se retournèrent. Elle paraissait très à l'aise au milieu de la foule, adressant des petits signes à ceux qu'elle reconnaissait.

Christopher ne bougea pas. Il était certain qu'elle l'avait vu à l'instant même où elle avait passé la porte. Mais elle ne vint pas vers lui. Lorsque le groupe passa à proximité, elle tourna un bref instant la tête dans sa direction. Presque nonchalamment, elle eut un petit geste de la main, puis dans un éclat de rire, elle continua à avancer sans se retourner.

Christopher la vit disparaître et se noyer dans la cohue. Une colère sourde monta en lui.

Elle était passée à quelques mètres et c'est tout juste si elle l'avait regardé...

– C'était elle, votre rendez-vous, interrogea la blonde sans pouvoir cacher sa satisfaction ? Apparemment, vous avez fait un bide.

Il resta muet et n'eut pas un regard pour elle. Se retournant vers le bar, il posa son verre à moitié plein. Puis, se frayant un passage vers la sortie, il quitta le night-club.

Dehors, il pleuvait des cordes. Une fois de plus, la pluie l'apaisa. Dans une quinzaine d'heures, elle lui manquerait terriblement. En marchant vers sa voiture, il se rendit compte à quel point il avait été ridicule. Cette fille ne tenait pas à le revoir.

Elle n'avait pratiquement pas fait attention à lui. Il fallait penser à autre chose. À présent, son seul souci devait être d'aller chercher ce type en Libye et d'en revenir vivant.

Ça ne serait déjà pas facile.

Au moment où il atteignit sa voiture, il perçut une présence derrière lui. Instinctivement, il se retourna et la vit.

Elle était debout sous la pluie au milieu du trottoir. À quelques pas de lui.

Son tee-shirt trempé lui collait au corps et elle semblait à moitié nue. Ses cheveux plaqués sur son visage ruisselaient d'eau. Elle paraissait désemparée.

– Christopher, où tu vas ? Tu avais dit que tu voulais me voir, murmura-t-elle.

Il ne comprenait plus rien... Cette fille au bord des larmes n'avait rien de commun avec celle qu'il avait croisée quelques instants plus tôt. Quel jeu jouait-elle ? Il se demanda une seconde où était la véritable Jennifer et qui elle essayait de tromper.

– Tu voulais me voir, reprit-elle d'une voix triste.

La colère de Christopher n'était pas totalement apaisée.

– Eh bien, voilà, on s'est vus, lança-t-il durement. Tu voudrais peut-être que je rejoigne la troupe de tes fans pour avoir un autographe ? Désolé, c'est pas mon genre.

Il se retourna et ouvrit la portière de sa voiture. Alors, elle s'approcha jusqu'à le toucher.

Elle tremblait de froid. Son tee-shirt collé à sa peau ne cachait plus rien de ses seins.

– Je t'en prie, tu peux pas comprendre. Emmène-moi, je suis gelée, dit-elle à voix basse.

Il sentit sa colère tomber d'un seul coup. Elle semblait totalement perdue et il eut brusquement envie d'elle.

– Viens, souffla-t-il en l'attirant contre lui.

Il retira son blouson et lui mit sur les épaules, essayant tant bien que mal de la protéger de la pluie. Puis, doucement, il la prit dans ses bras. Elle logea sa tête au creux de son cou et ils restèrent immobiles sous la pluie devant la portière ouverte.

Lentement, elle leva son visage ruisselant vers lui. Leurs yeux se rencontrèrent. Le monde aurait pu s'écrouler autour d'eux. Leurs lèvres furent à nouveau toutes proches. Il prit sa tête entre ses mains et l'embrassa.

Lorsqu'elle le repoussa doucement, Christopher crut que c'était pour réagir comme la première fois. Elle allait s'enfuir, mais elle resta près de lui et murmura simplement :

– *I missed you.*

– Tu m'as manqué aussi, répondit-il dans un demi-sourire. Peut-être même plus que je l'aurais voulu. Viens, on ne reste pas là, tu vas mourir de froid. Monte, je t'emmène.

Elle se précipita à l'intérieur de la voiture. Une fois installé, il se tourna vers elle et l'observa. Son corps était terriblement désirable et contrastait avec ses grands yeux presque trop innocents.

– Pourquoi tu me regardes comme ça ? demanda-t-elle inquiète.

– Je cherche à deviner ce qu'il y a dans cette tête.

Les yeux de la jeune femme se firent soudain plus durs.

– Il vaut mieux pas que tu le saches. On va où ?

À Chantilly, dit-il après avoir branché le chauffage au maximum.

– Comme tu voudras...

Elle hésita un instant avant de poursuivre.

– Je reste avec toi cette nuit, souffla-t-elle en fermant les yeux.

Quand il venait dans la région parisienne, Christopher demeurait toujours à l'Auberge bleue, un manoir du XVIIIe siècle situé au milieu dans la forêt de Chantilly. L'endroit était tenu par un de ses amis qui avait quitté l'aviation pour se recycler dans l'hôtellerie. Le cadre y était splendide. Lorsqu'il rentrait du désert, Christopher aimait se retrouver au milieu des arbres et des sous-bois humides. L'auberge, couverte de lierre, ne comptait que douze chambres, mais elles étaient meublées avec recherche et raffinement. Chacune d'elle comportait une grande cheminée d'époque où brûlait en permanence un grand feu de bois. Pendant que Christopher commandait le dîner, Jennifer s'allongea sur l'épais tapis près de la cheminée. Vêtue seulement d'une de ses chemises, elle resta longtemps immobile à observer les flammes.

– On peut commander tout ce qui te ferait plaisir... Tu veux du caviar avec du champagne ? demanda-t-il.

Elle le regarda amusée et fit non de la tête.

– Franchement, je préférerais du camembert, du pain de campagne et un verre de Bordeaux, répondit-elle. Chaque fois qu'un type m'invite à dîner, il me sort le grand jeu : caviar, champagne, foie gras. J'en ai vraiment marre !

Christopher resta bouche bée. Décidément, elle n'avait pas fini de le surprendre.

– C'est comme toi, continua-t-elle, d'un air espiègle, t'es trop beau. Tu es un homme caviar et ça ne me fait plus rien. Des beaux mecs, j'en vois tous les jours dans le travail. Je suis vaccinée. D'ailleurs, j'ai jamais imaginé que mon prince charmant serait beau. Je le verrais plutôt laid et bossu mais très intelligent, ajouta-t-elle en faisant une grimace atroce. Pas vraiment ton genre.

Elle eut un rire clair que Christopher adora. Jamais il n'avait imaginé qu'on le comparerait un jour à des œufs de béluga.

– En parlant de photos, j'ai trouvé ça tout à l'heure, dit-il en lui montrant le dernier numéro de « Life ».

Il avait récupéré le magazine à la réception de l'auberge. Jennifer y figurait dans la rubrique mode. Terriblement belle. L'article comportait trois pages.

Les photos avaient été réalisées dans la station de ski d'Aspen dans le Colorado. Elles étaient toutes aussi superbes les unes que les autres.

Tout en maintenant l'écouteur d'une main, il lui lança le magazine.

– J'aimerais bien savoir ce que cette fille a dans la tête.

– Connais pas, répondit-elle. Jamais vue...

Puis après une seconde de réflexion, elle ajouta :

– De toute façon, j'ai l'air d'une conne là-dessus.

Christopher n'eut pas l'air d'accord. Il récupéra le journal et le feuilleta machinalement. Soudain, un détail curieux attira son attention.

Instinctivement, il retourna la revue pour voir la date de parution. C'était le numéro le plus récent : janvier 1983...

Dans la rubrique «Actualités », une photo montrait un groupe de personnalités marocaines en visite officielle aux Etats-Unis. Depuis l'arrivée des socialistes au pouvoir en France, les Marocains modifiaient leurs alliances. Ils se rapprochaient des Américains qui étaient ravis de marcher sur les plates-bandes des Français.

Tous les membres de la délégation marocaine étaient reçus à la Maison-Blanche par le président Reagan. Parmi les personnalités présentes sur le perron se trouvait en bonne place le général Haddajji. Celui-là même que Christopher avait rencontré quelques heures plus tôt dans la villa du gouverneur.

Haddajji aux côtés de Reagan... ça ne pouvait signifier qu'une chose : la CIA était mouillée jusqu'au cou dans l'opération de sauvetage qui se préparait en Libye. Christopher en aurait parié sa chemise.

– Qu'est-ce que tu regardes comme ça, demanda Jennifer intriguée ?

– Rien de bien intéressant.

Elle s'approcha doucement de lui et lui prit la main.

Il était sur le point de refermer la revue lorsqu'il se ravisa. Sans vraiment savoir pourquoi, il se mit à examiner la photo de la délégation.

Quelque chose le troubla.

Le cliché en couleurs montrait les officiels marocains groupés autour du président américain. Celui-ci souriait et serrait chaleureusement la main du Prince héritier qui dirigeait la délégation. À la fin de l'article se trouvait un encadré montrant en gros plan les visages des principaux responsables militaires des deux pays.

En tant que chef d'état-major de l'armée de l'air, le général Haddajji y figurait une nouvelle fois.

Christopher examina l'encadré, mal à l'aise. Un détail infime le dérangeait. Il était pourtant incapable de dire ce que c'était.

Pendant une seconde, l'idée lui vint qu'il devait trouver ce qui ne collait pas, mais la main de Jennifer remonta vers sa poitrine et elle commença à défaire, un à un, les boutons de sa chemise. Les doigts légers effleurèrent le torse et coururent sur son visage. Elle vint se lover près de lui et mit sa tête au creux de ses reins.

Alors il se retourna et la prit dans ses bras. Il n'était pas encore en Libye. Le magazine tomba par terre et il oublia complètement le général Haddajji. Il restait trop peu de temps. Il n'avait plus qu'une idée en tête : se consacrer à elle.

À l'instant où il allait l'embrasser, il la sentit se raidir à nouveau. Elle plongea ses yeux verts dans les siens et redevint soudain grave.

– Tu dois vraiment repartir demain, demanda-t-elle ?

– Je ne peux pas faire autrement, mais je reviendrai, murmura-t-il en passant sa main dans ses cheveux.

– Ne promets rien, c'est inutile. J'ai déjà trop peur de ce que je suis en train de faire avec toi, souffla-t-elle.

Christopher ne comprit pas ce qu'elle voulait dire.

– Je vais être très occupé pendant quatre jours, mais après j'aimerais qu'on essaie de vivre quelque chose ensemble. Dès mon retour, je veux qu'on se voie le plus vite possible.

Il se demanda s'il n'était pas un peu ridicule d'envisager ce genre de chose. Il la connaissait depuis deux jours. Elle le regarda avec un sourire triste.

– Tu sais que je suis complètement libre cette semaine. Je serais bien partie avec toi !

Christopher sursauta. Il y avait une contradiction avec ce qu'il avait cru comprendre à Agadir.

– Pourtant, Bernie m'avait dit que tu devais travailler à Paris ?

Sa remarque n'eut pas l'air de l'embarrasser.

– C'est annulé, répliqua-t-elle sans plus d'explications.

Il ne voulut pas en savoir davantage. Après tout, c'était sans importance. Pendant un bref instant, il fut sur le point de lui proposer de la ramener avec lui jusqu'à Agadir. C'était la route prévue avant de rejoindre la Libye. Après tout, cette portion de trajet n'avait rien de clandestin et il aurait pu la prendre comme passagère. Il réalisa malgré tout qu'elle pourrait être une source de soucis supplémentaires et changea d'avis.

– C'était quoi ton travail cette semaine ? demanda-t-il malgré lui.

Elle ne répondit pas et se lova contre lui pour chercher ses lèvres.

Christopher sentit une brusque bouffée de désir l'envahir. Pourquoi vouloir toujours poser des questions inutiles ? Ça ne servait à rien. Il était en train de craquer et il s'en rendait compte.

Lentement, il la déshabilla, prolongeant chaque instant comme s'il était unique. Elle avait un corps superbe, à peine bronzé. Dur comme un fruit vert. Ses seins pleins et fermes contrastaient avec ses hanches étroites et ses longues jambes d'adolescente. Il s'arrêta un instant pour la contempler. Elle était terriblement désirable, ainsi vêtue de son seul slip et d'un soutien-gorge aussi léger qu'un voile blanc. Cette fille était un troublant mélange de sensualité et de virginité qui le déroutait.

Malgré sa hâte de la pénétrer, il voulut prolonger ces instants et continua à la caresser doucement du bout des doigts. À travers le tissu léger, il effleura la pointe d'un sein pour en éprouver le durcissement. Elle poussa un gémissement puis, avec une douceur étonnante, elle prit la main qui la caressait pour l'écraser contre sa poitrine.

Il se dégagea et reprit son geste, descendant lentement vers le ventre et l'intérieur des cuisses. Il mourait d'envie de se jeter sur elle pour l'écarteler et la prendre, mais il n'en fit rien et continua longtemps à jouer avec son corps.

Les yeux clos, elle frémissait imperceptiblement au contact des doigts qui la parcouraient. C'était délicieux. Ils découvrirent ainsi leur corps sans presque se toucher. Tout était éteint dans la pièce. Seul le feu répandait une lumière vacillante.

Soudain, elle se serra de toutes ses forces contre lui et se tendit.

– Viens, murmura-t-elle simplement.

N'y tenant plus, il glissa sa main dans son dos et fit sauter l'attache du soutien-gorge. Elle parut surprise et lui souffla à l'oreille d'une voix pleine d'ironie :

– Tu as pris des cours du soir pour faire ça d'une seule main ?

– Je m'entraîne régulièrement. J'ai un examen à la fin de l'année, répliqua-t-il avec un clin d'œil.

Elle redevint soudain grave et ce fut elle qui acheva de se déshabiller avant de le rejoindre.

Elle gémit doucement quand il fut en elle, s'accrochant à lui, comme si c'était la première fois.

Quand ils se réveillèrent, elle approcha doucement ses lèvres des siennes et dit d'une voix étrange :

– Il ne faudrait pas recommencer ça trop souvent. C'est pas vraiment recommandé pour des gens comme nous…

– Tu as peur ?

– Bien sûr, fit-elle en souriant.

– Pourquoi ?

– Qu'est-ce que tu veux savoir ? demanda-t-elle.

– Tout ce que tu n'as pas dit.

Elle haussa les épaules.

– C'est simple, je suis un animal de cirque à qui on donne beaucoup d'argent pour faire des photos. J'ai commencé à quatorze ans, pour une marque de crème glacée. C'était à Miami. Au début, c'était comme un jeu !

Christopher ne put s'empêcher de sourire. Elle faisait semblant de lui faire des confidences. En réalité, elle évitait soigneusement de répondre à sa question.

– C'est drôle, mais c'est vrai, poursuivit-elle. Mon père avait donné son accord pour faire ces photos, mais ma mère ne le savait pas. Et puis il y a eu une grande affiche juste en face de la maison. Le plus comique, c'est qu'elle ne l'avait même pas remarquée. Ce sont les voisins qui sont venus la prévenir. Si t'avais vu la scène qu'elle a faite à mon père ! Elle s'est vite calmée quand elle a appris combien ça nous avait rapporté.

Elle resta un moment silencieuse puis reprit :

– J'ai vite gagné un argent fou. Maintenant je suis riche mais ça m'est complètement égal. J'ai besoin d'autre chose.

Il l'écouta parler longuement. Allongée près de lui, la tête sur son torse, elle ne le regardait pas. Il ne comprit pas vraiment ce qu'elle cherchait à lui dire, mais elle sembla s'apaiser peu à peu.

Puis changeant brusquement de sujet, elle releva la tête vers lui et murmura :

– Tu sais, c'est bizarre... J'attendais ton coup de fil comme une folle et d'un autre côté, j'avais très peur que tu m'appelles.

Il la regarda étonné :

– Explique ?

– Non rien... Je crois qu'on est vraiment très mal partis, toi et moi, dit-elle d'un ton las.

Lorsqu'elle s'endormit enfin contre lui, il n'avait pas réussi à en savoir plus. Dans la cheminée, le feu s'éteignait doucement. Christopher ramena sur elle une épaisse couverture pour la réchauffer. Il resta longtemps à l'observer, convaincu qu'il vivait ses derniers instants de paix. Avant de s'assoupir lui-même, il pensa que la journée du lendemain serait cruciale. Ce serait le départ d'une longue route vers l'inconnu.

CHAPITRE 9

Au milieu de son sommeil Christopher eut un cauchemar étrange dans lequel Haddajji, Peter Maller et l'inconnue des Bains Douches se ruaient sur lui. Le visage déformé par la haine, ils se battaient farouchement pour monter à bord du Twin Otter. Les moteurs tournaient, mais il n'y avait aucun bruit. Jennifer était là aussi. Le souffle des hélices l'empêchait d'approcher.

Il lui tendait vainement la main en l'appelant. Elle restait désespérément loin de l'appareil. Pour finir, dans un silence oppressant, Peter Maller se mettait aux commandes et l'avion décollait. Impuissant, Christopher voyait Jennifer rester seule au milieu d'un désert de sable blanc comme de la neige.

Il s'éveilla mal à l'aise, ne comprenant pas ce qui lui arrivait. Elle dormait tranquillement, serrée contre lui. À cet instant, il pressentit qu'il lui faudrait se battre pour la garder.

Ils se séparèrent à l'aube dans le centre de Paris. La veille au soir, elle avait laissé sa « Coccinelle » décapotable dans la rue de Montmorency près des Bains Douches.

Au moment où ils allaient se quitter, toutes les résolutions de Christopher s'envolèrent d'un seul coup :

– Je retourne ce soir à Agadir... Est-ce que tu veux venir avec moi, demanda-t-il ?

– Je ferai quoi là-bas ?

– Tu pourras rester à l'Orangeraie en attendant que je revienne. J'en ai pour deux jours, peut-être trois. Mais, quand ce sera terminé, on pourra se retrouver.

Il la sentit à la fois intéressée et troublée par la proposition.

– Je ne sais pas vraiment, répondit-elle, hésitante.

– Je décolle ce soir à six heures. Si tu décides de partir avec moi, tu me rejoins au Bourget.

En se répétant qu'il était fou de lui faire une telle proposition, il lui griffonna rapidement un plan pour trouver l'avion sur les parkings de l'aéroport. Puis il lui glissa le papier dans la main.

– Je t'attendrai, murmura-t-il.

Elle se dirigea vers la VW et démarra sans se retourner. Christopher suivit des yeux la petite décapotable blanche jusqu'à ce qu'elle tourne au coin de la rue du Temple.

Il arriva au Bourget une heure plus tard. L'aéroport s'éveillait. Il monta directement au contrôle local dans lequel quelques pilotes remplissaient leur plan de vol. Les instructions du dossier vert lui précisaient qu'on le contacterait dans cette salle. Il jeta un rapide coup d'oeil autour de lui. Il ne connaissait personne et aucun des navigants ne semblait s'intéresser à lui. La pièce était silencieuse et seuls deux commandants de bord discutaient de la météo à voix basse. Pour se donner une contenance, il se dirigea vers un bloc de plans de vol et commença à écrire.

Tout à coup, l'un des contrôleurs qui était en train de parler au téléphone leva les yeux et appela :

– Est-ce qu'il y a quelqu'un du nom de Streisand dans cette salle ?

– C'est moi, dit Christopher en s'approchant.

– Les « ops[23] » de votre compagnie vous demandent de déplacer votre appareil d'urgence de T5 en H3. C'est là que vous devez embarquer le fret qui se trouve dans les hangars.

– Je vous remercie, j'y vais tout de suite, lança Christopher en se dirigeant vers la sortie.

– Vous ne terminez pas votre plan de vol, s'enquit aimablement le contrôleur ?

– Rien ne presse, je ne décolle que ce soir. Merci pour la commission.

Et il sortit rapidement.

En rejoignant le Twin, il se demanda si les autres ne venaient pas de commettre une première faute de préparation. Pourquoi l'avoir fait passer par le contrôle local ? Il aurait été beaucoup plus simple de le parquer directement en H3 hier soir ?

La plupart des portes des hangars en face du parking H3 étaient fermées. On était dimanche. Les Marocains avaient certainement choisi ce jour-là, pour embarquer le chargement avec un maximum de discrétion. Christopher arrêta les turbines sur un parking désert. Il ouvrit la porte de l'avion, fit basculer l'escalier escamotable et quitta l'appareil. À ce moment, un mécanicien sortit d'un hangar et se dirigea vers lui. L'homme portait une vieille combinaison de travail fatiguée. Ses cheveux gras et sales lui donnaient un air négligé qui lui déplut immédiatement.

Il fut certain que le mécanicien n'appartenait pas au personnel de l'aéroport.

Sans même saluer Christopher, l'homme l'interpella :

– Peter Maller m'a demandé de vous livrer du matériel, mais vous avez garé votre avion beaucoup trop loin du hangar. Ça va prendre du temps pour tout transporter. Vous remettez en route et vous l'approchez, lança-t-il sèchement.

23. Opérations.

Christopher ne s'y trompa pas. Ce n'était pas une demande mais un ordre et il supportait pas qu'on lui parle sur ce ton. Le gars ne s'était même pas présenté.

– Déplacez-le vous-même, rétorqua-t-il, le regard mauvais.

L'individu ouvrit de grands yeux. Il sembla impressionné par l'air furieux de Christopher. Ce type le dépassait d'une bonne tête et ne paraissait pas disposé à satisfaire ses quatre volontés. Du coup, le mécanicien adopta un ton moins bourru :

– Désolé... Je m'appelle Pierre Routier, dit-il en lui tendant mollement la main. Moi je vous connais, monsieur Streisand.

– Qu'est-ce que vous devez me livrer ?

– Il y a un peu de tout dans le chargement que vous devez embarquer : des jerrycans et tout le matériel dont vous aurez besoin pour la mission. Tout est stocké dans le hangar, ajouta-t-il en montrant une porte métallique à une centaine de mètres de là.

Puis, plus aimablement :

– Voulez-vous approcher l'appareil, s'il vous plaît, monsieur Streisand ? Il y a près de deux tonnes à charger, ça me fera moins à marcher.

Sans un mot, Christopher remonta dans le Twin, remit une turbine en route et plaça l'avion le plus près possible de la porte du hangar.

Aussitôt, Pierre Routier commença à charger le matériel dans la soute. Deux par deux, il transporta des bidons en plastique contenant chacun 35 litres de carburant. Il y en avait une quarantaine. Il embarqua ensuite trois caisses de bois et deux jerrycans d'eau qu'il amarra avec soin comme il l'avait déjà fait pour chaque bidon de kérosène.

Christopher remarqua qu'il avait une fiche de centrage de l'avion et qu'il prenait garde de ne pas placer les masses n'importe où dans la cabine. Il savait ce qu'il faisait.

Pendant que Routier chargeait la cargaison, Christopher s'installa dans le poste de pilotage et prit le manuel de vol pour étudier les consommations en fonction du régime des turbines et de l'altitude. Au poids maximum de 12 500 livres et à la vitesse de 350 km/h, l'avion avait une autonomie de 1 300 kilomètres, mais cette distance pouvait être augmentée jusqu'à 1 800 kilomètres si le pilote adoptait un régime économique. Par contre, la consommation devenait très importante à mesure que l'avion descendait. C'était un problème, parce que les courbes fournies par le constructeur ne prévoyaient pas le vol à très basse altitude. Ce genre d'appareil volait rarement à quelques mètres du sol !

Or, c'est justement ce que Christopher envisageait de faire.

Il compta les jerrycans que Routier avait mis dans l'avion et calcula la quantité de carburant dont il disposerait à partir d'Agadir, dernière escale officielle de son expédition. Comme il n'était évidemment pas question d'atterrir sur un aéroport algérien et encore moins libyen, il lui faudrait poursuivre sur ses propres réserves.

Le calcul montra qu'il y avait assez de pétrole pour aller en Libye et revenir au Maroc, mais ce serait extrêmement tangent. Christopher ne pourrait pas se permettre le moindre détour sans risquer la panne sèche en vol. La marge était infime surtout s'il y avait du vent contraire. Il lui faudrait être très vigilant.

Pierre Routier rentra dans le cockpit et remarqua immédiatement que Christopher étudiait les courbes de consommation.

– Ne vous cassez pas la tête, ça passe, lança-t-il, sûr de lui. Ils ont étudié ça à fond. Vous avez assez de pétrole pour faire l'aller et le retour sans difficulté.

Christopher ne put s'empêcher de montrer son scepticisme.

– Vous avez tenu compte du vol à basse altitude ?

– Bien sûr. Je vous confirme que c'est bon dans toutes les configurations, affirma Routier.

Christopher acquiesça mais il se promit de refaire soigneusement les calculs avant de partir. Ce n'était pas aussi évident que l'autre semblait le croire.

– À propos de carburant, poursuivit le mécanicien, je vous ai numéroté les bidons de telle sorte que si vous respectez l'ordre où ils sont, le centrage restera correct. Si vous voulez y jeter un coup d'œil, tout y est.

En inspectant la cargaison, Christopher se dit que, sous des aspects rebutants, Routier était un vrai professionnel. L'avion était bien chargé et il avait effectivement inscrit une numéro sur chaque bidon pour donner un ordre d'utilisation.

– Est-ce que vous vous occupez de la douane et de la police, comme prévu, voulut savoir Christopher ?

– Ne vous inquiétez pas, tout est déjà réglé, vous n'avez aucun souci à vous faire.

Christopher espérait que c'était vrai. Il n'avait aucune envie de se faire bloquer au départ avec un avion bourré de kérosène et de matériel peu orthodoxe. Ainsi chargé, le Twin était une véritable bombe volante. Si la police fouillait l'avion, les ennuis commenceraient avant même d'avoir quitté la France. D'autant que Routier avait dissimulé un pistolet mitrailleur Uzi avec quatre chargeurs sous une trappe de visite dans le plancher. Les commanditaires avaient précisé qu'il valait mieux que Christopher soit armé, juste au cas où. Dans le dossier vert, Haddajji précisait même que les occupants de l'appareil auraient toujours la possibilité de se suicider si les choses tournaient mal.

Touchante attention !

Au début de l'après-midi, le Twin Otter fut complètement chargé et la cargaison solidement arrimée.

Christopher retourna à pied à l'aérogare pour rendre les clés de la voiture chez Hertz. Lorsque ce serait fait, il irait déposer son plan de vol au contrôle. Quand il s'approcha du comptoir de location, l'hôtesse lui lança un regard plein d'intérêt.

– Vous nous quittez déjà, monsieur Streisand ? Vous n'êtes pas resté longtemps à Paris, dit-elle avec un accent de regret.

Christopher n'eut pas le temps de chercher une banalité pour lui répondre, le téléphone sonna à côté d'elle. La fille décrocha sans cesser de le fixer intensément.

Un peu mal à l'aise, il trouva qu'elle en faisait un peu trop et s'absorba dans un prospectus publicitaire.

– Oui, il est là... Juste en face de moi... Ne quittez pas, je vous le passe, répliqua la fille sur un ton commercial.

Stupéfait, Christopher leva les yeux vers elle. Elle lui tendait le combiné en souriant.

– C'est pour vous !

Par réflexe, Christopher regarda autour de lui pour chercher une cabine téléphonique. Celui qui l'appelait devait se trouver dans les parages et le surveillait. Il y en avait une dizaine tout au bout de l'aérogare, mais elles étaient toutes inoccupées.

– Streisand, je vous écoute, dit-il.

Il reconnut immédiatement la voix. L'accent était inoubliable. C'était le premier contact qu'il avait eu à la ferme.

– Bonjour commandant Streisand, dit l'homme. Je vous appelle parce qu'il y a un changement.

– Un changement ?

– La mission est annulée... Vous gardez l'argent et vous rentrez chez vous. On vous expliquera sur place.

Christopher comprit instantanément que l'homme bluffait. Les instructions du dossier étaient claires. Pour annuler le vol, il fallait que Haddajji soit présent en personne pour lui en donner l'ordre directement. Personne d'autre ne pouvait le faire. Quoi qu'il arrive, la mission devait se faire... Pourquoi le gars au bout du fil tentait-il de le dissuader de partir ?

Il décida de jouer les idiots.

– Qui est à l'appareil ? demanda-t-il calmement. Je ne comprends rien à votre histoire.

La réponse de l'inconnu se fit aussitôt plus brutale.

– Soyez sérieux commandant Streisand, vous savez très bien de quoi il s'agit. Laissez tomber ce boulot. Si vous persistez, ça ne vous rapportera que des ennuis.

La voix s'était faite brusquement menaçante.

Christopher ne répondit pas et attendit la suite.

– Les ordres sont formels, vous arrêtez tout, insista l'autre au bout de la ligne.

– Il faudrait que je vous rencontre, l'interrompit Christopher pour essayer d'en savoir plus.

La voix rocailleuse ignora la remarque :

– Il y a un Twin Otter garé en ce moment à 300 mètres de l'aérogare. Il est bourré de bidons de kérosène. Vous savez que c'est strictement interdit de transporter du carburant dans ces conditions. Je vous le répète, vous risquez très gros dans cette affaire. Réfléchissez commandant Streisand... Gardez l'argent, répéta-t-il, et laissez tomber. Avant que Christopher ait pu répondre, l'inconnu avait raccroché.

Il resta un long moment pensif. Immobile au bord du comptoir. Il n'y comprenait plus rien. Qui était cet homme ? Pourquoi avait-il changé de camp depuis son premier contact ? Un événement avait dû se produire. Une chose était certaine, ce n'étaient pas les Marocains qui venaient de téléphoner. Qui étaient ceux-là qui ne voulaient pas qu'il parte ? Les Libyens ? Si les sbires de Kadhafi étaient déjà au courant du projet de sauvetage, la mission était mal partie.

Pendant qu'il téléphonait, l'hôtesse ne l'avait pas quitté des yeux.

– Vous avez un problème ? Je peux peut-être vous aider, proposa-t-elle en voyant son air soucieux.

– Je n'ai aucun problème, mentit Christopher, en lui tendant sa carte de crédit.

Visiblement déçue de ne pouvoir se rendre utile, elle se plongea dans la rédaction de sa facture.

Dans la tête de Christopher, les idées se bousculaient. Si le mystérieux correspondant s'avisait de prévenir la douane ou la police du genre de chargement de l'appareil, il lui serait difficile de fournir des explications.

Pour une fois, les Marocains semblaient avoir péché par excès de zèle. Il aurait été plus simple de remplir les jerrycans à Agadir. Cela aurait évité le transport d'une cargaison compromettante. Mais les instructions du dossier vert précisaient qu'en aucun cas Christopher ne devrait récupérer quoi que ce soit sur le territoire chérifien. On se contenterait de le laisser passer sans lui causer de problèmes. C'était la moindre des choses !

La perspective de traverser la France, l'Espagne et la moitié de l'Afrique avec ce chargement explosif ne lui disait rien qui vaille. D'autant que de toute évidence, certains s'intéressaient à lui avec des intentions peu pacifiques. Cela risquait de compliquer sérieusement la situation. Pourtant, pas un instant il ne songea à renoncer. Il décollerait comme prévu dans la soirée.

Après avoir déposé un plan de vol IFR[24] sur Malaga, départ prévu à 18 heures, Christopher rejoignit le Twin Otter sur le parking H 3. Une couchette avait été aménagée derrière la porte du poste de pilotage. Entre deux caisses et une roue de secours. Christopher avait beaucoup insisté pour avoir une roue toute montée sur une jante de Twin ainsi qu'un cric hydraulique. Il allait devoir se poser dans le désert et les risques de crevaison étaient importants. On n'atterrissait pas avec un appareil de près de six tonnes sur des terrains de fortune sans envisager la possibilité d'un éclatement. Pourtant, dans le dossier vert, ils n'avaient pas pensé à ça.

Christopher décida de dormir jusqu'à l'heure du décollage. Les heures à venir promettaient d'être dures. Il avait besoin d'être en forme. Laissant la porte grande ouverte avec l'escalier descendu, il régla le réveil de sa montre sur dix-sept heures et s'allongea sur la couchette.

* * *

24. Plan de vol aux instruments.

Il s'éveilla quelques minutes avant l'heure prévue. Dehors, la pluie tombait à nouveau et le ciel était gris.

La première chose qu'il remarqua fut le gros sac de cuir posé à côté de lui sur les jerrycans de kérosène. Il se leva et comprit tout de suite.

À part le sac supplémentaire, rien n'avait été touché dans la cabine. C'était un objet de très belle qualité qui devait valoir une petite fortune. Il semblait plein à craquer et Christopher n'y toucha pas.

Se tournant vers la porte du poste de pilotage, il posa la main sur la poignée et l'ouvrit lentement, sans faire aucun bruit. Il savait déjà qu'elle était là, pourtant, quand il la vit, il ressentit une immense joie mêlée d'une sourde inquiétude.

Jennifer était assise à la place du copilote, la tête contre la vitre latérale. Elle dormait. Sa respiration soulevait sa poitrine à un rythme régulier. Elle avait recroquevillé ses jambes sous elle et sa jupe remontée très haut découvrait ses cuisses magnifiques. C'était la première fois que Christopher la voyait habillée autrement qu'en jean. Un soudain désir l'envahit et il se dit que la première partie du voyage serait certainement plus agréable que la fin. Pourtant, bien que les risques soient réduits pour elle, il regrettait un peu de l'entraîner dans une aventure dont il mesurait mal la portée.

Il s'approcha silencieusement et s'installa à la place de gauche. Après l'avoir regardée dormir pendant quelques secondes, il commença à préparer la fiche Jeppesen[25] qui indiquait les trajectoires à suivre pour le départ de la région parisienne.

S'il réussissait à se sortir du bourbier dans lequel il s'était fourré, il proposerait à Jennifer de faire du chemin ensemble.

À 17 h 40, Christopher enclencha le démarreur de la turbine gauche. Lentement d'abord, l'énorme hélice se mit en mouve-

25. Carte aéronautique de navigation pour le vol aux instruments.

ment, puis elle accéléra rapidement. Le bruit sourd devint rapidement plus aigu, jusqu'à se transformer en un sifflement insupportable quand il passa en butée plein petit pas. L'ITT[26] se stabilisa vers 650 degrés et Christopher entama la procédure de démarrage du second moteur.

L'incroyable voyage commençait.

Au même instant, à 4 000 kilomètres de là, le téléphone sonna dans une pièce du palais présidentiel. Dans un coin du salon, un homme lisait, assis sur un tapis de prière. La pièce était meublée avec austérité et tous les objets, tentures, tapis, nappes, étaient verts.

Lorsque la sonnerie du téléphone retentit, il interrompit sa lecture du Coran et se leva pour aller décrocher.

- *Naam*[27].

- Il va décoller dans quelques minutes, Excellence, dit une voix pleine de respect.

- C'est bien, murmura l'homme.

Puis il raccrocha et retourna vers le livre qu'il venait d'abandonner.

* * *

À 18 h 02, Christopher aligna le Twin Otter sur la piste 07. Assise à côté de lui, Jennifer le regardait travailler. Elle n'avait pas prononcé une parole depuis que l'avion avait commencé à rouler. Elle se contentait de l'observer.

La nuit était tombée... Dans la lumière bleutée du poste, l'homme semblait parfaitement à l'aise au milieu de tous les instruments, basculant les switchs avec des gestes précis. Jennifer se sentit totalement rassurée par sa dextérité. Il inspirait une confiance absolue.

26. *Température de la turbine.*
27. *Oui.*

Christopher quitta la fréquence sol pour passer sur celle de la tour. Les phares de l'avion éclairaient la piste loin devant.

- Le Bourget, N15448B, on est aligné.

- N15448B, prêt à noter la clearance[28] ?

- Allez-y, dit simplement Christopher.

Il nota soigneusement la route de départ pour sortir de Paris puis il la répéta distinctement. C'était la règle. Lorsqu'il eut terminé, la tour délivra enfin l'autorisation de décollage.

- N15448B, vous êtes autorisé à décoller piste 07, le vent est du 090 pour 20 noeuds.

Christopher poussa alors les deux manettes des gaz vers l'avant. Les aiguilles des torque montèrent jusqu'à leur valeur maximum et les 1 300 chevaux des turbopropulseurs se déchaînèrent. Christopher lâcha les freins et le Twin décolla dans le hurlement des Prat & Whitney.

La nuit était sombre. Ils devinèrent les lumières de Paris quand l'appareil vira vers le sud. Ce n'était qu'un halo lumineux qui apparaissait par moments au bout de l'aile. Pour la première fois, Jennifer parla.

- C'est beau, dit-elle, le nez collé à la vitre.

Elle se tourna vers lui et posa sa main sur la sienne.

- Je me demande ce que je fais là... C'est de la folie, mais si je n'étais pas venue ce soir, je crois que je l'aurais regretté toute ma vie. Maintenant ça va être le contraire.

Surpris, il se tourna vers elle.

- Je comprends pas ?

- C'est simple... Je vais passer quelques temps avec toi et au bout de deux jours, j'en aurai tellement marre de te voir que je te quitterai sans aucun remords, ajouta-t-elle en riant.

Christopher grimaça. Elle avait vraiment une façon très personnelle d'envisager l'avenir avec lui

Il n'eut pas le temps de se demander si elle pensait vraiment

28. Route de départ après le décollage du Bourget.

ce qu'elle disait. Le contrôle d'Orly lui demanda de libérer le niveau de vol 80[29] pour monter vers le 160[30].

À mesure que l'appareil s'éloignait des grands aéroports parisiens, la charge de travail diminua. Quand le Twin fut stabilisé au niveau de vol demandé, Christopher enclencha le pilote automatique et se tourna vers Jennifer. Elle ne put s'empêcher de sourire en voyant les commandes bouger toutes seules comme si une main invisible les tenait.

– Finalement, c'est très simple ce boulot, plaisanta-t-elle. Tu branches ce truc et tu n'as plus rien à faire.

– C'est aussi facile que de rester immobile devant un photographe à ne rien faire, répliqua-t-il immédiatement. D'ailleurs puisque je ne sers à rien ici, on peut aller dans la couchette pour faire l'amour.

Elle ouvrit des yeux stupéfaits, sans savoir s'il plaisantait.

– T'es complètement dingue ! Si ce machin tombe en panne, il va nous déposer au pôle Nord. Ne bouge pas d'ici...

– Tu vois, je suis encore utile à quelque chose, dit-il.

L'idée de faire l'amour avait pourtant réveillé en eux un désir latent et, quand leurs regards se rencontrèrent, ils n'eurent pas besoin de mots pour se comprendre. Elle se garda bien pourtant de lui dire qu'elle en mourait d'envie et changea de sujet :

– À quelle heure est-ce qu'on sera à Agadir ?

– Vers trois heures du matin. Tu peux dormir, tu as du temps devant toi. On fera simplement une escale à Malaga pour refueler.

– Je ne veux pas dormir. Le temps passe trop vite quand je dors. Et on n'a pas beaucoup de temps.

Elle sembla réfléchir un moment.

– Pourquoi est-ce que tu ne m'emmènes pas avec toi pour la suite de ton voyage, demanda-t-elle soudain ?

29. 8 000 pieds.
30. 16 000 pieds.

Christopher s'attendait à tout sauf à ce genre de question. Elle avait hésité à partir et, maintenant, elle voulait rester avec lui...

– Il n'en est pas question ! Je ne peux pas et je ne veux pas t'emmener, répondit-il avec fermeté. Je vais en Mauritanie livrer du matériel et ce n'est pas une région très accueillante. Tu seras beaucoup mieux à l'Orangeraie.

– Je savais pas qu'on livrait de l'essence par avion, lança-t-elle, l'air de rien.

Il la regarda, stupéfait. Elle avait examiné la cargaison de l'avion pendant qu'il était au contrôle local.

– D'abord, c'est pas de l'essence, c'est du kérosène. Et ensuite ce n'est pas pour le livrer, mais pour la consommation de l'avion.

– Qu'est-ce que tu transportes ? alors, insista-t-elle.

Christopher n'aimait pas mentir, mais il n'allait tout de même pas lui dire la vérité. Il inventa n'importe quoi.

– Des pièces de rechange pour un groupe électrogène. C'est pour une entreprise d'Atar. Il n'y a pas de carburant là-bas et j'ai dû prévoir le retour.

Ça ne tenait pas debout. Atar n'était qu'une oasis perdue dans le désert mauritanien. Aucune entreprise importante n'y était installée mais ça n'avait pas d'importance. Elle n'y avait certainement jamais mis les pieds.

Jennifer ne dit plus rien et sembla se résigner. Elle prit un air pensif et fixa le tableau de bord.

Il se tourna vers elle et lui saisit le menton pour la forcer à le regarder.

– Écoute-moi... commença-t-il.

Elle l'interrompit tout de suite. Elle paraissait inquiète.

– C'est toi qui vas m'écouter. L'autre soir, au restaurant, quand tu n'es pas venu, Alex nous a dit qu'à son avis tu étais sur un coup tordu. C'est exactement ce qu'il a dit. Il était soucieux à cause d'un coup de fil bizarre. Je ne sais pas ce qu'il voulait dire, mais il parlait de problèmes graves. Je suis sûre qu'il s'agissait de ce voyage.

Christopher maudit Alex de n'avoir pas tenu sa langue devant des gens qu'il connaissait à peine.

– Alex dit n'importe quoi, reprit-il. Il se fait des films !

Tout en parlant, il se dit que si son ami avait su dans quelle aventure il s'était embarqué, il aurait été autrement plus inquiet. Le contrôle interrompit leur conversation.

– N15448B, vous changez de fréquence et passez sur 124,45, annonça une voix anonyme.

Christopher permuta les fréquences radio et contacta le nouveau contrôle.

– N15448B, on vient de passer Bordeaux et on estime Biarritz à 19 heures 39, toujours au niveau 160.

La réponse fut immédiate :

– N15448B, transpondez 3432 et ident[31]. Rappelez verticale Biarritz.

– Reçu de November 15448 Bravo, répondit Christopher après avoir répété le message.

Il se tourna vers Jennifer. Elle l'observait attentivement. Dans la pénombre du poste, les yeux bleus de son amant contrastaient encore plus avec sa peau mate et ses cheveux blonds.

– Toi et moi, on va vers toutes sortes de problèmes, dit-elle, je l'ai su dès que je t'ai vu la première fois.

– Nous verrons bien. Ça me fait pas peur.

– Moi si, fit-elle d'une voix étrange.

31. Donnez une identification transpondeur pour le radar.

CHAPITRE 10

Ould Hassan marchait seul sur le sable brûlant. Chaque pas était affreusement douloureux. Ses pieds enflés étaient entravés par une énorme chaîne qu'il avait du mal à soulever. Le sable blanc contrastait avec le ciel noir et une violente lumière l'obligeait à cligner les yeux. Alternativement, il scrutait l'horizon et le ciel dans un mouvement presque mécanique. Au fond de lui-même, une voix répétait que l'avion ne viendrait pas le chercher.

– Tu n'as aucune chance, il ne pourra jamais passer, tu vas rester là à sécher dans ce désert, disait-elle.

Dans son cauchemar, Ould Hassan retrouvait les sentiments qu'il éprouvait depuis le deuxième bivouac : jamais aucun pilote ne se risquerait à traverser clandestinement cette étendue brûlante. Qui serait assez fou pour venir les chercher ? C'était beaucoup trop loin et les dangers d'une telle expédition étaient énormes. Leur plan d'évasion était complètement débile. D'ailleurs Kalifa semblait y croire de moins en moins. Il n'arrêtait pas de répéter qu'ils allaient crever de soif comme deux bêtes égarées.

Au milieu du cauchemar, Ould Hassan entendit soudain son ami hurler sans savoir si la voix venait de son rêve ou s'il était réveillé. Quelqu'un le secouait... Il émergea peu à peu d'une eau noirâtre.

– Réveille-toi, président !

Il ouvrit les yeux. Khalifa lui agrippait l'épaule sans ménagement.

– Qu'est-ce que...

– Je viens d'avoir le contact !

– Qu'est-ce que tu dis, marmonna Ould Hassan, ne sachant plus vraiment où il se trouvait.

– Il est en route !

– T'es sûr ?

Le visage du secrétaire rayonnait.

– Certain... Je te dis qu'il vient nous chercher. Ils ont dit que l'avion était parti. Il sera bientôt là. Ils demandent qu'on leur transmette notre position définitive demain soir.

Ould Hassan sentit son cœur cogner dans sa poitrine. C'était trop beau pour être vrai! Il se demanda si son cauchemar n'allait pas resurgir brutalement.

– T'es sûr de ce que tu as entendu, bredouilla-t-il maladroitement.

– Je t'ai appelé, mais tu dormais si profondément que tu n'as même pas bougé, répondit l'autre, le sourire aux lèvres.

Un espoir insensé l'envahit soudain. Quelques minutes plus tôt, dans son cauchemar, il se croyait perdu à tout jamais et tout à coup la lumière était au bout du tunnel.

Ils allaient s'en sortir, il pouvait y croire. Il se leva comme un diable et se mit à danser en riant. Le plan allait marcher.

– Pour fêter l'événement, on ouvre une boîte de pâté de porc, lança Ould Hassan.

Sa plaisanterie tomba à plat. L'autre se contenta de hausser les épaules et lui tourna le dos. De toutes les façons, depuis le départ du premier bivouac, il ne restait plus que des dattes et des figues.

– Implore Allah pour que l'avion puisse arriver jusqu'ici, répliqua-t-il, le regard étrangement fixe.

L'humour n'était pas le point fort du secrétaire.

Ould Hassan préféra aussitôt changer de sujet pour revenir à l'essentiel.

– D'après toi, il sera là quand, demanda-t-il, anxieux.

Khalifa retrouva subitement le sourire. C'était un bon compagnon dès qu'on ne parlait pas de religion.

Je crois qu'il ne vole que la nuit. Il devrait être là après-demain matin, à l'aube.

– Tu penses qu'il va réussir ?

– Ils ont dit que le pilote qui vient nous chercher est un as. Il paraît qu'il est le seul à pouvoir faire un vol pareil.

Ould Hassan s'assombrit en imaginant les difficultés que le gars allait devoir affronter pour arriver jusqu'à eux.

– Si c'est pas le cas, on le rencontrera jamais.

– Qu'est-ce qu'on va faire, demanda Khalifa ?

– On va rouler encore demain pour brouiller les traces et lui préparer le terrain. Puis on attendra. C'est tout ce qu'il y aura à faire.

– Il viendra, inch Allah, reprit Khalifa avec un sourire confiant.

Pendant qu'il rangeait la radio à l'arrière du véhicule, Ould Hassan se recoucha sur la banquette avant de la Toyota. Plus besoin de garder l'écoute, il fallait songer à se reposer. Le temps travaillait pour eux. À présent, il y croyait sincèrement.

À cet instant, 11 000 mètres au-dessus d'eux, un Iliouchine 78 des Libyan Airlines s'éloignait vers sa destination.

Le commandant de bord du jet ne connaissait pas la signification ni les destinataires du message étrange qu'on lui avait demandé de relayer quand il survolerait la balise de Reggane.

Il ne voulait pas non plus savoir la provenance du contact radio.

Il s'était contenté d'obéir strictement aux ordres de sa compagnie. Sans discuter.

* * *

À 23 h 17 les réservoirs pratiquement à sec, Christopher se présenta en finale sur la piste 14 de Malaga. Il venait de quitter l'altitude de sécurité de 5 300 pieds et apercevait les bandes lumineuses qui matérialisaient la piste. Depuis Madrid, la nuit était claire et les balises de la rampe d'approche étaient visibles de très loin. Le trafic aérien quasiment nul permit au contrôle espagnol d'accélérer son approche en lui donnant une trajectoire presque directe.

Après avoir longtemps résisté, Jennifer avait fini par s'endormir. Elle avait absolument refusé d'aller dans la couchette et s'était assoupie quand ils avaient survolé Madrid. Christopher l'avait alors recouverte de son blouson. Depuis, elle n'avait pas bougé.

Les roues du Twin Otter touchèrent le béton de la piste 14 dans un atterrissage impeccable.

Christopher enclencha les reverses, freina et dégagea la piste par le second taxiway. Tous phares allumés, l'appareil roula lentement vers le parking le plus proche de l'aire de ravitaillement en carburant.

Dès que la piste fut libre, un Boeing 747 d'Air France se présenta pour décoller.

La tour de contrôle de Malaga appela sur la fréquence sol.

– N15448B, nous avons reçu votre plan de vol pour Agadir. Vous confirmez que votre départ est prévu dans une heure ?

– Affirmatif, Malaga, c'est à peu près le temps qu'il me faudra pour refaire les pleins et passer les formalités, répondit Christopher.

C'était un comble de faire les pleins avec un appareil bourré de kérosène !

Au moment où il coupa les moteurs, Jennifer se réveilla :

– Où est-ce qu'on est ?

– À Malaga. Dors, on n'est pas encore arrivés, tu as le temps.

Quelques instants après qu'il fut descendu de l'avion, Christopher vit une Land Rover de la Guardia Civile arriver vers lui à grande vitesse. Ça risquait de se compliquer...

Si le mystérieux correspondant du Bourget avait mis sa menace à exécution, les policiers allaient fouiller le Twin et Christopher se retrouverait derrière les barreaux. Les Espagnols ne plaisantaient pas avec le transport non réglementaire de carburant. Pire... Il y avait le pistolet mitrailleur Uzi sous le plancher.

Un douanier et un garde Civil descendirent lentement de la voiture et son rythme cardiaque s'accéléra. C'était la première fois qu'il voyait des fonctionnaires des deux administrations se déplacer dans un même véhicule pour un contrôle de routine.

Les deux hommes s'approchèrent, le sourire aux lèvres. Le policier s'adressa à lui avec un air étrange.

– *Buenas tardes...* Nous voudrions voir les documents de bord de l'appareil, demanda-t-il, pendant que le douanier faisait le tour du Twin.

Christopher avait déjà préparé le porte-documents d'où dépassaient les livrets de l'avion. Il y avait le carnet de route, les attestations d'assurance et le certificat de navigabilité. Il tendit l'ensemble en essayant de calmer les battements de son cœur.

– Vous repartez sur Agadir dans combien de temps, interrogea le fonctionnaire ?

– Le plus tôt possible. Juste le temps de refueler et je remets en route.

– Je crois que vous n'aurez pas de problème sur la route. Il fait beau temps au Maroc. J'ai regardé la télévision ce soir et ils annoncent un grand soleil pour demain.

Le policier referma le porte-documents sans même y jeter un regard. Puis, fixant Christopher droit dans les yeux, il ajouta:

– Vous êtes parfaitement en règle, senor, vous pourrez repartir quand vous aurez terminé vos pleins.

Christopher poussa un soupir de soulagement. Ses commanditaires avaient bien préparé le terrain.

– Merci, répondit-il simplement.

Le garde civil sourit.

– *Buen Viaje, senor.* Nous sommes venus uniquement pour la forme.

Quelques secondes plus tard, le douanier revint de son inspection. Il n'était même pas monté dans l'avion. Il avait vaguement tapé sur le fuselage d'un air distrait. Dans l'obscurité, c'est tout juste s'il avait pu apercevoir l'immatriculation de l'appareil. Il s'était quand même penché sur une roue pour voir si elle était bien gonflée.

Les deux hommes restèrent un moment dans la voiture à discuter. Ils prirent le temps de fumer une cigarette puis, après quelques minutes, ils démarrèrent et disparurent vers l'aérogare.

Christopher respira. Si tout le reste de la mission avait été aussi bien préparé, il n'avait pas à s'en faire. Il ne se faisait pourtant aucune illusion, les véritables difficultés commenceraient après El Aiun, lorsqu'il pénétrerait dans l'espace aérien algérien. C'est là qu'il allait devoir mériter ses 100 000 dollars.

Le camion-citerne de la « *Campsa* » approcha lentement pour venir se garer sous l'aile de l'appareil. Le soutier se mit au travail et fit le plein de Jet A1 en une vingtaine de minutes. Restait à remplir la facture et Christopher savait que cela pouvait prendre du temps. Il insista pour que l'homme se dépêche.

– Je suis un peu pressé, essayez de faire rapidement, demanda-t-il.

Le soutier leva aussitôt les bras au ciel.

– Vous êtes tous comme ça les pilotes, répliqua-t-il en bougonnant. Il faut toujours courir.

En remettant en place ses tuyaux sur le camion, l'homme interpella Christopher.

– Senor... Si vous voulez gagner du temps et me faciliter la tâche, vous pouvez remplir vous-même les formulaires avec vos coordonnées et l'immatriculation de l'avion.

– D'accord, je m'en occupe, accepta Christopher.

– Montez dans le camion, dit-il, vous serez plus à l'aise.

Il allait grimper du côté passager, mais l'autre l'arrêta aussitôt :

– Pas de ce côté-là, por favor. Il y a de la ferraille. Mettez-vous au volant, c'est pareil.

Un peu surpris, Christopher monta dans la cabine du gros Pegaso et eut le souffle coupé en apercevant l'intérieur du véhicule. L'homme devait être marchand de ferraille à ses moments perdus. Le siège du passager avait été démonté. À la place de droite étaient empilés des dizaines de jerrycans militaires. Le soutier avait certainement une combine pour mettre de côté quelques litres de carburant. Instinctivement, il frappa sur l'un des bidons. Ça sonnait le creux.

– Qu'est-ce que vous faites de tout ça ? demanda Christopher, penché par la vitre ouverte du camion.

– J'achète et je vends, répliqua le soutier. Vous savez, faut bien se débrouiller. Ça vous intéresse ? J'en ai récupéré 300 au surplus de la *« Fuerza Aera »* de Torrejón. Ils sont au dépôt...

Flairant la bonne affaire, le soutier s'était rapproché de la portière. Christopher se dit que l'occasion était inespérée. Depuis le décollage du Bourget, il n'avait cessé de repenser au problème de la consommation du Twin. Contrairement à ce que prétendait Routier, c'était vraiment très juste pour faire l'aller et le retour. Le moindre détour dans le désert le mènerait à la catastrophe.

– Je vous en prends trente, proposa Christopher.

L'homme n'hésita pas une seconde.

– C'est d'accord, *cinco dollares uno.*

– Il y a une condition, reprit Christopher. Vous me les remplissez de kérosène.

Le soutier écarta les mains dans un geste d'impuissance.

– Impossible, ça c'est interdit. J'ai pas le droit de verser du carburant autre part que dans le réservoir d'un avion. C'est le règlement, j'y peux rien, ajouta-t-il avec un sourire malin.

Christopher sortit un billet de cent dollars et le fit claquer entre ses doigts.

– Vous avez une idée de ce que cela représente quand vous le changez en pesetas ?

L'homme savait parfaitement. Il prit le billet sans hésiter et s'empressa de le faire disparaître dans sa poche.

– Marché conclu, je vous les remplis. Vous compléterez la facture quand ils seront pleins. Mais à une condition... c'est vous qui vous occupez du chargement dans votre avion. J'ai pas le temps...

– Ne vous inquiétez pas, je m'en charge.

Tout en parlant, le soutier jeta un regard à l'intérieur de la cabine du Twin.

– Dites donc, c'est déjà drôlement chargé là- dedans ? Vous partez où, avec tout ce pétrole, demanda-t-il soudain curieux ?

– Au pôle ! C'est un bon endroit pour se reposer.

– *Yo tambien*[32], j'y vais la semaine prochaine en vacances, répliqua le soutier sans insister.

Christopher ne se fit pas de souci. L'homme n'irait pas se vanter de l'avoir rencontré.

Sans un mot, il encaissa l'argent, remplit les 30 jerrycans puis disparut avec son Pegaso.

Une demi-heure plus tard, Christopher remettait les turbines en route avec une surcharge de 540 kilos. La distance de roulement au décollage allait être beaucoup plus longue qu'en temps

32. *Moi aussi.*

normal mais, une fois en l'air, le pilotage de l'appareil ne poserait pas de difficultés. Il disposait maintenant de 750 litres de kérosène supplémentaires. À basse altitude, cela représentait deux heures de vol en plus. La marge de sécurité devenait raisonnable et ses chances de rentrer au bercail augmentaient sérieusement. Le Twin Otter allait être aussi maniable qu'un pavé avec des ailes, mais Christopher préférait voler lourdement que de ne pas voler du tout.

Il se rappela soudain les paroles de l'inconnu au téléphone « c'est très dangereux de transporter autant de carburant dans un avion ».

Sur ce point, l'homme avait raison, le Twin Otter était à présent une bombe volante de plus de six tonnes. Si Christopher manquait un atterrissage, il ne resterait pas grand-chose de lui, ni de l'avion. Quand le Twin s'ébranla, il eut l'impression d'être aux commandes d'un semi-remorque.

* * *

Alex prit une gorgée de bière glacée. La soirée chez Sandra avait été remarquable et il n'avait aucune envie de rentrer à la ferme. Toute la journée, il avait poursuivi des essaims de plus en plus nombreux et l'absence de Christopher se faisait terriblement sentir. La soirée chez Sandra lui avait fait penser à autre chose, d'autant qu'il y avait fait la connaissance de sa cousine Samantha. Il était en train de chercher un moyen de l'emmener finir la soirée à l'Orangeraie lorsque Sandra l'appela :

– On te demande au téléphone, murmura-t-elle, c'est Rachid.

– Qu'est-ce qui se passe ?

Il comprit immédiatement que ses plans étaient en train de tomber à l'eau. Rachid ne le dérangeait jamais pour rien.

– Aucune idée... Il dit seulement que c'est très important, ajouta-t-elle alors qu'Alex se levait péniblement du canapé.

Avant de prendre le combiné, il se tourna vers Samantha :

– Tu bouges pas, souffla-t-il. J'ai un truc important à te dire. Je reviens tout de suite. Ensuite, je te raccompagne.

Apparemment, il avait la cote avec elle.

Chaque fois qu'il parlait, la jeune femme buvait ses paroles. « Pas très futée, mais elle a une poitrine superbe », songea-t-il.

Puis il reporta son attention sur le coup de fil de Rachid.

– Qu'est-ce qu'il y a ? On a un avion qui a du mal à mettre bas, ironisa-t-il pour cacher sa mauvaise humeur ?

– Il faut que je vous parle, monsieur Alex, lança le Berbère au bout du fil.

Alex sursauta, son employé semblait particulièrement mal à l'aise.

– Vas-y, je t'écoute !

– Il faut venir me rejoindre tout de suite au port. C'est très important, lança l'autre d'une voix grave.

Sur le moment, Alex ne comprit pas vraiment ce que son mécanicien attendait de lui. C'était surtout le ton catastrophé qui l'impressionna.

– Où ça ?

– Au port, à côté de la criée...

– Et qu'est-ce que tu veux que j'aille faire là-bas, s'écria-t-il. Je te signale qu'il est minuit.

– J'aimerais mieux pas en parler au téléphone, mais je crois que ça a un rapport avec Monsieur Christopher.

Pour la première fois, Alex quitta Samantha des yeux et se retourna vers le mur.

– T'es sûr de ne pas me faire chier pour rien, demanda-t-il.

La voix de Rachid devint un murmure.

– Oui, j'en suis certain.

– D'accord, je viens, souffla-t-il d'une voix lasse.

Au moment où il allait raccrocher, il entendit Rachid confirmer.

– Je vous attends le plus vite possible.

– Ouais... j'arrive, s'exclama-t-il en raccrochant.

Cette fois, sa soirée était bel et bien à l'eau. Il retourna avec regret près de Samantha. Pour une fois qu'il était avec une fille avec laquelle ça marchait, il fallait qu'on l'appelle au secours. Alex râlait, mais au fond de lui-même il sentit l'inquiétude le gagner sournoisement. Rachid n'avait rien d'un plaisantin. S'il l'avait appelé, c'est qu'il avait une bonne raison.

Il se contenta d'embrasser chastement Samantha sur le front et quitta la villa.

Rachid l'attendait à l'entrée du port, près du poste de douane. La Porsche s'arrêta dans un hurlement de pneus martyrisés. La portière droite s'ouvrit et le Marocain monta.

– J'espère que tu ne m'as pas fait venir pour rien...

Pour toute réponse, Rachid pointa un doigt en direction d'une zone éclairée. C'était le chantier naval.

– Allez tout droit et tournez au bout.

– Si tu m'expliquais ce qui se passe, demanda Alex, en démarrant sur les chapeaux de roues.

Rachid était pâle. Il n'avait pas l'air pressé de parler.

– Vous allez comprendre tout de suite, murmura-t-il, c'est là-bas.

Malgré l'heure tardive, il y avait encore beaucoup de monde sur les quais. Avec la marée, les chalutiers venaient tout juste de rentrer.

Rachid montra du doigt un large attroupement, à l'entrée du chantier. Une centaine de personnes étaient agglutinées autour d'un plan incliné. De toute part, les pêcheurs arrivaient pour assister à un spectacle qu'Alex ne voyait pas encore. Les estafettes de police, gyrophares allumés, semblaient noyées dans la foule.

Alex gara la Porsche à une distance respectable du rassemblement. Il valait mieux être prudent. Au Maroc, les mouvements de foule pouvaient dégénérer très rapidement.

Au moment où il descendit de voiture, il fut frappé par le

silence des hommes spectateurs auprès de la rampe. Seule la curiosité morbide pouvait frapper ainsi la foule de stupeur. Rachid se fraya un passage au milieu des pêcheurs pour atteindre le centre de l'attroupement. Alex le suivait de près. Les Marocains semblaient étonnés de voir un Européen se mêler à eux. Quelques instants plus tard, Rachid s'effaça pour le laisser passer.

– Regardez, dit-il.

Alex ne put retenir une exclamation. Le spectacle était insoutenable. Comment pouvait-on se complaire à regarder un tel spectacle ?

Un vieillard à demi nu gisait sur le sol. C'était affreux à voir. Ses vêtements en lambeaux étaient encore trempés. L'eau de mer s'écoulait lentement sur le ciment du quai. Le visage de l'homme était violet et ses bras repliés vers l'arrière le maintenaient dans une posture grotesque. Visiblement, le cadavre sortait de l'eau où il avait séjourné plusieurs jours.

À quelques mètres de là, juste en bas du plan incliné, un policier essayait de remonter un objet hideux. Il n'osait pas y toucher et se contentait de le repousser avec un bâton en grimaçant de dégoût.

Alex sentit son estomac se contracter douloureusement. Il mit quelques secondes avant de comprendre qu'il s'agissait d'une des jambes du noyé. Frappé d'horreur, il comprit immédiatement ce qui s'était passé.

Le pied de l'homme était englouti dans un bloc de ciment.

Nul besoin d'être un fin limier pour comprendre pourquoi on lui avait fait ça.

– Ils ont voulu le faire disparaître, murmura Rachid, écœuré.

Malheureusement pour ceux qui avaient fait le coup, il y avait eu un problème.

L'autre jambe était entourée d'un câble d'acier qui allait jusqu'à un chalutier amarré au quai.

– C'est un bateau de pêche qui l'a accroché, poursuivit

Rachid. Ils ont eu un mal fou à le sortir. Les pêcheurs sont furieux, ils ont déchiré leurs filets avec le bloc de béton. S'ils avaient pu, ils l'auraient laissé au fond.

Alex crut qu'il allait vomir au milieu de la foule. Il fit demi-tour et tenta de regagner la Porsche.

– Quel rapport avec Christopher, parvint-il à articuler ?

– Je suis certain de connaître le vieux, répondit Rachid. Allez demander au flic de service, c'est Hajj Ahmed, il ne vous refusera pas un renseignement.

Ahmed jouait au tennis deux fois par semaine avec Alex. Propriétaire d'une DS 19 hors d'âge, il venait souvent à l'Orangeraie pour demander des conseils mécaniques. Il ne s'étonnerait pas de voir son partenaire s'intéresser à l'enquête.

– J'espère que je me trompe, souffla Rachid.

En maugréant, Alex se dirigea vers la fourgonnette et s'approcha d'Hajj Ahmed. Il n'aimait pas ces mystères. Il serra plusieurs mains parmi les policiers présents.

Puis Rachid le vit tendre le bras dans la direction du cadavre d'un air détaché.

De l'endroit où il se trouvait, il pouvait imaginer la conversation. Il y eut encore quelques mots, puis Alex revint jusqu'à la Porsche.

Il était livide.

Rachid ne s'était pas trompé. Christopher était dans une situation catastrophique. Et il n'avait aucune idée de l'endroit où il pouvait le joindre. Sans un mot, Alex se remit au volant et démarra comme un fou.

* * *

À 2 h 20, le contrôle régional de Casablanca autorisa le Twin Otter à quitter le niveau 160 pour descendre au 80 à partir duquel il allait passer sous la responsabilité de la tour de contrôle d'Agadir.

- Bonsoir, N15448B, changez de fréquence avec Agadir-Inezgane 119,5. Bon vol.

La nuit était maintenant parfaitement limpide et Christopher entama une descente à vue jusqu'au 80.

- Agadir, ici N15448B, annonça-t-il sur la fréquence de la tour, comment me recevez-vous ?

L'aéroport était théoriquement ouvert 24 heures sur 24. Pourtant il n'obtint aucune réponse. Il ne s'en formalisa pas et recommença cinq fois de suite. Sans plus de résultat... Christopher savait que les contrôleurs avaient installé un matelas dans le haut de la tour. Il était évident que le fonctionnaire de quart s'était endormi à coté de son micro.

Il fallait quand même le réveiller pour qu'il allume le balisage de la piste et donne l'autorisation d'atterrir. Il insista.

- N15448B, nous sommes à 30 nautiques de la balise[33]. On voudrait la dernière[34].

Pas de réponse...

Jennifer ne dormait plus. Elle commençait à s'inquiéter du silence de la radio. Au loin devant l'avion, on commençait à deviner le halo des lumières de la ville.

- S'ils ne te répondent pas, qu'est-ce que tu vas faire ? demanda-t-elle, soucieuse.

Dans son ignorance, elle imaginait déjà l'appareil perdu en pleine nuit en train de chercher vainement la piste.

- Ne t'inquiète pas, la rassura Christopher, le gars va bien finir par se réveiller. Et puis s'il continue à dormir, on se posera quand même.

Il lui prit tendrement la main pour la réconforter. Ce n'était pas la première fois que ce genre d'aventure lui arrivait. Il n'y avait pas de quoi dramatiser.

Il libéra le niveau 80 et continua sa descente sans cesser d'ap-

33. 56 kilomètres.
34. Les dernières informations concernant la météo et la piste en service.

peler la tour. À partir de maintenant, il n'était plus protégé des collisions avec les autres avions, mais à cette heure de la nuit, le trafic aérien était nul. L'intense inactivité du contrôleur le prouvait. Il n'y avait aucun autre appareil en l'air à 300 kilomètres à la ronde.

– Agadir, ici N15548B sur 119,5, comment me recevez-vous, répéta Christopher en passant à la verticale de la tour à 3 000 pieds.

Il y eut tout à coup un craquement étrange sur la fréquence et une voix ensommeillée retentit dans les haut-parleurs du cockpit :

– Oui... Ici Agadir, vous pouvez répéter votre indicatif, November 15...

Le contrôleur n'avait certainement pas lu le plan de vol pour ne pas connaître l'immatriculation du Twin.

– N15448B, nous sommes libéré par Casablanca au niveau 80 on vient de passer à la verticale à 3 000 pieds. On pourra être en finale dans trois minutes. Est-ce que vous pouvez nous donner les paramètres d'atterrissage et allumer la piste... avant d'aller vous recoucher, ajouta Christopher, un brin ironique.

Le contrôleur ne protesta pas en apprenant que l'avion avait poursuivi sa descente sans son autorisation. Il s'éclaircit la voix avant de fournir les données demandées.

Puis, comme pour s'excuser de s'être endormi, il ajouta :

– Le vent est calme. Heu... prenez la piste que vous voulez et rappelez en finale.

Difficile d'être plus aimable. Christopher n'en demandait pas tant.

– Tu vois, dit-il en se tournant vers Jennifer. Il n'y avait aucune raison de s'inquiéter.

– Enfin, j'imaginais pas vraiment que ça se passait comme ça !

Elle avait du mal à cacher son étonnement. Elle n'avait pas vécu tout ce qu'il avait vu en Afrique. Au Maroc, même s'ils s'endormaient à leur poste, les contrôleurs restaient malgré tout à leur poste. Dans beaucoup de pays africains, ils quittaient leur service et rentraient tout simplement chez eux. Les pilotes devaient se débrouiller seuls.

En voulant atterrir une nuit au Mali, Alex avait tourné au-dessus de l'aéroport pendant quarante minutes. C'était un gardien de nuit, alerté par le bruit de l'avion qui était finalement monté à la tour pour allumer le balisage. Le contrôleur n'était arrivé que le lendemain matin. Loin de faire amende honorable, il avait menacé de mettre une infraction à Alex parce que ce dernier avait atterri sans autorisation.

– Ici N15448B, je prendrai la 11, annonça Christopher.

Il vira vers l'ouest, sur la mer, pour s'aligner avec la bande lumineuse qui venait de s'allumer dans la nuit. Puis il alluma les phares du Twin pour que l'autre puisse le localiser.

– Vous êtes autorisé à atterrir, N15448B, je vous ai en vue, annonça le contrôleur. Pouvez-vous me confirmer pour combien de temps vous allez faire escale ici.

– Nous restons très peu de temps. Nous finissons la nuit chez vous et je redécolle à 15 heures pour El Alun et puis Atar.

En donnant ces renseignements, Christopher ne put s'empêcher de penser que ce qu'il venait de dire était faux. À partir de quinze heures, le Twin deviendrait un avion fantôme qui n'aurait plus aucun contact radio avec personne. Jamais il ne prendrait la direction d'El Aiun et les vrais problèmes commenceraient.

Chapitre 11

Christopher récupéra sa Range Rover sur le parking en face de l'aérogare. Ils prit directement le chemin qui longeait l'oued Souss vers l'Hacienda et fonça vers la plage. À cette heure de la nuit, tout était désert. Il avait décidé de ne pas retourner à l'Orangeraie pour si peu de temps. C'était trop loin. Jennifer fut enchantée à l'idée de passer la nuit sur la plage. C'était le meilleur endroit pour y attendre l'heure de décollage. Il fut convenu qu'une fois l'avion parti, elle ramènerait la Range à la ferme pour y attendre son retour.

Pour Christopher, ces quelques heures seraient les derniers moments de calme avant la tempête. Dans douze heures, il partirait vers l'est.

La piste aboutissait sur la mer. Sans hésiter, Christopher engagea le véhicule sur la plage. Avec les quatre roues motrices et les pneus sable, la Range ne risquait pas de s'enliser. Les phares éclairèrent au loin la crête blanche des vagues.

Fascinée par le spectacle, Jennifer ne quittait pas l'océan des yeux. La voiture parcourut ainsi une dizaine de kilomètres au bord de l'eau. Christopher roulait vite. La sensation était grisante. Pas une maison sur la côte, seulement des dunes à perte de vue qui apparaissaient et disparaissaient au hasard des faisceaux lumineux. Christopher finit par s'arrêter à quelques mètres d'une vieille barque de pêche échouée sur le sable.

– Personne ne viendra nous chercher ici. Il n'y a pas un chat dans un rayon de dix kilomètres, assura-t-il.

Il ouvrit la portière. La lumière du plafonnier s'alluma et il la vit mieux. Elle était en train de libérer ses cheveux de son chignon. En montant dans la Range, elle les avait hâtivement noués avec un bout de fil électrique trouvé sur le siège.

– Aide-moi, dit-elle, je n'arrive pas à retirer ce truc-là.

Il s'approcha et arracha le fil. Ses cheveux sentaient bon.

– On va se baigner ? proposa-t-il, troublé.

L'eau était fraîche malgré la température extérieure qui approchait 30 degrés. Ils se jetèrent dans les vagues sans un mot et oublièrent la fatigue de la nuit. La lumière de la lune sur la plage immense était extraordinaire.

Christopher sortit le premier. Il s'allongea sur le sable blanc encore tiède et l'attendit.

Elle vint quelques instants plus tard et s'agenouilla près de lui. Dans l'obscurité, il ne voyait que la tache claire de ses yeux.

– Viens, dit-il en l'attirant doucement à lui.

Jennifer sembla prendre un plaisir infini à le caresser. Comme si c'était la dernière fois. Puis ils firent l'amour violemment, cherchant chacun leur jouissance pour ne plus penser à ce qui allait arriver.

Christopher resta longtemps à écouter le bruit de la mer. Il avait toujours été fasciné par l'eau. Lui qui vivait en bordure du désert savait ce qu'elle pouvait représenter pour ceux qui ne la voyaient jamais.

Jennifer s'endormit la première, recroquevillée en chien de fusil contre lui.

Il était 14 heures lorsqu'ils s'éveillèrent... La plage était toujours totalement déserte.

Cuits par le soleil, les cheveux pleins de sable, ils s'aperçurent que la mer était montée très haut. L'eau était à quelques mètres d'eux et les vagues battaient les roues avant de la Range.

Ils se baignèrent à nouveau et la fraîcheur de l'océan les stimula. En plongeant dans l'écume derrière elle, Christopher comprit que, quoi qu'il puisse arriver, ces instants près d'elle resteraient dans sa mémoire comme les plus doux de sa vie.

Ils regagnèrent l'aéroport sous un soleil de plomb. Il n'y avait aucun nuage sur l'Atlas et pourtant au-dessus des reliefs, le ciel devenait plus sombre, presque noir. Le temps allait changer. La Range soulevait des nuages de poussière ocre. Ils ne remarquèrent rien.

Avant de rejoindre le Twin Otter, Christopher tenta de contacter Alex par téléphone depuis l'aérogare. Il n'y parvint pas. Ce dernier était en vol dans le sud et il ne réussit à obtenir que le vieux Ben Aïssa. Le gardien de l'Orangeraie ne savait pas à quelle heure Alex rentrerait. Les essaims arrivaient de plus en plus nombreux et il passait tout son temps dans le Pawnee.

Christopher s'en voulait d'abandonner son ami dans une telle période. Habituellement, les deux hommes étaient toujours ensemble dans les coups difficiles.

Il n'y pouvait rien. Les autres avaient décidé pour lui. Depuis le début de cette affaire, il avait conscience de n'être qu'un rouage mineur dans une affaire qui le dépassait.

Ils arrivèrent sur le parking de l'aéroport à 17 h 10. Il n'y avait pas un souffle d'air.

Assis par terre entre deux taxis bleus, un jeune homme en jean roulait nonchalamment une cigarette de kif dans du papier journal. À quelques mètres, un policier en faction le regardait avec indifférence. La casquette de travers, les yeux dans le vague, le fonctionnaire n'avait pas envie de quitter l'ombre du palmier sous lequel il s'abritait.

Christopher regarda le ciel plombé. Il n'aimait pas la couleur de l'horizon. En janvier, ce genre de temps annonçait souvent une tempête de sable et il n'avait vraiment pas besoin de ça pour lui compliquer le voyage.

Il prit le visage de Jennifer entre ses mains pour l'embrasser. Elle le repoussa doucement.

– Je t'accompagne jusqu'à l'avion.

– Ça ne sert plus à rien, dit-il... Il vaut mieux qu'on se dise au revoir ici. Je serai de retour dans trois jours.

Têtue, elle insista.

– Je vais avec toi jusqu'à l'avion. Je ne veux pas te quitter sur ce parking avec ce flic qui nous mate.

À contrecœur, il céda et lui fit franchir le poste de douane pour rejoindre le Twin. Au moment où il pénétra sur le parking, il éprouva un étrange pressentiment. Une sorte de malaise qu'il ne comprit pas. Il n'aurait pu dire si c'était la météo qui s'annonçait difficile ou la tristesse de la quitter.

Lorsqu'elle fut dans le Twin, au lieu de se jeter à son cou comme il s'y attendait, elle se dirigea vers le poste de pilotage et s'y installa sans un mot.

Un peu surpris, il la suivit et pénétra à son tour dans le cockpit. De toute évidence, elle allait insister pour qu'il l'emmène... Dommage de terminer des moments aussi merveilleux sur une fausse note.

– Jenny, c'est impossible, je te l'ai dit...

L'intérieur du poste n'était pas très vaste et il dut se baisser pour passer l'entrée. Quand il se redressa, il sentit son estomac se crisper dans une crampe désagréable.

Il s'attendait à tout. Sauf à ce qu'il avait sous les yeux.

La jeune femme pointait vers lui un petit pistolet nacré 6,35. Elle ne souriait plus et une détermination farouche se lisait dans ses yeux.

Comme souvent dans les situations étranges, Christopher eut une réaction qui l'étonna lui-même.

Il éclata de rire. Comment avait-elle pu dissimuler une arme sans qu'il s'en aperçoive ? À moins qu'elle ne l'ait glissée par avance sous le siège du copilote.

– Fais attention, lança-t-il doucement. Ce n'est pas un gros calibre mais si tu tires, tu vas quand même te faire mal au poignet.

La plaisanterie tomba à plat. Elle ne semblait pas d'humeur à rire.

– Ne t'inquiète pas pour ça, je sais parfaitement m'en servir. Assieds-toi, j'ai à te parler.

Il secoua la tête d'un air navré.

– Ça fait plus de 24 heures qu'on est ensemble, tu as eu tout le temps de me parler. On n'a pas arrêté. Tu n'avais pas besoin de me menacer, dit-il en montrant le 6,35.

– Pour ce que j'ai à te dire, il me faut absolument une arme. Assieds-toi, répéta-t-elle, comme il n'avait toujours pas bougé.

Lentement, il s'installa dans le fauteuil de gauche, le reculant au maximum pour pouvoir observer cette fille qu'il croyait connaître.

Le canon suivit chacun de ses mouvements, ne lui laissant aucune chance. Si elle tirait, la balle lui ferait exploser la tête. Il frémit malgré lui. Depuis des années, il avait souvent imaginé sa mort aux commandes d'un avion, mais jamais de cette façon.

La surprise passée, une colère sourde monta en lui.

– Qu'est-ce que ça veut dire ?

– Ça veut dire qu'il n'y a pas de hasard. Les équipes de mode vont rarement se perdre sur des propriétés privées dans le sud marocain.

– Et alors ?

– C'est très simple, dit-elle doucement. Tu mets en route et je pars avec toi.

Il fit non de la tête.

– Tu es complètement folle, c'est impossible. Je ne peux pas et je ne veux pas t'emmener.

Il fit mine de se lever. Immédiatement, la main gauche de Jennifer rejoignit la droite sur la crosse de l'arme. Les deux bras tendus dans une position de professionnel. Elle visa ses yeux.

Sur le moment, il crut qu'elle allait tirer pour de bon. Il y avait dans son regard une lueur étrange qui lui fit peur. Ils se jaugèrent. Cette fille n'avait plus aucun rapport avec la femme enfant qu'il avait tenu dans ses bras quelques minutes plus tôt. Il ne comprenait pas pourquoi elle agissait ainsi, mais il sut qu'elle ne céderait pas. Il reprit lentement sa place.

– Tu mets en route et je pars avec toi, répéta-t-elle. Dépêche-toi, on n'a pas beaucoup de temps.

– Et où tu veux que je t'emmène ?

– Eh bien, je veux aller là où tu allais partir sans moi... vers le sud-est. Vers le Sahara, c'est ça, hein ? Ça tombe bien, je crois que j'y vais aussi. Si tu pouvais me déposer, ça me rendrait service.

Elle parlait d'un ton léger, comme si elle avait fait de l'auto-stop et lui avait demandé de la conduire au prochain village à quelques kilomètres. Christopher eut brusquement envie de la gifler. Elle s'était moqué de lui comme personne ne l'avait fait auparavant. Plus naïf, c'était impossible.

– Et si je ne veux pas t'emmener là-bas, tu fais quoi ?

Elle posa l'extrémité du canon sur sa poitrine.

– Je vais jouer franc jeu avec toi, Christopher, je ne crois pas que j'aurais le courage de te tuer, surtout après ce qui s'est passé entre nous. C'était pas de la comédie, j'ai beaucoup aimé être avec toi.

Son sourire s'accentua.

– Mais si nous ne partons pas là-bas tous les deux, je vide mon chargeur dans ton tableau de bord et dans ton pare-brise. C'est aussi simple que ça. Je ne crois pas que tu pourras décoller après un coup pareil... C'est à toi de décider ce que tu veux.

Malgré son sourire, il comprit qu'elle ne plaisantait pas le moins du monde. Elle n'hésiterait pas à mettre sa menace à exécution. Les résultats seraient catastrophiques. Il suffisait d'une balle dans le pare-brise pour immobiliser le Twin pendant très longtemps.

– Je ne comprends pas ce que tu fiches dans cette histoire, demanda-t-il complètement secoué. Tu peux m'expliquer ?

Elle fit non de la tête.

– C'est pas le moment de parler de ça. Je t'expliquerai peut-être plus tard. Pour l'instant, tu mets en route ou je casse tout. Tu n'as pas d'autre option.

D'un geste posé, elle visa l'horizon artificiel au centre du tableau de bord. C'était l'instrument le plus gros et le plus coloré.

– Ça va faire de gros dégâts, dit-elle simplement.

Christopher comprit qu'elle allait tirer. Il préféra céder.

– OK, ne t'énerve pas... On y va, fit-il calmement en verrouillant son siège en position pilotage. Est-ce que tu sais seulement dans quoi tu t'embarques ?

Elle grimaça.

– Parce que toi, tu le sais, lança-t-elle en redevenant soudain dure ? Sois gentil, arrête ton numéro de mélo. Tu perds ton temps ! On devrait déjà avoir décollé.

Christopher soupira. Elle avait raison, chaque minute comptait. Puisqu'il devait partir, autant le faire dans les meilleures conditions.

Pour passer la frontière algérienne au bon moment, il devait décoller dans quatorze minutes en tenant compte de l'heure du coucher de soleil.

La rage au ventre, il enclencha le master[35] et contacta la tour de contrôle.

– N15448B, est-ce qu'on pourrait avoir la mise en route ?

– Vous pouvez mettre en route 15448 Bravo. Rappelez pour rouler.

35. Contact général.

Alors que le contrôleur transmettait les derniers paramètres, il appuya sur le démarreur du moteur gauche.

– C'est une histoire de dingue, soupira-t-il en vérifiant la montée de l'ITT.

* * *

Le plan de vol en direction d'Atar, via El Aiun, avait été accepté sans méfiance par le contrôle régional. En réalité, ce n'était qu'une formalité de façade. Quelqu'un au service du contrôle allait intercepter le télex pour qu'il ne parvienne pas à destination. Jamais les Mauritaniens ne saurait qu'un Twin Otter avait décollé vers l'un de ses aéroports et aucune alerte ni recherche ne serait déclenchée pour retrouver l'avion.

Toute trace allait disparaître.

Christopher espéra simplement que cette disparition ne serait pas définitive.

Il avait calculé son heure de décollage de telle sorte qu'il franchisse la frontière une heure après le coucher du soleil de la nuit. Il n'était pas question de voler en plein jour en territoire hostile. L'obscurité allait être sa seule protection.

Depuis qu'il avait commencé la procédure de mise en route, il n'avait pas jeté un regard vers Jennifer, l'ignorant volontairement pour se concentrer sur son travail. Comment avait-il pu se laisser rouler dans la farine de cette manière ?

Elle, de son côté, tenait fermement son arme pointée vers le tableau de bord. Elle visait les instruments vitaux. S'il faisait mine de renoncer à partir, elle tirerait. Il en était certain. Quant à tenter de la désarmer, il n'avait aucune chance. Elle aurait le temps d'appuyer au moins une fois sur la détente et ce serait une fois de trop.

Devant son impuissance, il sentit à nouveau la colère l'envahir.

Comment avait-il pu croire qu'elle tenait à lui ? Comment un type comme lui, protégé par sa carapace avait-il pu se laisser manipuler de la sorte ? Il était d'une naïveté déconcertante. Un collégien amoureux n'était pas plus stupide.

Elle l'avait dit, la Renault 4L au milieu de la piste n'était pas là par accident. Ceux qui avaient monté le coup, savaient qu'il réagirait exactement comme il l'avait fait.

Pour seule excuse, il se dit qu'en face d'une telle créature, n'importe quel homme normalement constitué se serait comporté comme lui !

Pour qui travaillait-elle ? Il n'en avait aucune idée. Elle était réellement mannequin. Les photos pour « Life » n'avaient pas été créées pour lui mais elle devait aimer jouer avec le feu pour prendre de tels risques. Pourquoi ? Pour l'argent ? Elle disait qu'elle était riche...

La seule chose dont il était sûre, c'est qu'elle ne travaillait pas pour Haddajji. Celui-ci n'aurait pas eu besoin d'employer de telles ruses pour la faire admettre à bord. Il lui suffisait de l'imposer dans son plan.

- Et *bull shit,* jura-t-il à voix haute, on verra bien.

Le Twin quitta le taxiway pour s'engager vers le point d'attente.

La radio retentit dans les hauts parleurs.

- N15448B, vous êtes autorisé à vous aligner et à décoller piste 29. Le vent est calme.

Quelques secondes après avoir reçu la clearance de la tour, l'appareil pénétra sur la piste. Il était très lourdement chargé. À chaque coup de frein, le nez s'enfonçait sur l'avant de manière inquiétante. Du fait de la température élevée, la surcharge allait rendre le décollage encore plus problématique qu'à Malaga. Tant qu'il ne serait pas délesté d'une partie du carburant, le Twin serait aussi lourd à mettre en l'air qu'un vieux Boeing 707 à son poids maximum. Ce n'était pas peu dire.

Au moment de mettre les gaz, Christopher se tourna vers Jennifer, toujours impassible à côté de lui.

– Tu peux encore changer d'avis, lança-t-il. Mais, quand j'aurai poussé les manettes en avant, il sera trop tard. Je ne pourrai plus faire demi-tour et tu seras sur la galère avec moi... Jusqu'au bout.

Il se rendit compte tout à coup du ridicule de sa tentative.

Elle se contenta de hausser les épaules.

– Je ne changerai pas d'avis, pousse tes machins pleins gaz. De toute façon, ni toi ni moi n'avons vraiment le choix.

– Tu l'auras voulu, soupira-t-il.

Il amena alors la puissance maximum sur les cadrans des torques. Il y avait trois kilomètres de piste bétonnée devant lui mais ça ne serait pas de trop. Étant donné la surcharge et la température qui approchait 40 degrés, l'appareil n'avait plus aucune des qualités qui faisaient sa renommée. C'était un véritable char d'assaut qu'il fallait faire décoller. Au lâcher des freins, l'accélération fut terriblement lente.

Le Twin parcourut les 1 000 premiers mètres de la piste sans atteindre la vitesse nécessaire pour la rotation.

Compte tenu des difficultés, Christopher avait décidé, de majorer sa vitesse de décollage de 40 nœuds. Il lui fallait 250 km/h pour pouvoir arracher l'avion. Ce n'était pas prévu par le constructeur, mais il devait y arriver.

Le Twin déboula aux deux tiers de la piste à 160 km/h, en très légère accélération.

Christopher garda l'avion au sol. Il ne fallait pas céder à la tentation de tirer trop tôt autrement l'appareil surchargé retomberait immédiatement et, même s'il n'y avait pas de casse, Christopher ne pourrait plus freiner. Bourré de carburant comme il l'était, ce serait la catastrophe.

La fin de la piste arriva à toute vitesse. L'aiguille du badin[36] ne bougeait plus, rivée sur 220 km/h. C'était trop faible.

Christopher eut le réflexe de sortir cinq degrés de volets

36. Indicateur de vitesse.

supplémentaires et il arracha l'avion au moment où le ciment de la piste se terminait. Les commandes répondirent mollement et le Twin rasa un camion qui passait sur la route bordant l'aéroport. Il ne tenta pas de prendre immédiatement de l'altitude et laissa l'appareil accélérer à quelques mètres du sol. C'était un fer à repasser. Les arbres semblèrent se ruer sous le ventre du Twin. Instinctivement, Jennifer ferma les yeux et se mordit la lèvre inférieure.

Pour rien au monde elle n'aurait émis la moindre plainte. Christopher ne s'occupait d'ailleurs plus d'elle, complètement absorbé par le pilotage de l'appareil.

Quand la vitesse atteignit 320 km/h, il cabra enfin et l'avion commença à monter doucement.

C'est à ce moment-là seulement que la tour appela. Pendant toute la phase de décollage, le contrôleur, figé, avait cru à chaque seconde voir le Twin se crasher sur la piste.

– N15448B, heu... vous avez des problèmes ?

La voix du Marocain tremblait d'émotion.

– Absolument pas, mentit Christopher, c'est une nouvelle procédure de décollage sur cet appareil. On laisse courir avant de décoller...

Dans sa tour de verre, l'autre, n'eut pas l'air convaincu. Il y eut un moment de silence à la radio pendant lequel il suivit des yeux le point noir qui prenait péniblement de l'altitude vers l'est.

– Heu... Je savais pas, N15448B. On s'est un peu inquiété ici, finit-il par dire d'une voix mal assurée, sans pour autant ôter la main du poussoir rouge d'alerte de crash.

Il s'en était fallu d'un rien qu'il ne déclenche l'alarme.

C'est seulement lorsque Jennifer sentit l'appareil prendre de l'altitude qu'elle respira plus librement.

– Tu vois, lança Christopher, ironique, ça ne fait que commencer !

Elle haussa les épaules.

– C'est pas la peine de faire le fanfaron... Je te jure que ça m'est complètement égal.

– Alors tant mieux mais j'arrive quand même pas à comprendre pourquoi tu m'as raconté des blagues, murmura-t-il.

– Tu comprendras plus tard.

Avec des gestes calmes, elle rangea alors son arme sous le siège et regarda fixement devant elle. Maintenant qu'il pilotait le Twin, elle ne risquait plus rien.

– Ce serait stupide de ta part si tu décidais de faire demi-tour, au point où nous en sommes à présent, reprit-elle pour couper court à toute question.

– Si tu me disais ce que tu fais là, insista-t-il ! Nos relations seraient peut-être plus claires.

Les yeux toujours droit devant, elle se mit à parler lentement.

– C'est très simple, je ne te lâche pas d'une semelle jusqu'à ce qu'on soit de retour. Je ne sais pas trop ce que tu vas faire, mais je reste avec toi sans cesse.

Christopher ne répondit rien. Elle mentait, c'était évident... Elle en savait beaucoup plus qu'elle ne voulait le dire.

– Ne me dis pas qu'on va vraiment en Mauritanie, lança-t-elle !

En plus, elle se moquait de lui !

Convaincu qu'elle ne lui dirait rien, il se concentra sur le vol et ne fit plus attention à elle.

C'était le moment de réduire les torques pour prendre un régime économique.

À partir de maintenant, la consommation de carburant allait devenir son problème numéro un.

Au moment où il posa la main droite sur les manettes de puissance, pour les ramener doucement en arrière, il sentit la paume chaude de la jeune femme se poser sur son poignet.

– On peut faire la paix si tu veux ?

Il se tourna vers elle, stupéfait. Elle ne manquait pas d'aplomb. Quelques minutes auparavant, elle menaçait de lui faire sauter la tête. Maintenant elle lui proposait avec un sourire innocent d'oublier tout, comme si c'était une banale dispute d'amoureux.

– Tu te sens bien, demanda-t-il, le regard dur ?

– Ne sois pas agressif inutilement, nous sommes tous les deux embarqués sur ton tas de ferraille...

Elle sembla hésiter.

– Il faut aller jusqu'au bout. Alors, faisons la paix, insista-t-elle gravement.

Christopher se dit qu'elle avait sans doute raison, mais il préférait attendre que sa colère s'apaise. Il ne répondit pas et changea de cap. Le Twin vira au cap 240 en direction d'El Aiun. Il lui fallu beaucoup de temps pour atteindre son altitude de croisière de 8 000 pieds. La nuit n'allait pas tarder à tomber. Vers l'ouest, le soleil grossissait et prenait une teinte orangée qui contrastait fortement avec la couleur verte de la mer.

– C'est toujours magnifique un coucher de soleil, hein, remarqua-t-elle, la joue collée à la vitre latérale.

Christopher tourna la tête de l'autre côté. Vers l'est, il faisait déjà sombre.

– C'est vraiment le dernier de mes soucis, rétorqua-t-il d'une voix glaciale.

Il conserva sa route jusqu'au travers d'Akka. Puis, quelques minutes plus tard, il changea totalement de cap et vira de 90 degrés à gauche.

À 18 heures 45, il estima qu'il arrivait à portée du radar algérien de Tindouf. Il plongea alors vers le sol jusqu'à une hauteur de 1 000 pieds[37].

Le jeu diabolique commençait.

* * *

37. 300 mètres.

Alex avait atterri à 16 h 50 à l'Orangeraie. La journée avait été épuisante mais elle était loin d'être terminée. Il comptait redécoller rapidement pour suivre un nouvel essaim au sud de Tiznit. Pendant son escale à la ferme, il décida d'aller fouiller chez Christopher pour essayer de trouver un indice. La découverte qu'il avait faite la veille dans le port avait achevé de le convaincre que son associé s'était fourvoyé dans un coup tordu.

Il n'était pas sitôt descendu du Pawnee que Mohamed Ben Aïssa l'interpella. Le vieux gardien semblait anxieux.

– Monsieur Alex, il y a eu un coup de téléphone pendant que vous étiez en vol. C'était Monsieur Christopher.

Alex bondit.

– Qu'est-ce qu'il a dit ?

– Il était à Agadir jusqu'à cinq heures et demie. Il est avec un avion américain et il rentrera dans deux jours, poursuivit le vieil homme.

– Putain... mais qu'est-ce que c'est que cette histoire. Il a dit où il allait ?

– Non, il a rien dit. Il a simplement répété qu'il fallait pas vous inquiéter pour lui.

– Quelle merde ! hurla Alex, devant Ben Aïssa stupéfait.

Le gardien ouvrit de grands yeux. Il n'avait jamais vu son patron dans cet état.

Alex se rua sur le téléphone et composa e numéro de l'aéroport. C'était occupé. Il recommença une vingtaine de fois. En vain. Jurant comme un fou, il faillit jeter le combiné par terre.

Le problème du téléphone était une véritable plaie au Maroc. Ça ne marchait jamais. À certaines heures, il était même impossible d'obtenir la tonalité. Les lignes étaient tellement surchargées que ça sonnait toujours occupé.

Au bout d'une dizaine de minutes, il comprit qu'il irait plus vite en allant directement à l'aéroport. Il fallait une bonne heure pour rejoindre Agadir par la route, avec un peu de chance il y serait avant le décollage de Christopher.

Il mit cinquante minutes pour être en vue de la tour de contrôle. Malheureusement, au moment où il quittait la route principale vers l'aéroport, il vit un Twin Otter passer à très basse altitude au-dessus de lui. L'appareil venait de décoller et il semblait lourdement chargé. Alex crut un moment qu'il allait percuter les antennes de l'ILS[38] en bout de piste.

Sans voir l'immatriculation de l'avion, il eut le pressentiment que c'était Christopher et qu'il était trop tard.

Dans un hurlement de pneus, il s'arrêta devant la porte de l'aérogare. Laissant carrément la Porsche au milieu de la route, portière ouverte, il se rua à travers le hall pour rejoindre la tour de contrôle. Personne ne toucherait à sa voiture.

Au moment où il s'apprêtait à passer le comptoir de police, un inspecteur en civil l'arrêta. Il devait être nouveau dans le secteur, car il ne l'avait jamais vu. L'homme avait un col de chemise sale et sa barbe de deux jours lui donnait un air douteux.

– Vous allez où comme ça, interrogea-t-il d'un air agressif.

Alex tenta de dégager la manche que l'autre avait attrapée pour le retenir.

– Excusez-moi, je suis très pressé, je dois aller à la tour.

– Vous avez des papiers ?

– Écoutez, tout le monde me connaît ici. Je suis pilote, je dois absolument contacter un appareil qui vient de décoller, c'est très urgent, répondit-il d'un air suppliant.

Le policier ne parut pas du tout impressionné et continua toujours soupçonneux.

– Vous avez votre licence de pilote sur vous ?

– Non, je l'ai pas, mais je vous assure...

Le visage de l'inspecteur se ferma et il se mit carrément en travers du chemin.

– Alors vous ne passez pas, cette zone est interdite au public.

38. Antennes pour l'atterrissage sans visibilité.

Alex sentit une rage folle l'envahir. Pour une fois qu'il était pressé, il tombait sur un flic borné.

Pour un peu, il l'aurait bousculé, malheureusement ça n'aurait rien arrangé, il se serait retrouvé avec les menottes aux poignets avant d'avoir atteint la tour. Il essaya à nouveau la tactique de la diplomatie.

– Écoutez, je vous en prie, je vous le répète, tout le monde me connaît ici. C'est vraiment très important.

– Ce qui est important, reprit l'inspecteur, c'est de respecter le règlement. Si vous n'avez pas de papiers, vous n'avez pas le droit d'entrer dans cette zone. Il n'y a pas à discuter là-dessus.

Alex allait exploser. Il jeta un coup d'œil à sa montre. Les minutes passaient. Pendant ce temps-là, le Twin s'éloignait et Christopher allait quitter la fréquence d'Agadir.

– Commencez donc par aller prendre un bain, lâcha-t-il, hors de lui.

L'autre ouvrit des yeux stupéfaits. Dans un premier temps, il ne sembla pas avoir compris ce qu'on venait de lui dire. Puis, tout à coup, l'étonnement fit place à la fureur et il s'approcha, accrochant Alex par le col de sa chemise. Il allait le frapper...

– Qu'est-ce que vous avez dit, demanda-t-il, les yeux injectés de sang ?

Alex comprit que cette fois, il avait été trop loin... Le type allait le poursuivre pour outrage. Il était en train de chercher comment s'excuser quand tout à coup une main amicale se posa sur son épaule.

L'inspecteur se figea dans une attitude respectueuse. Alex se retourna. Le commissaire Tahiri, divisionnaire de la province, l'observait d'un air amusé.

– Qu'est-ce qui t'arrive, Alexandre, tu as des problèmes !

Il devait suivre l'incident depuis un moment, car sa question n'en était pas vraiment une. Tahiri était aussi impeccable dans son costume bleu marine que son inspecteur était négligé. Les deux hommes se connaissaient depuis longtemps et ils entretenaient des relations plus qu'amicales, renforcées par les longues soirées de poker chez l'un ou chez l'autre.

– Je parie que tu dois aller en piste et tu n'as pas tes papiers, c'est ça hein ?

L'inspecteur n'attendit pas la réponse. D'un ton servile, il s'empressa de s'expliquer :

– Ce monsieur prétend qu'il est pilote, mais il n'a aucun document pour le prouver, et je lui expliquais...

De toute évidence, il avait entendu son chef appeler Alex par son prénom et il se méfiait de ce qu'il allait dire.

Alex s'adressa à Tahiri sans le regarder.

– Il faut que j'aille à la tour immédiatement. C'est très urgent, je t'expliquerai après.

Le divisionnaire comprit qu'il fallait agir avant de parler.

– Vas-y, dépêche-toi, dit-il en le poussant amicalement vers les portes vitrées.

Sans même un mot de remerciement, Alex se rua sur les parkings et atteignit la tour. En le voyant courir ainsi, Tahiri se dit qu'il ne manquerait pas de lui demander des explications sur son attitude bizarre. Peut-être même lui téléphonerait-il le soir à l'Orangeraie ? C'était la première fois qu'il le voyait dans cet état. Alex arriva hors d'haleine au dernier étage de la tour. Il avait grimpé quatre à quatre les escaliers en colimaçon branlants et soufflait comme un phoque. Le contrôleur de quart le regarda surgir avec des yeux étonnés. Alex attaqua sans préambule.

– Est-ce que le Twin Otter qui a décollé tout à l'heure était immatriculé aux États-Unis ?

– Pourquoi ? demanda l'autre.

Alex sentit le découragement le submerger. Il allait falloir discuter à nouveau. Pour un peu, le gars allait lui proposer un verre de thé avant de lui donner le renseignement. Il se laissa tomber sur une chaise.

– S'il vous plaît, dit-il, c'est très important, répondez-moi.

Le contrôleur resta un instant silencieux. Puis il se tourna vers le réchaud électrique qui se trouvait à ses pieds. Une théière d'argent chauffait doucement.

– Vous en voulez, demanda-t-il avec un sourire ?

– Non merci, soupira Alex. J'ai seulement besoin de ce renseignement. Est-ce que le Twin était immatriculé « Novembre » ?

À la mine catastrophée d'Alex, le contrôleur dut comprendre qu'il s'agissait d'un problème grave. Il prit le strip[39] correspondant à l'appareil et le lui tendit.

– C'est exact, November 15448 Bravo. Il a décollé il y a 25 minutes à destination du sud. En quoi ça vous intéresse, demanda-t-il ?

– Vous pouvez le contacter ? J'ai un message d'une importance capitale pour lui.

Le contrôleur secoua la tête d'un air navré.

– Je regrette, c'est trop tard. Il a quitté ma fréquence dès qu'il est sorti de la zone.

Sans savoir vraiment pourquoi Alex essayait de joindre l'appareil, le contrôleur semblait désolé de ne pouvoir l'aider.

– Il va à El Aiun, essayez de lui téléphoner à son atterrissage là-bas, dit l'homme d'un ton serviable. Si vous y arrivez parce que le téléphone en ce moment, ça ne marche pas.

– C'est ce que je vais faire, répondit Alex en se demandant s'il reverrait un jour Christopher.

39. Bande créée pour chaque avion au départ.

CHAPITRE 12

Christopher afficha 339 mégahertz sur le radiocompas du tableau de bord. C'était la fréquence de la balise de Tindouf. Il vérifia le signal reçu et corrigea sa trajectoire pour prendre une route qui le ferait passer légèrement au nord de la ville.

Il commençait à faire très sombre. En passant la piste d'Akka et les contreforts de l'Anti-Atlas, il éteignit tous les feux de position de l'avion et plongea encore plus bas vers le sol. L'altimètre indiquait 600 pieds[40] mais ça ne correspondait pas à la réalité. Il aurait fallu pouvoir régler la pression atmosphérique pour savoir exactement à quelle hauteur se trouvait l'avion.

À partir de maintenant, les indications de l'altimètre n'avaient plus d'importance. Le Twin allait coller au relief pour ne pas être repéré. Et le vol se ferait à vue. Quand Christopher entama un piqué au ras des dernières collines, Jennifer sentit son cœur battre plus fort dans sa poitrine, mais elle s'accrocha à

40. 200 mètres.

sa ceinture et ne broncha pas. Intrigué, il jeta un rapide coup d'œil dans sa direction. Elle ne manquait pas de cran.

C'était la pleine lune et la nuit était très claire. Le relief se détachait sur le ciel sombre. Christopher se maintint une hauteur de l'ordre de 150 pieds[41]. En volant ainsi, l'appareil était absolument indétectable par les radars.

Quelques minutes plus tard, le Twin pénétra en territoire algérien. Christopher recevait toujours parfaitement la balise de Tindouf. Il s'appliqua à garder le même rythme respiratoire. Il fallait rester parfaitement calme. Pourtant, à partir de cet instant, il savait que s'il était pris, il deviendrait une sorte de « Gary Powers[42] » qu'on ferait parler devant les caméras de télévision et qu'on exhiberait comme une bête de foire. La perspective de goûter aux geôles du Sirkaji[43] ne lui souriait guère.

Devant lui était tendu un immense filet radar, protégé par plusieurs escadrons d'avions de chasse. Des MiG-21 avec lesquels il allait falloir jouer à cache-cache.

À ce petit jeu, s'il n'était pas le meilleur, il était mort.

Le premier obstacle à franchir était la route Béchar-Tindouf. Il fallait la survoler à très basse hauteur sans se faire repérer par les véhicules qui y circulaient. Surtout ne pas céder à la tentation de grimper. Même pendant quelques secondes... Il fallait rester en permanence au ras du sol. Les Russes venaient en effet d'installer une station de détection à Al Majoub au nord-est de Tindouf. Un centre radar perfectionné... S'il volait au-dessus de 100 pieds, le Twin serait immanquablement repéré.

Comme apparemment beaucoup de gens étaient au courant de l'expédition, il y avait de grandes chances que les militaires algériens soient déjà en train de l'attendre. Ils avaient peut-être

41. 50 mètres.

42. Francis Gary Powers. Pilote américain abattu au-dessus de l'URSS le 1er mai 1962 aux commandes d'un avion espion U2. Échangé après deux ans de captivité contre le colonel Rudolf Abel, Gary Powers a été très critiqué aux États-Unis pour ne pas s'être suicidé avant d'être capturé.

43. Prison de sinistre réputation à Alger.

également placé des guetteurs le long de la route de Béchar. Malgré sa proximité avec le désert, c'était un axe relativement fréquenté. Ça ne serait pas facile de passer discrètement car les 1 300 chevaux du Twin manquaient de discrétion. Une fois repéré, il lui serait difficile de s'échapper.

Christopher se voyait mal se lancer en combat tournoyant avec un MiG armé jusqu'aux dents. Il n'aurait pas plus de chances de lui échapper que le 747 de la KAL abattu quelques temps plus tôt par les Sukhoi soviétiques.

Christopher avait décidé de couper la route entre Naga et Oum El-Assel. À cet endroit, la route était bordée de collines basses qui masqueraient l'arrivée et le bruit du bimoteur.

Quelques kilomètres avant la nationale, il aperçut au loin les lueurs d'un véhicule. Aussitôt, il inclina l'avion à soixante degrés et entama un virage serré au ras du sol pour laisser passer ce qu'il crut être un camion citerne. Même de nuit, à cette hauteur, l'impression de vitesse était extraordinaire.

Il se mit en attente, décrivant un large cercle à trois kilomètres de la route, patientant jusqu'à ce que la lueur des phares disparaisse à l'horizon.

Quand la voie fut libre, il précipita l'avion pleins gaz, dans la brèche. Une centaine de mètres avant de traverser, il réduisit les gaz à fond pour être moins bruyant au cas où la route n'aurait pas été aussi déserte qu'elle le paraissait.

Il traversa l'axe à 300 km/h, 50 mètres au-dessus du goudron.

Tout semblait parfaitement calme.

Il laissa se vitesse décroître pendant encore quelques secondes puis il remit pleins gaz, plongea derrière les collines et disparut.

Jennifer ne parlait pas. Elle regardait droit devant elle. Elle ne parvenait pas à comprendre comment Christopher pouvait voler aussi bas, dans de telles conditions de visibilité. Jamais elle n'aurait imaginé qu'on puisse utiliser un avion ainsi. Cet homme avait des yeux de chat. Une fois le relief franchi,

Christopher se concentra pour descendre encore plus bas. À partir de maintenant, devant le Twin, c'était le Sahara. La vie n'existait plus. Il n'y aurait pas la moindre lumière pendant des centaines de kilomètres.

Le néant...

Rien que du sable et de la rocaille qui défilaient sous les ailes à près de 400 km/h. Étrangement, dans le cockpit, les couleurs étaient semblables à celles de l'extérieur. C'était une lumière bleutée un peu irréelle. Le Twin Otter fonçait vers l'inconnu.

Jennifer comprit soudain pourquoi Christopher avait été choisi pour faire ce travail.

Seul un pouvoir de concentration exceptionnel et une parfaite connaissance du désert pouvaient permettre à un être humain de voler comme ça. Elle n'avait pas vraiment peur. Malgré la situation ambiguë dans laquelle elle se trouvait, elle lui faisait entièrement confiance.

Ils restèrent longtemps sans prononcer une parole, puis elle eut envie d'entendre le son de sa voix.

– C'est encore loin ?

– Qu'est-ce qui est encore loin ?

Elle haussa les épaules.

– Tu le sais bien !

Comme il ne répondait pas, elle posa sa main sur la sienne. Il ne la retira pas...

– Tu ne crois pas qu'on devrait faire la paix murmura-t-elle ! Le plus important maintenant, c'est pas vraiment d'aller là-bas mais d'en revenir. Si on rentrait vivant tous les deux, ce serait bien, non ?

De nouveau, il fut partagé entre l'envie de la gifler et celle de la prendre dans ses bras. Bien qu'il ne veuille pas se l'avouer, sa colère était en train de disparaître peu à peu. C'était elle qui avait raison. Quelles que soient les raisons pour lesquelles elle se trouvait là, ça n'avait plus beaucoup d'importance pour le moment.

Il accepta la trêve qu'elle lui proposait.

– Dans une demi-heure, on va pénétrer dans l'erg Iguidi. C'est le vrai désert, dit-il sans quitter le sol des yeux. Il n'y aura pas une piste, pas une route pendant 900 kilomètres. Rien... Pas un chameau, pas le moindre buisson. Seulement du sable et de la pierre.

Elle ne put s'empêcher de frémir à l'idée de traverser une telle immensité. C'était grand comme la France.

– Tu sais qu'on attend impatiemment mon retour, lança-t-elle sans conviction. Il vaut mieux ne pas tomber en panne au milieu de ce genre d'endroit.

– Tu as tort, on y bronze rapidement.

En réalité, c'était l'enfer qu'ils allaient survoler. À midi, la température avoisinait les 55 degrés et il gelait chaque nuit.

– Je ne sais pas quel est celui qui pu te convaincre de faire la route avec moi mais tu n'aurais pas dû l'écouter.

Elle ne répondit pas.

* * *

Cela faisait près d'une heure et demie qu'Alex essayait d'obtenir la communication avec l'aéroport marocain d'El Aiun. Il était sur le point d'abandonner lorsqu'il obtint enfin le standard au bout du fil.

– *Digame !*

Vestige de la colonisation, on parlait beaucoup plus l'espagnol que l'arabe ou le français dans le Sahara marocain.

– Passez-moi la tour ou le contrôle local, hurla-t-il dans le combiné.

– Ne quittez pas, répondit une voix très lointaine avec un fort accent espagnol.

Il dut patienter pendant encore une dizaine de minutes, persuadé qu'à tout moment un fonctionnaire zélé allait lui raccrocher au nez. Et soudain, alors qu'il commençait à désespérer, il y eut un déclic et une voix lasse lui fit savoir qu'il était en contact avec la tour.

Alex faillit crier de joie. Il allait pouvoir enfin prévenir Christopher et lui dire de rentrer d'urgence.

– Est-ce que vous pourriez transmettre un message au pilote d'un Twin Otter américain. Il a dû atterrir chez vous il y a un moment ?

Le contrôleur parut surpris.

– Un Twin Otter ? Vous êtes sûr ?

– Affirmatif, le pilote est un grand type blond...

Il y eut un moment de silence puis le correspondant répliqua.

– Vous devez faire erreur, on n'a pas eu de Twin Otter aujourd'hui.

– Il a peut-être du retard. Vous pouvez jeter un coup d'œil sur vos plans de vol pour savoir à quelle heure il est prévu.

La voix devint catégorique.

– Désolé, on n'a pas de Twin Otter prévu ici cette nuit. D'ailleurs, j'ai aucun plan de vol d'avion immatriculé américain.

– Putain... Vous êtes sûr de pas vous tromper, lança Alex de plus en plus stressé.

Il sentit des gouttes de sueur perler sur son front. C'était impossible. Il avait vu lui-même l'appareil virer vers le sud. El Aiun était la seule destination possible pour un départ en IFR dans cette direction. Il ne pouvait pas avoir disparu !

– Vous devez vous tromper, répéta-t-il...

Cette fois, le contrôleur ne supporta pas qu'on mît sa parole en doute. Il se vexa immédiatement :

– Eh... Hombre... Je connais mon métier, lança-t-il rageusement. Si je vous dis qu'il n'y a pas de Twin Otter ni posé ni prévu, c'est clair ! Ça veut dire ce que ça veut dire.

Alex fut pris d'un accès de rage incontrôlable :

– Quel con, hurla-t-il en raccrochant !

Puis il se laissa tomber dans un fauteuil et se prit la tête dans les mains. C'était fichu.

Il ne voyait pas comment prévenir Christopher de ce qu'il avait découvert : la maison du gouverneur était vide depuis plus d'une semaine et on avait retrouvé le gardien noyé dans le port d'Agadir.

D'après les premières estimations, la police pensait que l'homme avait été assassiné trois jours plus tôt. La veille de la visite de Christopher à la résidence !

Alex était convaincu que ces événements avaient un rapport direct avec le brusque départ de son ami.

* * *

Cela faisait maintenant une heure et demie que le Twin s'enfonçait dans le désert. Pour connaître sa position, Christopher n'avait plus que la possibilité de travailler « à l'estime ». Seule la montre et le cap lui permettaient de naviguer.

Les instruments de radionavigation n'étaient plus d'aucune utilité.

L'appareil était maintenant trop éloigné pour recevoir la balise de Tindouf. Les radiocompas de Reggane et d'In Salah semblaient en panne tous les deux. Quant au VOR[44] d'In Salah, il devait très certainement fonctionner, mais Christopher volait beaucoup trop bas pour le capter. Il se contenta de maintenir le cap avec précision et de prier pour que le vent soit le plus faible possible au ras du sol. Christopher allait devoir faire appel à son sixième sens pour tenir sa route au plus près.

En fait, le danger n'était pas vraiment dans la navigation. Il était ailleurs.

Depuis une heure, Christopher ne cessait de faire des calculs de consommation. Les jauges de carburant baissaient à vue d'œil. Les deux gros turbopropulseurs PT-6A27, d'ordinaire très sobres en altitude, devenaient des gouffres à 50 mètres du sol.

44. Balise de navigation : Visual Omni Range.

La consommation était énorme. Christopher se rendit compte que, toutes les heures, ils engloutissaient plus de 120 litres supplémentaires par rapport à leur utilisation normale. Il allait falloir se poser beaucoup plus tôt que prévu. S'il n'avait pas eu les 750 litres de Malaga, il n'aurait jamais pu aller jusqu'au bout du voyage avec ce que les autres avaient prévu.

S'il sen sortait, il ne manquerait pas de faire parvenir à Haddajji une étude des consommations de l'avion à basses altitudes !

– On va se poser, dit-il doucement. Attache-toi serré, y compris le harnais d'épaule, ça va peut-être secouer.

Jennifer ouvrit des yeux éberlués. Depuis une heure, elle étudiait la carte de navigation aérienne sur laquelle il avait tracé la route que le Twin suivait actuellement.

– Mais où ça ? Il n'y a aucun aérodrome à moins de 500 kilomètres !

– Alors, on s'en passera, expliqua-il sans la regarder.

– Tu veux dire que tu vas atterrir n'importe où ?

– Je ne vais pas me poser n'importe où, rectifia-t-il. Je vais chercher un endroit acceptable pour un atterrissage de fortune.

– De nuit ?

Il sourit.

– À moins que tu aies suffisamment d'influence sur le ciel pour que le soleil se lève, je crois qu'on va être obligé de faire ça maintenant.

Christopher regarda ses jauges. Elles étaient presque à zéro. Du fait de la surcharge, le premier atterrissage dans le désert risquait d'être délicat. En consommant du carburant, le Twin s'était un peu allégé, mais il était encore très lourd à cause de sa cargaison. Et cette fois il n'y aurait pas trois kilomètres de béton sous les roues.

Jennifer sembla très impressionnée par ce qui se préparait.

– On n'y voit pas grand-chose, murmura-t-elle.

– Ne me dis pas que tu regrettes d'être venue !

Elle se força à sourire :

– Je sais que ça te ferait plaisir, mais je ne regrette absolument rien.

Christopher comprit qu'elle disait la vérité. Visiblement, cette fille avait un caractère peu ordinaire.

Il réduisit les torques et fit chuter la vitesse de l'appareil à 220 km/h. Il savait qu'il ne trouverait pas un terrain propice immédiatement et il maintint le même cap pour ne pas gaspiller de kérosène. Tourner en rond ne servirait à rien d'autre qu'à se perdre.

Il ne fallait pas faire d'erreur de jugement. La lune éclairait suffisamment le relief pour deviner les obstacles qui pourraient se révéler dangereux au moment du toucher des roues mais la lumière rasante était parfois trompeuse, les ombres projetées paraissant beaucoup plus grandes que l'obstacle lui-même. Christopher avait l'habitude de cette illusion d'optique. Sous certains angles, certains rochers minuscules pouvaient sembler gigantesques.

Pour avoir la meilleure visibilité, il fallait impérativement atterrir face à la lune. C'est sous cet angle que le pilote devinait le mieux les dangers du relief. De plus, il ne risquait pas d'être gêné par l'ombre parasite de l'avion qui lui cacherait le sol au dernier moment. Se poser dans ces conditions n'était pas pour les débutants. Il fallait des qualités rares pour réussir un tel tour de force sans casser l'appareil.

Les minutes passèrent... Christopher ne trouva rien qui lui convienne. Le sol était relativement plat devant lui, mais il y avait sans cesse des blocs rocailleux qu'il estima trop importants pour tenter quoi que ce soit. Ils faisaient tous plus de 20 centimètres de hauteur et étaient trop éparpillés pour permettre un atterrissage.

– Et si tu ne trouves pas, interrogea Jennifer ?

Il secoua la tête.

– Cette option n'existe pas. Je vais trouver.

Il continua à voler ainsi à faible vitesse pendant près d'une demi-heure. Sans succès. Les jauges descendirent à zéro. Même à 200 km/h, la consommation continuait d'être effarante. Il avait rarement vu les indicateurs de fluel flow tourner aussi rapidement.

– Tu ne trouves rien ? demanda Jennifer de plus en plus inquiète.

Christopher resta muet. Pendant une seconde, il se dit que ce serait bon de la serrer contre lui et réalisa à quel point, il était stupide. Ce n'était ni le moment ni le lieu d'avoir de tels fantasmes. Il se força à penser à autre chose.

– Il y a combien de litres dans les réservoirs de cet avion ?

– Presque 1 500. Tu veux t'amuser à calculer combien de temps de vol il nous reste ?

Elle ignora la question.

– Et tu as beaucoup de réserves dans tes jerrycans ?

– Suffisamment pour aller jusqu'à notre destination et en revenir, répliqua-t-il évasivement. Mais si tu veux bien, on parlera de ça un peu plus tard. Pour l'instant, j'ai besoin de trouver un endroit qui me convienne. Laisse-moi me concentrer !

Vexée, elle ne dit plus rien et attendit.

Tout à coup, alors que l'avion passait un escarpement d'une trentaine de mètres, Christopher aperçut une surface plane sur laquelle il n'y avait pratiquement aucune ombre. C'était sur la gauche... Le terrain faisait environ 600 mètres de longueur et semblait relativement lisse. Christopher décida de s'y poser.

Il grimpa à 200 pieds[45] pour avoir une vue générale de sa zone d'atterrissage. Puis, il réduisit la vitesse à 180 km/h et sortit 20 degrés de volets. Avec précision, il prit un axe face à la lune pour faire un passage à trois mètres du sol. Avant de poser les roues, il voulait inspecter soigneusement le terrain.

L'endroit était beaucoup moins lisse qu'il ne l'avait imaginé

45. 70 mètres.

de loin. C'était une alternance de sable et de pierrailles avec un secteur légèrement bombé au centre. Il n'hésita pas... Ça pourrait convenir malgré tout. Quoi qu'il en soit, étant donné le niveau des jauges, il n'avait plus le choix.

Christopher fit un virage de 180 degrés en reprenant quelques pieds de hauteur pour ne pas toucher le sol du bout de l'aile, puis il refit un survol en sens inverse. Avec la lune dans le dos, la visibilité était très médiocre et il ne vit rien de plus.

– Ça va aller, demanda-t-elle ?

Il tenta de la rassurer.

– C'est pas Orly mais je vais me débrouiller.

Maintenant, il fallait faire attention à ne pas perdre le terrain de vue. Dans l'obscurité, il suffisait d'un virage trop ouvert et c'était fichu. À l'instant où il dépassa l'extrémité du la bande, il ouvrit de 90 degrés à droite, suivi d'un 270 degrés à gauche. À partir de la seconde moitié de son virage à gauche, il aperçut de nouveau sa piste. Sortant alors les pleins volets, il réduisit encore la vitesse à 170 km/h.

L'appareil était à la limite du décrochage et Christopher dut maintenir beaucoup de puissance aux torques pour souffler les gouvernes. Le plan d'approche était terriblement faible.

Le Twin vibrait légèrement, annonçant la proximité de la chute de portance. Christopher le maintint malgré tout parfaitement sur la ligne d'approche jusqu'à l'arrondi.

L'atterrissage fut très doux. Pourtant, à l'instant même où les roues touchèrent le sol, l'avion se mit à vibrer de toute sa cellule. Jennifer crut qu'il allait se désintégrer. Il y eut un vacarme assourdissant, comme si des mains invisibles frappaient sur la carlingue de toutes parts. Toute la cabine de l'avion faisait caisse de résonance.

– Ne t'inquiète pas, c'est normal, précisa Christopher d'une voix forte. On se pose dans la nature. Ça n'a rien à voir avec du ciment bien lisse.

Il passa immédiatement les reverses, pour freiner l'appareil.

Aussitôt, un immense nuage de poussière jaillit devant le pare-brise. La visibilité vers l'avant tomba à zéro. Les hélices envoyaient le flot de l'air dans le sens contraire et elles soulevaient des masses de sable dans le nez du Twin. Christopher n'essaya pas de regarder dehors, ça ne servait plus à rien. Il reporta toute son attention sur le gyrocompas en maintenant son cap au degré près.

D'un seul coup, le bruit cessa et Jennifer se demanda s'ils étaient vraiment arrêtés. Le nuage de poussière lui avait donné le vertige, tant elle avait cherché à deviner ce qu'il y avait derrière.

Avant toute chose, Christopher coupa les turbines. Le sable était l'ennemi numéro un de la mécanique. Les moteurs venaient d'en recevoir une bonne ration, il était inutile d'en rajouter.

– Nous avons eu de la chance, dit-il. Si nous trouvons toujours un terrain comme celui-là, il ne faudra pas se plaindre.

Pour la première fois depuis le décollage d'Agadir, il la regarda droit dans les yeux. Il semblait émerger d'un autre univers.

– Parce qu'on va refaire ça plusieurs fois, demanda-t-elle ?

– Oui, il va falloir t'y habituer, répondit-il. Allez, viens maintenant, on a du travail. Tu as voulu venir, tu vas m'aider.

Il lui prit fermement le bras et l'entraîna vers la porte à l'arrière de l'avion. Sans même chercher à récupérer son arme sous le siège, elle le suivit sans résister.

Il ouvrit la porte et descendit l'escalier devant elle. En posant le pied à terre, Jennifer eut l'impression d'être tombée sur un autre monde. Le paysage était lunaire.

– Où est-ce qu'on est exactement ?

– À plus d'une centaine de kilomètres à l'ouest de Reggane, en plein milieu du désert algérien. Viens m'aider, il faut qu'on transvase 1 400 litres de kérosène des jerrycans dans les réservoirs.

– Finalement, je vais te servir à quelque chose, souffla-t-elle. Comment tu aurais fait si j'avais pas été là ?

– J'aurais été beaucoup plus tranquille, c'est certain.

Il cala sa lampe torche entre deux pierres et commença à débarquer un à un plusieurs dizaines de bidons. L'idée de Routier de les numéroter s'avéra excellente. Elle permettait d'aller vite sans risquer de modifier le centrage du Twin. Christopher prit soin de respecter l'ordre indiqué puis, aidé par Jennifer, il commença à vider les jerrycans dans les réservoirs.

L'opération s'avéra longue et délicate... Il fallait utiliser une échelle, monter sur l'aile et tracter chaque jerrycan à l'aide d'une corde.

Bien qu'ils disposent d'un entonnoir, ils avaient toutes les difficultés à ne pas renverser du carburant. Les bidons cubiques étaient mal conçus. L'orifice était situé juste au centre et n'était pas d'un emploi des plus pratiques. Chaque litre gaspillé représentait quelques secondes de vol en moins dont ils auraient bientôt le plus grand besoin.

Ils avaient transvasé environ 400 litres quand soudain, Christopher abandonna brutalement le bidon qui tomba sur le sol. Il se laissa carrément choir de l'aile et se précipita sur sa lampe torche pour l'éteindre.

– Bon sang, il ne manquait plus que ça, hurla-t-il.

Dans les trois secondes qui suivirent, un bruit de tonnerre infernal emplit le ciel.

Tout en redressant le bidon qui perdait son contenu à gros bouillons, Christopher tourna la tête vers le ciel pour essayer de les repérer...

Affolée, Jennifer agrippa sa main. Elle crut que la foudre venait de les frapper.

Les deux MiG-21 étaient passés pratiquement à la verticale du Twin. Ils les avaient survolés en patrouille légère à une altitude que Christopher évalua à 2 000 pieds. Avaient-ils aperçu la lueur de la torche ? Dans cet univers désertique, la moindre lumière était visible à plusieurs kilomètres. Même placée sous l'aile de l'avion, la lampe électrique faisait un halo qui avait pu les trahir.

– Tu crois qu'ils nous ont vus, demanda Jennifer ?

Christopher suivit des yeux la tache bleutée des réacteurs qui s'éloignaient dans la nuit. Ils n'allaient pas tarder à être fixés. Si les pilotes les avaient aperçus, ils allaient faire demi-tour immédiatement pour effectuer un passage de confirmation.

Le tonnerre avait cessé presque aussi vite qu'il était survenu, laissant la place à un grondement menaçant. Une sorte d'orage lointain qui troublait encore le silence du désert.

Les secondes passèrent. Interminables... Ils attendirent, aux aguets. Jennifer enfonçait ses ongles dans la paume de Christopher. Elle savait ce que signifierait pour eux le retour des deux MiG.

Rien ne vint.

– C'est incroyable, ils ne nous ont pas vus, lança Christopher, j'y comprends rien.

– Qu'est-ce qu'ils faisaient là, interrogea-t-elle ?

– Tu le demandes ?

La présence des MiG-21 dans cette région prouvait que les autres étaient à leur recherche. Ils étaient passés tout près d'eux sans les voir. C'était un miracle.

Pourtant, Christopher ne croyait pas aux miracles.

– Je comprends pas, murmura-t-il. Ils auraient dû nous apercevoir.

– Ils pensaient certainement qu'on était en l'air et pas au sol, suggéra Jennifer. Ils avaient peut-être le nez sur leur radar !

– Ça m'étonnerait, répliqua-t-il, maussade.

– Tu as l'air soucieux parce qu'on est toujours vivants ?

Elle le sentait profondément troublé par ce qui venait d'arriver.

– Je ne sais pas, murmura-t-il.

Lentement, elle vint se blottir dans ses bras, enfouissant sa tête au creux de son épaule.

La chaleur de son corps le troubla. Peu à peu, sa propre appréhension disparut. Il ne parvenait pas à comprendre l'étrange mélange de force et de faiblesse qui émanait de cette fille.

Il la força à le regarder et effleura ses lèvres.

– C'est pas vraiment le moment de traîner. On a perdu un demi bidon de pétrole et la nuit n'est pas terminée. Il faut impérativement être prêt à repartir dans 40 minutes. Le rendez-vous est au lever du jour.

– À quel endroit il est ton rendez-vous, demanda-t-elle en l'aidant à soulever un jerrycan.

– Tu crois que c'est le moment d'en discuter ?

– Tu sais, je ne risque pas de répéter tes petits secrets. Vu le peu de monde qu'il y a dans le coin.

Elle avait une façon très personnelle de poser des questions. Il fit comme s'il n'avait pas entendu.

Dans l'obscurité, elle chercha son regard et détourna son attention une seconde du jerrycan. L'orifice du bidon glissa et le kérosène jaillit, éclaboussant son jean.

– *Shit, shit, shit,* hurla-t-elle. Ce truc-là pue, je vais empester pendant tout le reste du voyage !

Il ne put s'empêcher de sourire en la voyant redescendre l'échelle pour essuyer le carburant avec une poignée de sable. Comment cette fille avait-elle pu se jeter les yeux fermés dans une telle expédition ?

Au point où ils en étaient, il ne prenait pas beaucoup de risques en lui parlant.

– On va chercher quelqu'un qui s'est perdu dans le désert, finit-il par avouer.

Elle cessa de frotter son pantalon, étonnée de le voir enfin parler. Sa frange retomba un instant sur son visage et elle la remit en place d'un mouvement du poignet. Puis elle remonta lui donner un coup de main.

– Où est ton tonneau de rhum, Saint-Bernard des sables ?

– J'ai pas assez de place dans l'avion, j'ai mis du pétrole.

– Il est encore loin, ton type ?

– À peu près 1 000 kilomètres. On y sera à l'aube.

– OK, je suis toujours avec toi, n'oublie pas.

Ils vidèrent le dernier bidon et l'abandonnèrent dans le sable avec les autres.

Quelques instants plus tard, ils retournèrent dans le poste de pilotage et Christopher brancha la VHF. Il était minuit et demie.

L'attente commença...

Depuis qu'il lui avait expliqué quel était le but du vol, Jennifer était pensive.

– Pourquoi on repart pas maintenant, demanda-t-elle au bout de quelques minutes ?

– On attend un contact pour avoir la position du type.

– C'est lui qui va appeler ?

– Non... Il est trop loin de nous. Au ras du sol, ça ne passerait pas. Il va communiquer le message à un avion de ligne qui va nous le relayer. Ça ne devrait pas tarder.

Tout en parlant, Christopher se dit que pour le moment c'était surtout lui qui donnait des renseignements. Elle se contentait de poser des questions mais ne parlait pas.

L'attente dura pendant une heure et demie...

À tout instant, Christopher regardait sa montre. Ce n'était pas normal.

Le contact avait plus de trente minutes de retard sur l'horaire prévu. Il aurait dû appeler entre une heure et deux heures du matin.

Cela risquait de poser un sérieux problème au moment de la récupération du Sahraoui.

L'inquiétude commença à le gagner sournoisement. Vers 2 h 40 il commença à envisager de faire demi-tour quand, soudain, il y eut un grésillement dans la VHF.

– November vert, ici Relais. *Check*[46].

Christopher se précipita sur son micro, c'était le contact. Quelque part au-dessus d'eux, un avion de ligne les survolait à 11 000 mètres d'altitude. Il devait être très loin, car aucune traînée de surcondensation n'était visible dans le ciel.

– Relais, ici November vert... 5 sur 5... Continuez.

– November, vous êtes prêts à noter ?

– On est prêts !

– Les paramètres sont A 37 02 3 et B 338 46 1. Confirmez la réception.

Christopher confirma le message reçu et le silence revint sur la fréquence.

La transmission n'avait pas duré plus d'une minute. Les chiffres correspondaient à la position géographique du Sahraoui mais ils étaient codés. Il ne restait plus qu'à les transformer en clair pour pouvoir aller le chercher. Christopher les décrypta en leur appliquant une correction de code que le dossier lui avait fournie. Et il obtint la latitude et la longitude du Point Oméga.

Cette fois, les données du problème se précisaient. Il prit une règle « Cras » et une carte « Operational Navigation » de l'US Air Force et commença à chercher la position exacte du point.

Quelques minutes plus tard, il posa la carte à plat sur la console centrale et il y traça soigneusement une croix.

– Ils sont là, annonça-t-il... Latitude : Nord 24 degrés 57 minutes. Longitude : Est 12 degrés 23 minutes. C'est à 970 kilomètres d'ici. On y sera dans un peu moins de trois heures. Je vais calculer mon heure de décollage pour qu'on arrive là-bas au lever du soleil, précisa-t-il.

– C'est en Algérie, demanda Jennifer ?

Il posa le doigt sur la croix.

– Non, c'est en Libye, à l'est de Ghat. Ça te dit quelque chose ?

46. Vérification des signaux.

Elle parut soudain plus inquiète :

– On va jusqu'en Libye, chez...

Elle n'osa pas terminer sa phrase. Le nom même du chef de l'État semblait la mettre mal à l'aise.

– Tu peux le dire, nous allons chez Kadhafi. En bordure du désert de Murzuk. Je préfère te le dire, c'est pas un endroit très accueillant. Le terrain est accidenté et c'est assez rocailleux. Tout va dépendre du coin que notre type aura choisi pour se cacher, ajouta-t-il pour lui-même.

Tout en parlant, Christopher vérifia le graphique de centrage de l'avion. Le Twin Otter n'était plus en surcharge, mais il n'était pas loin de son poids maximum au décollage.

– Tu as déjà été en Libye, demanda-t-il ?

– Jamais... C'est pas le pays idéal pour faire des photos et j'ai jamais eu envie d'y passer mes vacances. Mais ne t'inquiète pas pour moi, poursuivit-elle, je me ferai une raison.

Christopher l'observa. Il se demanda si elle avait des nerfs d'acier ou si elle était complètement inconsciente. Quoi qu'il en soit, elle avait rapidement encaissé le choc de la destination. À moins qu'elle n'ait été au courant depuis longtemps...

Il se leva et quitta le poste.

– Attends-moi là, je reviens. Je vais jeter un coup d'œil à l'extérieur.

Il sortit de l'avion et parcourut lentement à pied le terrain restant sur lequel il allait redécoller.

Examinant soigneusement le sol, il écarta les grosses pierres qui risquaient de déchirer ses pneus. Les dangers étaient déjà suffisamment importants à l'atterrissage, il fallait tout faire pour minimiser les risques au décollage.

Quand il fut certain que tout se passerait bien, il regagna le Twin et mit les moteurs en route.

À 3 h 05, il poussa la puissance des turbines au maximum et lâcha les freins. Immédiatement, le vacarme des tôles martyrisées reprit et alla en s'amplifiant jusqu'au moment où il tira sur le manche pour décoller. L'appareil avait à peine quitté le sol que déjà Christopher le mettait en palier et reprenait sa course folle en rase-mottes.

– Dans une demi-heure, on va passer la route de Tam[47], expliqua-t-il. Ensuite, on pourra grimper un peu. Ça me permettra de diminuer un peu ma consommation.

La route de Tamanrasset était peu fréquentée à cette heure de la nuit et les risques étaient moindres. Christopher comptait la franchir à 40 kilomètres au sud d'In Salah. Ensuite il pourrait reprendre un peu d'altitude car il ne serait pas encore repérable par les radars libyens. Il y avait un trou dans leur couverture de près de 400 kilomètres. Cela représentait plus d'une heure de repos en vol pendant laquelle il pourrait brancher le pilote automatique[48] et se détendre jusqu'à la frontière. C'était une chance parce qu'il survolerait alors la région du Tassili et Christopher s'imaginait mal faire du vol rasant de nuit au-dessus des gorges et des pitons rocheux.

Le vol basse altitude ne reprendrait que quelques kilomètres avant la Libye où les Allemands de l'Est venaient d'installer une station radar ultra moderne dans le Murzuk. Il faudrait alors recommencer à jouer au chat et à la souris.

Christopher se dit qu'il n'aimait pas tenir le rôle de la souris alors qu'il était certain que le chat l'attendait.

47. Tamanrasset.
48. Un pilote automatique est inutilisable au ras du sol.

Chapitre 13

Alex n'arrivait pas à trouver le sommeil. Il pensait sans cesse à Christopher. Dans quel traquenard son ami avait-il pu se jeter tête baissée ?

Où était-il puisqu'il n'était pas parti à El Aiun ? Pourquoi pilotait-il un avion immatriculé aux États-Unis ? Des dizaines de questions tournaient dans sa tête sans qu'il puisse y apporter la moindre réponse logique.

Il fallait trouver un moyen de l'aider, sans trop attirer l'attention.

Alex n'aurait certainement pas bougé s'il avait su les conséquences de ses actes mais, finalement, il décida de contacter l'ambassade des États-Unis à Rabat. Après tout, Christopher était citoyen américain et il y était connu. En outre, il était parti aux commandes d'un appareil immatriculé « November », ce n'était pas un hasard. La meilleure chose à faire était de prévenir O'Brian... C'était l'attaché militaire et l'un des meilleurs amis de Christopher. Celui-ci pourrait certainement lui donner un coup de main discret. Il trouva le numéro qu'il cherchait dans le carnet personnel de Christopher et l'appela sur-le-champ.

Il était 3 h 30 du matin... Ce n'était pas une heure pour téléphoner à un attaché militaire. L'autre risquait de l'envoyer au diable, mais il décida de tenter le coup. La sonnerie retentit longtemps... L'Américain était peut-être absent ? Ce n'est qu'au moment où il allait abandonner que quelqu'un décrocha.

– *Who's calling ?*

L'homme avait une voix ensommeillée et un fort accent texan. Il ne semblait pas particulièrement heureux d'avoir été réveillé à cette heure.

– Je voudrais parler à James O'Brian, dit Alex d'un ton gêné, c'est très important.

L'autre le coupa brutalement :

– Vous n'avez pas répondu à ma question. Qui est à l'appareil ?

– Écoutez, vous ne me connaissez pas, mais je suis un ami de Christopher Streisand, il m'a souvent parlé de vous. Je crois qu'il a des ennuis et j'aimerais vous en parler. Je pense que vous pouvez l'aider. C'est très important.

En entendant le nom de Christopher, O'Brian changea imperceptiblement de ton.

– Quel genre d'ennuis pourrait-il avoir, demanda-t-il, soupçonneux ?

Après des années passées en Afrique, O'Brian avait pris l'habitude de se méfier de tout le monde. Alex se trouva soudain pris de court. Il ne savait pas par où commencer.

– J'aimerais mieux ne pas discuter de ça au téléphone, expliqua-t-il, gêné. Je peux venir vous voir à Rabat dans la matinée si vous acceptez de me rencontrer.

L'autre sembla ne pas entendre la proposition :

– Quel est votre numéro de téléphone ?

– Si vous connaissez le numéro de Christopher à l'Orangeraie, rappelez-moi là-bas, rétorqua Alex.

C'était la meilleure solution pour permettre à O'Brian de s'assurer de l'identité de son correspondant. Celui-ci allait certainement le recontacter à partir d'une ligne protégée.

– OK, ne bougez pas de là et attendez mon coup de fil.

Et il raccrocha.

Alex resta un moment l'écouteur à la main. Il se demanda soudain s'il n'était pas allé un peu trop loin. Et si toute cette histoire n'était qu'un malentendu ?

Si Christopher réapparaissait tout à coup après avoir effectué un banal convoyage, il allait passer pour un imbécile. En mettant O'Brian était sur le coup, l'affaire allait prendre une autre tournure.

L'autre était attaché militaire, il allait taper dans la fourmilière. Quoi qu'il en soit, il était trop tard pour reculer. Alex préférait être considéré comme un amateur plutôt que de laisser tomber Christopher.

Une demi-heure plus tard, le téléphone sonna. Sans préambule, O'Brian voulut entrer dans le vif du sujet.

– Allez-y, je vous écoute, cette ligne est sûre et la probabilité d'écoute est très faible.

Il paraissait à présent parfaitement réveillé.

– Quel est votre nom et d'où connaissez-vous Christopher ?

– Je m'appelle Alexandre Jonas et je suis associé avec lui dans son entreprise de travail agricole.

O'Brian l'interrompit immédiatement.

– J'ai entendu parler de vous, vous étiez avec Christopher à Avord, n'est-ce pas ?

– Non, c'était à Dijon. On était dans la chasse ensemble, rectifia aussitôt Alex sans être dupe du stratagème.

L'attaché militaire venait de vérifier discrètement l'identité de son correspondant. Leur conversation était certainement enregistrée et Alex eut l'impression qu'O'Brian n'était pas seul à l'autre bout du fil.

Il sembla tout à coup plus décontracté.

– OK... De toute façon, ça n'a pas d'importance. Je n'ai pas l'habitude de me lever à 4 heures du matin pour le plaisir. J'espère que ce que vous avez à me dire vaut la peine, sinon vous allez avoir de mes nouvelles.

Alex raconta ce qu'il savait du départ précipité de Christopher. Il expliqua que d'après lui, il était parti à la demande des Marocains.

Il essaya de n'oublier aucun détail. À mesure qu'il parlait, O'Brian ponctuait son récit de grognements étranges. Apparemment, il n'y comprenait pas grand-chose. Mais, quand Alex arriva à l'épisode du cadavre du gardien, il eut l'air beaucoup plus embarrassé.

– Cette histoire ressemble à une entourloupe de première, souffla-t-il. Je vais contacter l'ambassadeur pour qu'il se renseigne officiellement auprès des Marocains. En ce qui me concerne, je ne suis au courant de rien.

Alex eût été surpris si l'autre lui avait dit le contraire.

– Vous croyez que Christopher est dans la merde, demanda Alex, pessimiste ?

– Je crois bien que oui. En tout cas, vous avez bien fait de m'appeler. Il y a probablement un coup fourré là-dessous.

Un silence pesant s'installa entre eux, pendant lequel ils imaginèrent mutuellement leur ami dans les situations les plus désagréables.

Puis O'Brian reprit.

– À votre avis, pourquoi ils l'ont choisi, lui ?

Alex n'hésita pas une seconde :

– Je n'ai aucune idée de ce qu'ils ont manigancé mais, s'ils avaient besoin d'un excellent pilote, Christopher est le type le plus doué que je connaisse aux commandes d'un avion.

– Vous avez raison, mais il y a sûrement autre chose. J'ai comme l'impression qu'il faut qu'on réagisse vite ou ça va nous retomber sur la tête. Est-ce que vous êtes la seule personne à qui Streisand ait parlé de cette affaire ?

– Je pense que oui, répliqua Alex assez vaguement. Mais je n'en suis pas certain.

– Alors soyez discret. Je vous rappellerai demain.

Alex n'entendit plus que la tonalité dans l'écouteur. L'attaché militaire avait raccroché. Au moins, il y avait un point positif. Quelqu'un avait pris son histoire au sérieux. C'était déjà ça. Il ne se sentait plus seul.

Peut-être O'Brian mentait-il quand il prétendait tout ignorer du départ de Christopher mais ça n'avait pas d'importance.

Logiquement, les Marocains auraient dû le prévenir de ce qu'ils préparaient. Pourquoi auraient-ils déclenché une mission tordue utilisant un avion et un pilote américains sans même avertir l'ambassade. O'Brian ne lui avait peut-être pas tout dit, ou bien quelque chose ne collait pas.

Alex resta longtemps immobile devant le téléphone puis il décida de retourner à Agadir. Il fallait retrouver la trace de ce bimoteur, il ne pouvait pas s'être volatilisé dans la nature. Les contrôleurs devaient pouvoir l'aider.

Au moment où il se glissait au volant de sa Porsche, il aperçut Rachid qui préparait le Pawnee pour le décollage du petit matin.

Il s'arrêta à quelques mètres de lui.

– Rachid, tu laisses tout tomber pour le moment. Je décollerai en retard. Aujourd'hui, on s'en fout. Tu vas dans ma chambre, tu te couches sur mon pieu et tu prends tous les coups de téléphone. S'il n'y a rien, tu dors. Mais je veux que tu sois sur place si quelqu'un appelle.

Le Berbère eut du mal à cacher son étonnement mais il ne discuta pas. Si Alex lui demandait ce genre de service, c'est qu'il avait de bonnes raisons.

– OK, vous pouvez compter sur moi, répliqua-t-il simplement.

Et il fila rapidement vers la maison.

Dans la seconde suivante, la Porsche démarrait sur les chapeaux de roues, manquant de partir en tête-à-queue au passage du portail.

À cette heure, la circulation sur la route était nulle et Alex atteignit l'aéroport d'Inezgane en un temps record.

À 4 h 05, Christopher cabra franchement le Twin vers le ciel. Il était maintenant dans la zone non couverte par les radars.

– Tu es certain qu'on ne risque rien, demanda Jennifer, soucieuse ?

Étrangement, elle s'était habituée au vol rasant et n'en éprouvait plus aucune appréhension.

– On va être tranquille pour un moment, expliqua-t-il. Il faut absolument qu'on monte. Si on continue comme ça, on n'aura pas assez de pétrole pour rentrer à la maison.

Il grimpa jusqu'à 10 000 pieds[49] et stabilisa l'appareil sur un régime économique. Puis il enclencha le pilote automatique. Après avoir vérifié que les débitmètres étaient revenus à des consommations raisonnables, Christopher prit la carte et étudia soigneusement la région où se trouvait le Sahraoui. Si le terrain choisi par ce dernier ne lui convenait pas, il devait préparer une solution de rechange pour l'atterrissage. Une fois de plus, il allait arriver sur les lieux avec des réservoirs presque vides. Il aurait peu de temps avant la panne sèche.

Quand Jennifer sentit qu'il avait terminé, elle se mit à parler à voix basse.

– Tu fais souvent ce genre de travail ?

– J'ai déjà fait quelque chose comme ça, il y a deux ans, mais c'est moi qui l'avais décidé. Aujourd'hui, c'est différent. Je ne tire pas toutes les ficelles.

– Pourquoi est-ce que tu fais ça, alors ?

Il ne put retenir une grimace.

– Parce qu'on m'y a forcé et aussi pour de l'argent. Dans deux jours, je te dirai si cela valait la peine de prendre autant de risques.

– Tu crois qu'on a des chances de rentrer ?

49. Environ 3 000 mètres.

– On verra bien mais je vais tout faire pour qu'on soit à la maison le plus vite possible.

Il resta un moment silencieux et décida de lui renvoyer la balle.

– Et toi, tu fais souvent ce genre de travail ?

Elle n'eut pas l'air surprise de sa question.

– C'est la première fois, mais j'aimerais mieux ne pas parler de ça.

– Tu as peur d'en dire trop, ou bien d'être obligée de mentir, rétorqua-t-il, ironique.

Elle releva sa mèche d'un geste machinal.

– En fait, je me demande si je ne suis pas un peu amoureuse de toi. Ce serait une catastrophe.

Christopher ne fut pas dupe. Elle avait bien compris qu'il avait craqué et elle en profitait.

– Tu changes de conversation, murmura-t-il en se levant doucement de son siège.

Elle avait les yeux fermés et ne vit pas qu'il se penchait sur elle.

Au contact de ses lèvres, elle bondit, comme frappée par la foudre.

– Eh mais t'es complètement fou ! Reste aux commandes ! Je n'ai aucune confiance dans ce pilote automatique à la noix qui tient l'avion à ta place.

Elle tenta de le repousser fermement. Mais il ne voulut rien savoir.

– À bord de cet avion, le commandant de bord a certains droits sur ses passagers. Le PA peut fonctionner pendant plusieurs heures sans moi, alors pour 30 secondes...

Au moment où il approchait à nouveau son visage, ce fut elle qui l'attira fougueusement.

Quand il se redressa pour rejoindre la place gauche, elle murmura d'une voix presque imperceptible.

– C'est vraiment un jeu débile. Je me demande vraiment si je pourrai tenir jusqu'au bout.

Il eut très envie de la reprendre dans ses bras et de la garder contre lui.

Mais il n'en fit rien, se contentant de passer sa main sur sa joue.

– On reparlera de ça plus tard, le grand cirque ne va pas tarder à commencer.

À 4 h 55, Christopher jeta un coup d'œil à son log de navigation. L'avion n'était plus qu'à 50 miles nautiques de la frontière libyenne.

– Attache ta ceinture très serrée, on va pas tarder à redescendre, dit-il.

Elle le sentit se concentrer de nouveau sur sa tâche. Il redevint plus froid. Elle eut soudain conscience que les heures à venir allaient être cruciales.

* * *

Rachid s'éveilla brusquement, une boule dure au fond de la gorge... Il était en sueur et profondément angoissé. Mû par un pressentiment inexplicable, il se contenta d'ouvrir les yeux sans faire le moindre mouvement. Le malaise persista. Tenace. Ancré en lui. Il pensa tout d'abord que cette sensation désagréable était le fait d'un cauchemar. L'inquiétude d'Alex au sujet de Christopher déteignait sur lui. Puis il dut se rendre à l'évidence. Il y avait autre chose. Quelque chose de plus effrayant. De plus proche...

Tout à coup, la vérité s'imposa à lui.

Il n'était pas seul dans la chambre !

Le rythme de son pouls s'emballa. Il devait rêver. C'était impossible. L'obscurité était totale et son imagination lui jouait des tours parce qu'il était mal réveillé.

Il retrouvait peu à peu son calme quand il perçut un léger froissement au fond de la pièce. Un bruit de tissu... Presque imperceptible. Il décida d'en avoir le cœur net.

Tout doucement, avec une lenteur infinie, il se retourna dans le lit, sans faire le moindre bruit. Le froissement de tissu avait cessé et la chambre était maintenant parfaitement silencieuse. Pourtant son angoisse persista. Il sut qu'il ne pourrait pas se rendormir sans avoir allumé la lampe de chevet. Il fallait qu'il se rassure. Lentement, son bras se déplaça vers l'interrupteur à la gauche du lit. Le Berbère transpirait abondamment et son coeur cognait à tout rompre. Une petite veine battait sourdement sur sa tempe. C'était complètement ridicule !

Du bout des doigts, il saisit le fil de la lampe et le remonta jusqu'à l'interrupteur. Quand il l'eut en main, il compta lentement jusqu'à trois, aspira une grande bouffée d'air et alluma.

Aveuglé par la lumière, il plissa les yeux puis se força à les ouvrir immédiatement.

Son sang se glaça dans ses veines...

Il ne put retenir un hurlement de terreur en les voyant. Ils étaient cinq autour de son lit. Cinq hommes qu'il n'avait jamais vus. Des Arabes. Les traits déformés par la lumière rasante de la lampe de chevet. Celui qui se trouvait juste au pied du lit semblait gigantesque. Il était encore plus effrayant que les autres. Son visage était figé dans un sourire horrible.

Pendant une fraction de seconde, le cri de Rachid les tétanisa. À l'exception du géant, ils parurent gênés par son hurlement. Mais ils se ressaisirent à la vitesse de l'éclair.

Ensemble, ils se jetèrent sur lui comme des fauves, l'immobilisant et le bâillonnant de toutes leurs forces conjuguées. Une main brutale lui agrippa violemment les cheveux pour lui rejeter la tête en arrière. Dans une série de réflexes désordonnés, Rachid tenta de crier une nouvelle fois mais il faillit s'étouffer avec le bâillon.

Qui aurait pu l'entendre ? Alex était parti à Agadir et le gardien était au moins à 500 mètres de là. À bout de forces, Rachid cessa de se débattre. Le désespoir l'envahit. Que voulaient-ils ?

Ses bras partirent en croix vers l'arrière. En un instant, ils furent immobilisés au montant du lit par deux fines cordelettes. Le jeune homme se retrouva bientôt écartelé comme un pantin sans défense. Fou de terreur, il roula des yeux blancs vers ses agresseurs. Les Arabes n'allaient tout de même pas le tuer ! Peut-être souhaitaient-ils seulement lui faire peur ?

Il y eut un grand silence dans la chambre, troublé seulement par les halètements pitoyables du prisonnier respirant par le nez. Le plus grand échangea quelques mots à voix basse avec les autres. De toute évidence, c'était lui le chef. Il parlait l'arabe avec un accent étrange, émaillant ses phrases de nombreux mots en anglais. Rachid fut certain que ce n'était pas l'arabe dialectal de la région. Ses agresseurs n'étaient pas des Marocains.

Tout à coup, le géant s'approcha et monta sur le lit, lui marchant sur le ventre sans se préoccuper du gémissement de douleur qu'il lui arracha.

L'homme se mit debout au-dessus de lui, jambes écartées de part et d'autre de son corps. Rachid eut une vision encore plus déformée de l'homme qui lui parut encore plus gigantesque. Même dans ses cauchemars les plus abominables, il n'avait éprouvé une telle angoisse.

L'agresseur eut un rire étrange et, d'un seul coup, il se laissa tomber accroupi de tout son poids sur la poitrine de sa victime. Rachid eut l'impression de recevoir une montagne sur le corps. Le lit martyrisé gémit sous le choc. Le visage du monstre fut soudain tout près du sien. Il sentit une haleine fétide et une forte odeur de transpiration. C'était écoeurant. Il faillit vomir.

Un éclair blanc jaillit dans la main droite de l'agresseur.

Rachid comprit immédiatement ce qui allait se passer. Il eut envie de pleurer. Un désarroi immense s'empara de lui. Pourquoi Alex n'était-il pas là ? Il n'y avait pas de raison que ça lui arrive à lui seul. Dans une réaction presque enfantine, il trouva la situation profondément injuste. C'était pour tuer Alex qu'ils étaient venus. Pas lui.

Alors il ferma les yeux et revit le visage de sa mère se pencher sur lui. Il vit un enfant courant dans les rues de Tiznit après avoir volé des chewing-gums chez l'épicier soussi du coin. Déjà, à cette époque, il avait peur de la mort. Il l'avait toujours redoutée. Aujourd'hui, sans qu'il sache vraiment pourquoi, elle était là. Les visages défilèrent dans son cerveau avec une rapidité foudroyante. C'était étrange. Ce n'étaient que des enfants qu'il croyait avoir enfouis au fond de sa mémoire et qui revenaient à cet instant avec des grimaces moqueuses.

L'homme s'approcha encore plus près. Le rasoir était tout proche. Il posa la main gauche bien à plat sur le visage de sa victime et poussa de toutes ses forces en arrière. Aveuglé par l'énorme main, Rachid ne vit plus rien de ce qui allait se passer.

Il ressentit tout à coup une violente douleur au niveau de la gorge. Elle cessa immédiatement.

Ce fut tout...

Pendant une fraction de seconde, une étrange sensation d'étouffement l'envahit. Sa vue se brouilla. Il ne souffrait pas et pourtant son corps se débattit désespérément dans des mouvements qu'il ne contrôlait plus.

Le géant souriait toujours aussi fixement. Au moment où il le lâcha, Rachid pensa qu'il avait eu tort d'avoir peur. Les autres ne lui voulaient pas de mal et le sang qu'il devinait dans un brouillard sur les mains de son agresseur n'était pas le sien.

Ce fut sa dernière pensée et il mourut.

* * *

L'aiguille du radiocompas était à 90 degrés de l'axe. Le Twin Otter passait le travers de la balise de Djanet. Dans vingt minutes, Christopher serait sur les lieux. L'appareil plongea à nouveau vers le sol comme une pierre. Au loin, vers l'est, une lueur blafarde rayait l'horizon. Le jour se levait.

Le calcul de Christopher était bon. Il arrivait sur place au lever du soleil. C'était indispensable pour pouvoir repérer le Sahraoui.

Il brancha la radio VHF et appela sur la fréquence convenue.

– Oméga de November. Vous nous recevez ?

Il y eut un premier craquement dans la radio. Puis presque aussitôt, une sorte de cri retentit sur la fréquence. C'était une voix d'homme qui s'exprimait en anglais avec un fort accent espagnol et dans laquelle on y percevait un immense soulagement.

– November, ici Oméga... Je vous reçois très bien.

– On vous reçoit 5 également.

– Vous ne pouvez pas savoir ce que ça nous fait plaisir de vous entendre. On n'y croyait plus.

L'homme avait l'air sincèrement heureux.

– Oméga, on sera là dans quelques minutes.

– Faites vite, on vous attend, répliqua le Sahraoui visiblement heureux.

En entendant la joie de son interlocuteur, Christopher se sentit rassuré. Son soulagement n'était pas feint. Pour la première fois depuis le début du voyage, il eut la sensation d'accomplir quelque chose d'utile. Ces types avaient vraiment besoin de lui pour fuir. Sans l'avion, ils étaient perdus.

Jennifer eut un sourire.

– Bravo, Saint-Bernard, dit-elle. Apparemment, tu es le bienvenu dans le coin. C'est gagné ?

– Pas encore, Jenny, répondit-il, le front soucieux. On doit d'abord les repérer. Ensuite, il faudra trouver un coin pour se poser et puis il nous restera plus qu'à rentrer.

Le Twin venait de survoler la piste de Ghat et il plongea aussitôt dans la plaine désertique du sud de l'Ubari. Plus que 50 kilomètres... huit minutes de vol... Et ils y seraient.

Le soleil se levait doucement. Une frange de lumière déchirait le pare-brise. Christopher montra un point vers l'horizon.

– Au bout de cette plaine, on va voir apparaître des collines.

C'est le début du Murzuk. Ils sont là-dedans. J'espère qu'ils ne sont pas trop cachés, parce que ça recommence à devenir critique pour nous.

– Qu'est-ce qui est critique ? voulut-elle savoir.

Il montra les jauges de carburant sur le tableau de bord. Elles étaient pratiquement à zéro.

– On n'en a plus pour longtemps.

Il était temps d'arriver. La marge de sécurité était épuisée. Dans une dizaine de minutes, ce serait la panne sèche. Christopher calculait à toute vitesse. Pour le retour sur le Maroc, il aurait certainement du vent de face. Il lui faudrait prendre des risques et voler plus longtemps en altitude. La consommation au ras du sol était vraiment trop importante.

– Regarde, c'est là, dit-il en montrant la ligne rocheuse qui barrait l'horizon.

– Tu vas pouvoir atterrir dans ces collines, demanda-t-elle.

– Il y a quelques plateaux assez étendus juste derrière, ça ne devrait pas poser de gros problèmes. Tout dépend du terrain qu'ils auront choisi.

– Ça m'étonnerait qu'ils se soient mis au sommet d'une colline, plaisanta-t-elle.

Le relief arriva à grande vitesse dans le pare-brise. Christopher tira imperceptiblement sur le manche et le repoussa aussitôt. Le Twin se cabra, le ciel gris apparut une seconde et le sol reprit sa place devant lui, plus vallonné. La plaine désertique fit place à des collines rocailleuses sans aucune trace de vie. Tout était d'une couleur uniformément ocre. Ils venaient de passer la bordure du désert de Murzuk, l'une des régions les plus inhospitalières de la planète. Christopher mit le cap sur la position estimée des deux hommes. Il fallait faire très vite.

La radio crépita soudain dans ses écouteurs.

– On entend un bruit d'avion... On vous entend, hurla Ould Hassan. On dirait que vous arrivez par le sud-est, mais on vous voit pas.

– Ne cherchez pas dans le ciel, répondit immédiatement Christopher. Je suis au ras du sol. Regardez vers l'horizon.

Il y eut quelques secondes de silence puis la voix du sahraoui changea soudain.

– Vous vous éloignez, hurla-t-il ! Le bruit diminue. Vous êtes trop au sud, virez vers le nord.

Le timbre de la voix monta soudain vers des aigus qui trahissaient son épuisement. De toute évidence, l'homme était à bout de nerf.

– Ne partez pas ! supplia-t-il. On est sur un plateau. Tout près de nous, il y a une colline un peu plus haute que les autres. Elle a la forme d'un sein de femme avec un téton. Regardez bien vers le nord.

Christopher scruta le paysage autour de lui avec inquiétude. Il était tout aussi pressé que le fugitif de trouver l'endroit. Le niveau de ses jauges était catastrophique. Il vira dans la direction demandée et aperçut immédiatement la colline à la forme caractéristique.

Le Sahraoui avait été bien inspiré de choisir un repère aussi voyant. Cela lui facilitait énormément le travail final. Le Twin fonça vers le plateau.

– Formidable ! Vous arrivez pile sur nous, hurla Ould Hassan.

La vue de l'appareil redonna brusquement le goût de vivre aux Sahraouis. Christopher les entendit rire dans la VHF. La première partie de la mission semblait bien partie.

Ce fut Jennifer qui les aperçut en premier sur la droite de l'avion.

– Les voilà, annonça-t-elle, en montrant la Toyota blanche arrêtée au bord d'une bande de terrain dégagé.

Elle semblait heureuse de découvrir les fuyards comme si elle retrouvait des amis perdus depuis longtemps. La joie la rendait encore plus belle.

– C'est génial... Tu les as trouvés !

À cet instant, le soleil surgit, grandiose, derrière les rochers.

La lumière grise devint orangée et Christopher distingua nettement l'aire que le Sahraoui lui avait préparée. Il passa à la verticale de la Toyota dont le capot était relevé pour alimenter la radio.

L'avion était juste à l'heure.

– On vous a retiré toutes les grosses pierres, expliqua Ould Hassan. C'est un vrai billard. À vous de jouer !

En réalité, le Sahraoui se demandait comment un avion pouvait atterrir sur une piste pareille. Même si ses contacts avaient dit que le pilote se contenterait de 400 mètres pour se poser, il était anxieux de voir comment ça allait se passer.

– On arrive, mon vieux, rétorqua Christopher.

– *Marhaba sidi*[50]...

– Demain soir, vous serez en sécurité.

Le Twin entama un large virage d'un kilomètre de rayon qui allait l'amener dans l'axe de la piste improvisée. Il survola la colline en forme de sein, passa derrière un piton puis commença à descendre.

Pendant le virage, Christopher réduisit la vitesse à 220 km/h et perdit la Toyota des yeux. Ayant parfaitement repéré le point d'atterrissage, il ne s'en inquiéta pas. Quand il redressa l'appareil pour sortir du virage, il était à environ trois kilomètres de la voiture et axé sur la bande.

À cette distance, le véhicule n'était qu'une tache blanche au bout de la zone. La radio lui confirma sa position par rapport à l'aire d'atterrissage.

– Vous êtes exactement où il faut, soyez le bienvenu, répéta Ould Hassan dans un élan d'enthousiasme.

Le Twin volait toujours au ras du sol. Christopher réduisit les torques et la vitesse chuta à 180 km/h.

L'avion allait toucher le sol dans une trentaine de secondes.

C'est à cet instant qu'un détail insolite attira l'attention de

50. Bienvenue monsieur.

Christopher... Il était sur le point de braquer les pleins volets quand il aperçut un rocher d'une forme bizarre. Très pointu... Beaucoup trop pointu pour la région où les vents de sable érodait rapidement le moindre relief... Il ne l'aurait certainement pas remarqué si les ombres portées par la lumière rasante du soleil n'avaient pas été aussi importantes. L'ombre était beaucoup plus grande que le rocher lui-même.

Avant que Christopher ait eu le temps de tourner la tête, le rocher avait disparu derrière les ailes. Instantanément, une alarme rouge s'alluma dans son cerveau. Une décharge d'adrénaline lui traversa le corps des pieds à la tête.

– C'est pas vrai, hurla-t-il.

Sans réfléchir davantage, ses réflexes jouèrent. Une réaction instinctive comme celle qu'il avait eu quelques jours plus tôt lors du lever des sauterelles. C'était une question de vie ou de mort.

L'avion fit un bond vers le ciel quand les 1 300 chevaux se déchaînèrent. Christopher poussa les manettes pleins gaz. C'était de la folie. Avec le peu de carburant restant, la remise de gaz allait engloutir les dernières gouttes de pétrole des réservoirs. Pourtant, il fut certain qu'il ne fallait surtout pas atterrir à cet endroit. C'était un piège.

– Mais qu'est-ce que tu fais, protesta Jennifer en même temps que la radio se déchaînait ?

En voyant le Twin remettre les gaz, Ould Hassan s'étonna.

– Eh... Mais vous allez où ?

Christopher reprit de l'altitude et ne répondit pas.

– Je me suis fait avoir, dit-il simplement à l'intention de Jennifer. Il nous reste quelques minutes de vol. Peut-être quelques secondes. Je vais essayer de me poser autre part. Ça ne va pas être facile.

– Vous allez où, répéta Ould Hassan, d'une voix de plus en plus inquiète ?

Puis tout à coup, il sembla comprendre que l'avion repartait et il se mit à hurler. Un cri totalement désespéré.

– Qu'est-ce que vous foutez ?

Christopher ne répondit toujours pas. Il était très calme. Seule la déception de s'être fait rouler aussi grossièrement lui faisait mal. Si seulement il avait eu Haddajji sous la main en ce moment !

– Mais je ne comprends pas, demanda Jennifer. Qu'est-ce qui se passe ?

– Je ne sais pas au juste, mais les Libyens sont là.

– Hein, mais...

– Ils nous attendent.

Il allait expliquer ce qu'il avait vu lorsque la voix d'Ould Hassan jaillit une nouvelle fois dans la VHF. Il pleurait.

– *Por Dios,* ne partez pas... Je vous en supplie... on va sécher comme des bêtes dans ce putain de bled !

Christopher n'en revenait pas... Le Sahraoui avait de accents troublants de sincérité. Ou bien c'était un formidable comédien ou il s'était fait piéger lui aussi. Aller le chercher ? L'abandonner ? Il fallait prendre une décision, vite... C'était la seconde fois en 24 heures qu'il n'était plus maître de la situation et il eut soudain un goût amer dans la bouche.

* * *

Après une attente interminable, O'Brian finit par renoncer et raccrocha le téléphone, perplexe. Il ne comprenait pas pourquoi Alex Jonas avait déjà quitté son domicile à une heure aussi matinale. Il lui avait pourtant bien demandé de ne pas bouger de chez lui avant qu'il ne le rappelle. O'Brian avait passé le reste de la nuit au téléphone et les renseignements qu'il avait glanés lui parurent suffisamment graves pour demander à Alex de monter à Rabat le plus rapidement possible.

Dans la chambre envahie par les mouches, les premières lueurs de l'aube éclairèrent le cadavre de Rachid affreusement mutilé.

Chapitre 15

Lorsque Ould Hassan avait entendu les moteurs de l'avion rugir, il avait tout d'abord cru que le pilote rajoutait un peu de gaz pour atteindre l'aire d'atterrissage. Puis l'appareil avait repris de l'altitude et, dans un bruit de tonnerre, il était passé à quelques mètres au-dessus de la Toyota, laissant les deux hommes sur place. Horrifiés.

Ould Hassan s'était alors rué comme un fou sur la radio. Il avait eu beau crier et appeler, le pilote n'avait même pas répondu.

Khalifa semblait ivre de rage.

– *Hijo de puta...* Il nous laisse tomber, hurla-t-il en accompagnant ses paroles d'un geste obscène.

Le vice-président était à genoux dans le sable devant le poste radio. Il pleurait.

Tout à coup, la voix du pilote résonna dans le haut-parleur.

– Oméga de November. Je ne sais pas pourquoi vous avez voulu nous piéger, mais ça a marché.

Ould Hassan ne comprit rien à ce qu'il entendait.

– Je vous jure que je vois pas de quoi vous parlez... Qui s'est fait piégé ?

Le Sahraoui avait vraiment l'air à bout de nerfs.

– Bordel de merde mais pourquoi vous partez ?

Il hurlait comme un dément.

La voix était si stridente que Christopher sentit qu'il disait la vérité. Le Sahraoui était une victime autant que lui. Il n'était qu'un appât ignorant du rôle qu'il venait de jouer.

– Je vous contacte dans quelques secondes, expliqua Christopher.

Il se mit alors à réfléchir à toute vitesse. Le traquenard était bien là, comme il l'avait vu. Et Ould Hassan n'en savait rien. Christopher eut confirmation du piège au moment où l'avion franchit en sens inverse les dernières collines qui bordait la plaine d'Ubari. Sur quelques mètres, il aperçut distinctement des traces de chenilles dans le sable tout près d'un rocher. Puis, le rocher s'anima soudain. La bâche couleur de terre qui camouflait le Shilka ZSU-23 tomba à terre et la tourelle du canon antiaérien pivota rapidement dans la direction du Twin.

Christopher connaissait parfaitement ce quadri-tube. Son radar de tir automatique Gun Dish en faisait une arme antiaérienne redoutable. En altitude, il n'avait aucune chance de lui échapper. L'arme pouvait tirer 1 000 coups à la minute sur chacun de ses tubes. Un mur de feu !

Il plongea comme une pierre derrière la colline.

À quelques centaines de mètres du Shilka se trouvait un second canon encore plus terrible. Un Vulcan ! Les Libyens avaient tout prévu. Le Vulcan était destiné au tir sol-air mais, contrairement au Shilka, il était capable de tirer au ras du sol sur des objectifs terrestres. En 1982, pendant la guerre du Liban, les Israéliens s'en étaient même servis dans des combats de rue contre des immeubles, avec des résultats effrayants. Même au ras du sol, le Twin était une proie facile pour le Vulcan. Pourtant, ni lui ni le Shilka ne tirèrent un seul obus. Les Libyens prenaient leur temps. Ils savaient que l'appareil allait tomber en panne de carburant et qu'il n'irait pas loin. Jennifer posa doucement sa main sur celle de Christopher. Elle était blême.

– J'ai peur, dit-elle à voix basse.

Christopher se concentra sur le sol. Il avait peur lui aussi.

– Il nous reste une chance infime. On va la tenter. De toute façon, au point où on en est, on ne risque plus grand-chose.

Il prit le micro et appela Ould Hassan. Celui-ci avait aperçu la poussière d'une colonne qui se déplaçait vers lui. Les blindés étaient encore à deux kilomètres mais ce n'était qu'une question de quelques minutes.

– Oméga, écoutez-moi bien... Je crois qu'on est tous les deux dans le même bourbier, expliqua Christopher. On a très peu de chances de s'en tirer. Je sais que les Libyens nous écoutent en ce moment, mais ça n'a aucune importance. Regardez votre carte... Vite... Je vole actuellement en direction d'Al Awanyat, c'est à peu près à 40 kilomètres de l'endroit où vous vous trouvez.

– Je connais, répliqua aussitôt Ould Hassan. Qu'est-ce que vous voulez qu'on fasse ?

Christopher se mit à parler rapidement. Dans quelques secondes, ses turbines allaient s'arrêter et le Twin volait si bas qu'il risquait de perdre le contact avec le Sahraoui.

Il prit un risque terrible.

– Oméga, je me pose maintenant. Je suis à quinze kilomètres de votre position, dans la direction d'Al Awanyat. Si vous réussissez à me rejoindre, je vous embarque. Foncez ! Vous roulez plus vite qu'un blindé. Vous pouvez gagner 5 minutes sur les autres. Dépêchez-vous, je ne vous attendrai pas.

Il frémit en pensant qu'il venait de donner sa position exacte aux Libyens. Ceux-ci devaient déjà être en train de rouler vers eux à tombeau ouvert. C'était un coup de poker qui risquait de lui coûter cher, mais c'était la seule chance de récupérer le Sahraoui.

– On arrive, attendez-nous, hurla Ould Hassan, repris d'un espoir insensé.

Les deux fuyards avaient un avantage sur les Libyens. De l'endroit où ils se trouvaient, ils avaient directement accès au plateau vers la plaine. Ce n'était pas le cas des blindés. Dissimulés derrière les collines, ils allaient devoir faire un détour d'au moins deux kilomètres pour pouvoir rejoindre le Twin.

– Grouillez-vous, répéta Christopher ! Je ne vais pas vous attendre longtemps.

Il n'y eut pas de réponse. Ould Hassan était déjà dans la Toyota pour foncer vers le point de rendez-vous. Il y eut un long silence puis la radio se mit de nouveau à grésiller. Ce n'était plus le Sahraoui mais une autre voix que Christopher reconnut aussitôt malgré la déformation de la fréquence.

– *No need to hurry, Mr. Streisand, you won't go very far* [51]*!*

Christopher crut rêver. Cette voix, c'était celle du général Haddajji.

Que faisait-il au milieu du désert libyen ?

– Revenez et posez-vous tout de suite, Streisand, sinon, on va vous couper les couilles, reprit la voix menaçante.

La guerre des nerfs commençait...

Loin de l'impressionner, ce premier contact radio avec l'ennemi stimula la combativité de Christopher. Il se battrait jusqu'au bout pour leur échapper. Même si le combat semblait perdu d'avance, il ne céderait pas.

Il ne répondit rien et ravala son amertume. Il s'était fait rouler, c'était évident. L'homme qu'il avait rencontré chez le gouverneur n'était pas le véritable Haddajji.

Qu'importait à présent... Le plus urgent était d'atterrir pour transvaser du kérosène dans les réservoirs de l'avion.

Christopher réduisit les gaz.

Sur la fréquence, l'homme continuait de l'insulter, en lui

51. Inutile de vous presser, vous n'irez pas loin.

demandant de revenir. Il ne l'écoutait plus. Par chance, le terrain devint soudain parfaitement plat et lisse. Le Twin pouvait se poser droit devant sans précaution particulière. Il ne fallait plus attendre.

Christopher sortit les pleins volets, puis il cabra l'appareil au ras du sol, faisant chuter progressivement la vitesse de 310 à 130 km/h, puis il posa l'avion.

C'était du sable durci avec des plaques de silex. Le sol était moins lisse qu'il l'avait cru mais ce n'était pas le moment de faire le difficile. À l'instant où les roues touchèrent le sol, la liaison radio avec les Libyens s'interrompit. Trop bas pour garder le contact ! Jennifer ne put s'empêcher de pousser un soupir de soulagement. L'énumération des supplices qu'on leur promettait l'affolait.

Christopher enclencha les reverses, soulevant à nouveau l'immense nuage de poussière. Pour les libyens, c'était un moyen idéal pour repérer leur point d'atterrissage. Malgré les pierres, il freina aussi fort que s'il s'était posé sur la piste d'un aéroport.

– Vite, ordonna Christopher, ils ne vont pas tarder.

Le Twin Otter était à peine arrêté qu'ils se ruèrent ensemble sur les bidons de kérosène. Une fois de plus, Jennifer se révéla rapide et efficace. Chaque dixième de seconde gagné pouvait leur sauver la vie. Christopher calcula que le Sahraoui allait mettre environ un quart d'heure pour rejoindre l'avion. Les Libyens suivraient trois à quatre minutes plus tard.

Il n'arrêta pas les turbines, mais passa les deux hélices en drapeau et laissa tourner les moteurs au ralenti. Au moment où les autres arriveraient, il ne pouvait se permettre de rater une mise en route.

Avec des gestes précis, il descendit l'escalier escamotable, déploya l'échelle et grimpa sur l'aile.

– Toi, tu sors les jerrycans, cria-t-il. Tu me les attaches... Moi, je remplis. Si on arrive à en vider dix, ça fera 400 litres. On aura une chance de s'éloigner suffisamment d'eux.

Tout en parlant, ils sortirent ensemble le premier bidon que Christopher souleva et attacha à l'extrémité de la corde. Quelques secondes plus tard, il était sur l'aile et commençait à le vider.

Une nouvelle fois, l'orifice du bidon se révéla mal placé et l'opération de remplissage se passa difficilement. Une partie du carburant refoulait et se répandait dans le sable.

Pendant ce temps, Jennifer déplaça le second jerrycan à l'intérieur de la cabine, et elle le laissa carrément tomber du haut de l'escalier. Ça allait beaucoup plus vite ainsi.

Quand elle tenta de tirer le troisième bidon vers la porte, elle poussa un cri de surprise. Celui-là était beaucoup plus lourd que les autres. Elle dut se contenter de le pousser avec d'énormes difficultés.

Elle passa la tête par l'ouverture de la porte et hurla pour couvrir le sifflement des turbines.

– Il y en a un qui est plus lourd, j'ai du mal à le soulever pour passer par la porte !

Christopher se tourna à peine vers elle. Le kérosène refoulait et trempait sa chemise.

– Ils sont tous remplis pareil, lança-t-il. Grouille-toi. Si on se presse, on peut y arriver.

Il termina le premier bidon, qu'il jeta dans le sable, et attaqua le second. Dans la soute, Jennifer peinait. Elle se fatiguait vite. De toute évidence, Christopher allait devoir débarquer les jerrycans lui-même. Transvaser était trop difficile pour elle.

Ils ne pouvaient pas inverser leurs rôles.

En haletant, Jennifer réussit à faire glisser le jerrycan le long du plancher de l'appareil. Elle eut un mal fou à le faire basculer par-dessus le rebord du fuselage.

– Je t'assure que celui-là est plus lourd, protesta-t-elle en regardant le gros cube de plastique dévaler l'escalier.

Christopher vit le visage de la jeune femme couvert de sueur et de poussière. Elle semblait littéralement épuisée.

Il observa une seconde le bidon sur le sol. Et fut tout à coup saisi d'un terrible pressentiment.

Il posa celui qu'il était en train de transvaser et se précipita sur celui qu'elle venait de jeter. Il était rempli à ras bord comme les autres. Le plastique à demi transparent laissait voir le liquide à l'intérieur. Tout paraissait normal. Il le souleva... Jennifer avait raison. Il faisait une dizaine de kilos de plus que les autres.

Au jugé, le jerrycan devait peser environ 40 kilos... pour une contenance de 40 litres.

– Bon sang...

Il comprit immédiatement ce que cela voulait dire. Les autres avaient vraiment pensé à tout pour le piéger.

Même à cela !

Il enleva rapidement le bouchon, trempa deux doigts à l'intérieur et goûta sans hésitation. Il comprit pourquoi le canon du Shilka n'avait pas eu besoin de tirer.

C'était de l'eau !

Les paroles de Pierre Routier au Bourget lui revinrent alors à l'esprit : *« Prenez les jerrycans dans l'ordre où je vous les ai placés pour ne pas avoir de problème de centrage »*.

L'idée était diabolique. Du kérosène pour l'aller. De l'eau, pour le retour. C'est-à-dire rien ! Christopher ne comprenait plus... Pourquoi l'avait-on jeté dans un tel traquenard ? Ceux qui avaient organisé le voyage avaient tout fait pour qu'il puisse atteindre le Point Oméga et ils ne voulaient pas qu'il en revienne.

– Bande de pourris, s'exclama-t-il, écœuré !

Si Jennifer n'avait pas remarqué la différence de poids, les turbines se seraient arrêtées et ne seraient jamais reparties.

Elle venait de leur sauver la vie à tous les deux.

Il hurla de toutes ses forces :

– Envoie les petits jerrycans en métal. Ceux que j'ai achetés à Malaga. Vite !

Ceux-là, au moins, il était sûr que c'était du kérosène. Il reprit l'opération de refueling en remerciant la Providence de lui avoir envoyé cette fille.

Le plus important à présent était de redécoller dès qu'il y aurait un minimum de pétrole dans le Twin Otter. Il serait toujours temps de jeter les jerrycans pleins d'eau.

Il commençait à vider le douzième bidon quand Jennifer poussa un hurlement :

– Les voilà !

Vers l'est, une énorme colonne de poussière montait à l'horizon. La Toyota blanche, lancée à toute vitesse, roulait au moins à 100 à l'heure. Elle n'était pas seule.

Un peu plus loin, sur la gauche, une autre colonne apparaissait. C'était des camions... Des Zil de fabrication soviétique. Le chauffeur de tête était en train de négocier une longue courbe pour essayer de gagner du terrain sur la Toyota. Il y avait une dizaine de véhicules. Au milieu de la poussière, Christopher ne parvient à voir si le quadri-tube Shilka était parmi eux. Le lourd véhicule russe était chenillé et ne devait pas dépasser 50 km/h sur la piste. Il aurait quelques minutes de retard. C'était une chance pour les fugitifs. À présent, les Libyens n'hésiteraient plus à tirer et il n'avait aucune envie de tester leur puissance de feu.

La Toyota déboula sur l'avion à tombeau ouvert. Pendant quelques secondes, Christopher crut que la voiture allait le percuter par l'arrière, puis au dernier moment le chauffeur donna un coup de volant à droite et freina de toutes ses forces. Il y eut un nuage de poussière épouvantable et il s'arrêta à une dizaine de centimètres du train d'atterrissage. Christopher poussa un soupir de soulagement. Il venait de prendre un risque énorme. Si le Sahraoui avait vraiment travaillé pour les Libyens, il lui aurait été facile de jeter les deux tonnes de la Toyota sur le Twin. Il en était maintenant certain, ces gens-là désiraient vraiment s'échapper de Libye.

Deux hommes sales et barbus jaillirent comme des diables du 4x4 et ils se précipitèrent vers la porte de l'appareil.

La seconde colonne approchait.

Le plus grand des deux hommes tendit la main à Christopher.

– Je suis Mohamed Amine Ould Hassan. Je n'ai jamais été aussi heureux de faire la connaissance de quelqu'un, dit-il le regard inquiet.

Christopher remarqua tout de suite les traits francs du Sahraoui. Il n'eut pas le temps de voir l'autre homme. Sans paniquer, il remonta l'escalier escamotable et verrouilla la porte.

– On fera les présentations plus tard. Dans un instant, ça va chauffer. Installez-vous n'importe où.

Tout en parlant, il se rua dans le poste de pilotage. Avant même de s'asseoir, il poussa les manettes d'hélice vers l'avant. De la position drapeau à celle plein petit pas. Il fallait au moins 30 secondes pour que le régime passe du ralenti à 1 500 tours/minutes. Ensuite, seulement, il pourrait mettre pleins gaz.

Les tours montèrent lentement. Chaque seconde sembla une éternité.

Jennifer regardait Christopher avec angoisse. Il était assis aux commandes, la main droite sur les gaz, scrutant les deux compte-tours. Comment pouvait-il être aussi calme dans un moment pareil ?

– Ils vont nous tirer comme des lapins. Qu'est-ce qu'on attend ? demanda-t-elle.

Tout en parlant, elle se retourna vers l'arrière, comme si elle avait pu deviner la progression des Libyens à travers le fuselage.

– On y est presque, lança Christopher.

Le sifflement des hélices s'amplifia soudain, devint plus aigu et l'avion vibra légèrement. La puissance était disponible.

Sans un mot, Christopher poussa les gaz en avant. Le Twin était moins chargé à présent, l'accélération fut franche. Il décolla rapidement et reprit immédiatement le vol rasant. Encore plus bas qu'auparavant. Le sol était leur seule protection... Christopher ne dépassa pas un mètre de hauteur. C'était le seul moyen pour empêcher les Libyens de tirer.

Le Twin épousa le relief comme porté par un coussin d'air.

Christopher aperçut le deuxième convoi de camions à la dernière seconde. Il était si bas qu'il faillit percuter le Zil de tête. Il n'eut que le temps de cabrer insensiblement l'avion pour l'éviter. D'où sortaient-ils ? Ils devaient être camouflés à son premier passage du matin pour qu'il n'ait rien remarqué. Jamais il n'aurait imaginé qu'il y aurait autant de monde pour les accueillir dans un endroit aussi désert.

Christopher eut la vision fugitive de soldats affolés, sautant des camions. Il y avait une vingtaine de véhicules...

Si le Twin avait été armé, il aurait pu faire un carton au passage. À 400 km/h, l'appareil survola la tête du convoi. Puis il obliqua vers la gauche pour disparaître au ras des collines toutes proches.

Christopher poussa un soupir de soulagement. Il venait de marquer un point, pourtant son instinct lui soufflait que la partie était loin d'être gagnée. Ils étaient encore loin de la ligne d'arrivée. Les Libyens devaient être fous de rage. Ils allaient mettre le paquet pour les capturer.

Le plus dur était devant eux.

À présent que l'effet de surprise ne comptait plus, l'ennemi allait leur envoyer ses meilleurs chasseurs. Le colonel Kadhafi ne manquait pas de matériel. Le pays était truffée de bases militaires. Malgré une population qui ne dépassait pas deux millions d'habitants, il possédait plus d'avions de chasse que la France elle-même.

Jennifer semblait suivre le cours de ses pensées.

– Les deux MiG, hier soir... ils nous avaient bien aperçus, n'est-ce pas, demanda-t-elle ?

Christopher approuva.

– C'est presque certain. Mais, pour des raisons que j'ignore, ils voulaient nous laisser passer. Il fallait qu'on arrive jusqu'au

Point Omega. Ça m'a paru trop beau, quand ils nous ont survolés sans nous voir, poursuivit-il.

Il aurait donné cher pour connaître les raisons qui avait poussé les autres à monter un tel traquenard.

De toute évidence, les Sahraouis n'étaient qu'un appât qui ne les intéressait pas vraiment. Les Libyens les avaient encerclés et ils auraient pu les capturer à n'importe quel moment. En fait, l'avion semblait plus important à leurs yeux.

La question était de savoir ce qui avait tant de valeur dans cet appareil. Rien, en apparence ne le différenciait de n'importe quel Twin Otter.

Et pourtant, il y avait bien quelque chose.

Il sentit que Jennifer l'observait.

– Pourquoi tu me regardes comme ça ?

Elle se força à sourire.

– On dirait que tu viens de t'évader d'un pénitencier, lança-t-elle.

Christopher passa la main sur son front. Il était couvert de poussière ocre. Une barbe de deux jours lui dévorait le visage. Et sa chemise était trempée de carburant. Etrangement, elle lui trouva une allure folle et s'en voulut d'avoir de telles pensées dans tel moment.

– Tu verrais ta tête... Dommage qu'on n'ait pas d'appareil photo !

Christopher ne répondit rien. Elle ne valait guère mieux. Les cheveux ébouriffés par le souffle des hélice, elle semblait revenir de l'enfer.

Après le décollage, il avait immédiatement pris un régime turbine économique et mit le cap vers l'ouest.

– On va aller loin comme ça, demanda-t-elle ?

– Pas vraiment... Avec ce qu'on a pu mettre comme carburant, ça fait 40 minutes de vol.

– Combien de kilomètres ?

– Environ 250 mais on ne va pas les faire.

Elle parut stupéfaite.

– Je comprends pas ?

Christopher réfléchissait... En volant lentement, le Twin aurait pu sortir de l'espace aérien libyen. Pourtant, ça n'aurait servi à rien. Le fait de passer la frontière ne leur apportait aucune protection. Les Libyens n'auraient aucun scrupule à envoyer leurs MiG les abattre n'importe où.

En plein jour, ce serait un jeu d'enfant pour les chasseurs de les retrouver dans le désert. Ils savaient que Christopher n'avait pas eu le temps de mettre beaucoup de carburant dans les réservoirs et qu'il serait donc très vite à court de pétrole. Il ne pouvait se permettre aucun détour.

Pour retrouver l'avion, les Libyens n'auraient besoin que d'une bonne carte et d'une règle. Ils sauraient immédiatement où se situerait le prochain refueling.

Un enfant de dix ans aurait su faire ça. Christopher décida d'agir contre toute logique. Il ne fallait pas qu'il aille où il avait le plus de chances de s'en tirer. Parce que c'est là que les MiG l'attendraient. Il prit un cap vers le sud-ouest.

– Tu fais quoi, demanda Jennifer ?

– On va vers El Aiun...

C'était de la folie. Christopher n'avait pas assez de carburant pour y arriver. Même si par chance, il parvenait jusqu'à la frontière marocaine, il serait dans une zone contrôlée par le Polisario. Les rebelles ne seraient guère plus accueillants que les Libyens. Sauf qu'eux ne l'attendaient pas.

Leur sort allait dépendre du nombre de jerrycans remplis d'eau qu'ils trouveraient lors du prochain ravitaillement.

Peut-être n'y aurait-il même pas de quoi remplir les réservoirs complètement ? Christopher ne regretta pas les 100 dollars qu'il avait donnés au soutier de Malaga.

– Nous allons atterrir tout de suite, annonça-t-il en réduisant les gaz.

Jennifer eut du mal à dissimuler sa surprise :

– Mais... tu es fou, on est encore tout près d'eux... Ils vont nous retrouver facilement, protesta-t-elle !

– Si on reste en l'air, ils vont nous avoir de toute façon. À l'heure qu'il est, leurs MiG sont déjà en train de foncer sur nous. Il faut qu'on se pose maintenant. On va faire le mort à côté d'eux.

– Tu es sûr ?

– Pas vraiment, mais c'est là qu'il y a le moins de risques.

Il commença à préparer le Twin pour l'atterrissage. Au même moment, la radio grésilla à nouveau et ils entendirent la voix d'Haddajji. La guerre des nerfs continuait.

– Streisand, rend-toi *ould haram*[52]. Tu n'as aucune chance. Tu ne t'échapperas pas vivant du Murzuk. Je sais que tu n'as pas de carburant. Vous allez tous crever dans le sable.

Jennifer prit doucement la main de Christopher. Elle semblait très impressionnée par le discours d'Haddajji.

– Reviens au Point Oméga et pose-toi. On ne vous fera aucun mal. Vous serez libre de repartir.

On veut seulement les deux traîtres qui sont avec vous. Ce sont eux qui nous intéressent !

La voix d'Haddajji monta soudain vers des tons plus aigus. Il devenait enragé.

– Réponds !

Instinctivement, Jennifer tendit la main vers le micro.

– Tu veux que je lui dise d'aller se faire voir chez les Grecs, demanda-t-elle à bout de nerfs. Ça me soulagera.

Christopher lui retint le bras.

– Surtout pas. Il n'attend que ça. Il cherche à nous faire émettre pour faire un relèvement gonio. C'est un moyen de nous repérer. Dès que tu parleras, il saura où nous sommes.

Leurs chances de s'échapper étaient déjà suffisamment faibles pour ne pas faciliter la tâche de leur agresseurs.

52. Fils de pute.

– De toute façon, il bluffe, poursuivit Christopher. Je suis sûr que nos passagers ne les intéressent pas. Ils veulent l'avion ou bien nous-mêmes. Je n'en sais rien.

Il jeta un coup d'œil soupçonneux vers elle.

– Peut-être que tu le sais, toi ?

Elle secoua la tête négativement.

– J'en suis au même point que toi, rétorqua-t-elle. C'est-à-dire nulle part. La seule chose évidente, c'est que ces deux types ne sont pas réellement importants. Ce sont deux vers de terre accrochés sur un hameçon et toi tu t'es jeté dessus !

Elle sentit soudain une présence derrière elle et se retourna instinctivement.

Les Sahraouis étaient à la porte du poste de pilotage.

Depuis le décollage, c'était la première fois qu'ils étaient si près d'eux. Les deux hommes avaient entendu les propos de Jennifer. Sans un mot, ils retournèrent dans la soute et disparurent au milieu du fret. Ould Hassan n'avait pas l'air d'apprécier qu'on le compare à un leurre pour attraper un gros poisson.

Christopher jeta un coup d'œil à sa montre. Cela faisait maintenant six minutes que le Twin avait redécollé. Il se trouvait à une quarantaine de kilomètres des Libyens. C'était juste ce qu'il fallait ! Christopher prit le public « adress[53] » pour appeler les sahraouis :

– Accrochez-vous n'importe où, on va se poser et ça va secouer, ordonna-t-il, par le téléphone de bord.

La réaction ne tarda pas. Quelques secondes plus tard, Ould Hassan fit de nouveau irruption dans le poste. Il ne dit rien mais à son regard, Christopher sut qu'il avait compris la ruse qu'il tentait.

– Vous croyez que ça va marcher, demanda-t-il d'un air inquiet. On est encore très près d'eux. Ils risquent de nous voir atterrir.

53. Micro utilisé pour faire les annonces aux passagers.

– Non, c'est impossible. De plus, j'ai changé de cap. Nous ne sommes pas dans la direction qu'ils croient. Je pense que plus nous serons près d'eux et de l'Ubari, moins ils penseront à venir nous chercher là.

Le Sahraoui ne sembla pas du tout convaincu. Il avait la sensation d'aller se cacher dans la gueule du fauve.

– Il faut atterrir tout de suite ou nous sommes fichus, ajouta Christopher pour le rassurer. Les Libyens sont tellement certains de nous piéger qu'ils ne se sont même pas donné la peine de nous abattre quand ils en ont eu l'occasion. Ils nous ont laissé une toute petite chance. À nous de l'exploiter.

L'appareil était prêt pour l'atterrissage.

L'approche se présentait beaucoup plus mal que les fois précédentes. Ils étaient à quelques kilomètres de la plaine d'Ubari et le terrain était nettement moins accueillant sur les contreforts de la piste de Ghat.

Jennifer frémit en voyant les accidents du relief.

– C'est de la folie. On ne va jamais pouvoir se poser là-dedans.

Christopher ne répondit pas et commença à chercher un endroit pour atterrir.

Il dut décrire plusieurs 360 degrés avant de trouver un endroit moins dangereux. Ça ne se présentait pas bien mais il fallait le faire maintenant. Plus à l'ouest, ce serait impossible. Il y avait 100 kilomètres de collines impraticables. Quant à aller encore plus loin, c'était se suicider... Les Libyens étaient peut-être déjà là-bas à les attendre.

Christopher repéra une colline peu élevée dont la base se terminait en pente douce. Il décida de l'utiliser avec la même technique que pour un atterrissage en montagne. Il fallait se présenter face à la pente, avec la moitié des gaz et les pleins volets. Vitesse minimum, à la limite du décrochage, les roues devaient toucher au pied de la pente pour que l'avion puisse se freiner dans la montée. Personne n'avait jamais fait cela avec un appareil de six tonnes mais il n'y avait pas d'autre solution.

Instinctivement, Jennifer resserra sa ceinture. Elle avait beau lui faire totalement confiance, elle ne comprenait pas comment il allait se poser sur une surface qui n'était même pas plate.

Tout se passa pourtant très vite. Au moment où l'avion atteignit la vitesse minimum de sustentation, il se mit à vibrer imperceptiblement.

Christopher l'amena face à la colline. Vue du poste de pilotage, le spectacle était effrayant. Jennifer eut l'impression qu'ils allaient percuter la pente de plein fouet. Puis, à la dernière seconde, le sol sembla se dérober et le nez du Twin visa le ciel. Les turbines rugirent. L'avion se mit à trembler, comme secoué par une main géante. Et, tout à coup, les roues touchèrent le sol et ce fut l'enfer. Les bruits de résonance que Jennifer avait déjà entendu recommencèrent. Encore plus fort. L'appareil sautait et vibrait tellement qu'elle crut qu'il allait se désintégrer.

Imperturbable, Christopher se battait pour le maintenir en ligne droite. Pendant quelques secondes le Twin se comporta comme un fauve. Puis il remonta dans la pente et la vitesse chuta rapidement.

Tout à coup, il y eut un choc brutal sur le côté. Christopher poussa un cri.

– Ah non !

– Qu'est-ce qui se passe ? demanda Jennifer.

Il ne répondit pas... Dans la même seconde, le Twin s'inclina à droite et partit en un virage brutal parallèle à la pente. Jennifer crut que l'aile allait toucher le sol. Paniquée, elle s'accrocha aux accoudoirs du siège.

Il hurla :

– Appuie sur la pédale gauche avec moi. Vite !

Au bord de la panique, elle fit ce qu'il lui demandait et pesa de toutes ses forces sur le palonnier. Les vibrations de la commande étaient effrayantes. Elles se répercutaient dans sa jambe et lui faisaient mal dans tout le corps.

Insensiblement, l'appareil reprit l'axe de la pente. Christopher craignit un instant que la transmission de la direction ne résiste pas à un tel traitement. Mais l'avion était robuste, la tringlerie ne céda pas. En une fraction de seconde, Christopher coupa l'arrivée de carburant sur le moteur gauche pour empêcher l'appareil de partir en tête-à-queue. Il finit par le redresser complètement.

Finalement, dans un concert de grincements métalliques, il buta sur un dernier rocher et s'arrêta. Sans attendre, Christopher coupa le moteur droit et déboucla sa ceinture pour sortir du poste.

– Viens, dit-il immédiatement à Jennifer, nous allons avoir du travail.

Il passa devant les deux Sahraouis assis sur les jerrycans. Les hommes étaient livides et semblaient prostrés. Sans leur adresser un regard, Christopher entreprit de déverrouiller la porte arrière.

– Vous êtes en train de vous demander si vous n'auriez pas préféré la torture libyenne ?

Comme aucun ne répondit, il ajouta.

– Rassurez-vous, pour l'instant, vous êtes quand même mieux ici.

Il n'obtint aucune réponse. Khalifa, mort de peur, vomissait sans retenue sur le plancher de l'appareil. Ce n'était plus qu'une loque incapable de se contrôler.

– Il y a de l'eau dans les bidons. Vous nettoierez ça, ordonna-t-il. Si nous arrivons à redécoller, ça sera plus confortable pour tout le monde.

Puis il sortit pour examiner les dégâts. Il savait exactement ce qu'il allait trouver.

Le gros Goodyear AA-00-12 de droite avait éclaté.

Déchiré sur toute sa circonférence, le pneu était complètement déchiqueté. Il y avait des morceaux de gomme et de treillis métallique tout autour du train d'atterrissage. Il était irrécupérable.

– Ce sera difficile de mettre une rustine, plaisanta Christopher.

Dans son malheur, il avait eu de la chance. Le sol était parsemé de pierres coupantes comme des lames de rasoir. Les plus grosses avaient la taille d'un ballon de football. Pourtant, seul le pneu droit avait éclaté. Le gauche avait de profondes entailles sur les flancs, la toile métallique apparaissait un peu partout mais il avait tenu. Christopher se dit que le redécollage allait certainement lui poser des problèmes.

Accroupi pour examiner la jante, il n'entendit pas Jennifer approcher derrière lui.

– On est fichus, hein, murmura-t-elle en posant sa main sur son épaule.

Elle semblait catastrophée.

– Est-ce qu'il y a une roue de secours dans un avion, demanda-t-elle naïvement ?

– En temps normal, il n'y en a pas mais, exceptionnellement, celui-là en a une.

Il se garda bien de lui dire que le problème venait plutôt la roue gauche. S'ils avaient le moindre problème au décollage, ils ne s'en sortiraient pas. Et, vu l'état du pneu, il y avait de quoi être pessimiste.

* * *

Le colonel Muhamar Kadhafi revenait de la prière. Les cinq jeunes filles qui lui servaient de gardes du corps passèrent devant lui et pénétrèrent les premières dans la grande tente plantée au milieu du désert. Kalachnikov en bandoulières, elles inspectèrent chaque pouce de la pièce improvisée, allant jusqu'à soulever un à un les tapis. Lorsqu'elles eurent terminé, elles se mirent au garde-à-vous à l'entrée pour laisser passer le chef de l'État. Leur inspection n'était en fait qu'une formalité de routine, la tente avait déjà été visitée par des bédouins appartenant à la tribu du colonel. Ils étaient les seuls en qui il pouvait avoir vraiment confiance. Le chef de l'État passa à côté des jeunes filles sans les regarder et entra.

Bien que la tente semblât vulnérable, l'endroit était en réalité une forteresse protégée à distance respectable par plusieurs cordons de commandos répartis entre toutes les armes. Il y avait des militaires de l'armée de Terre, des gens de l'armée de l'Air, des miliciens et des fonctionnaires des comités de la Jamahiriya. Chacun était en fait chargé de surveiller les autres pour décourager toute velléités de coup d'état. Du côté de l'armement, chaque unité affichait toutes sortes de véhicules parmi lesquels il y avait deux chars T-72 soviétiques dernier modèle et un hélicoptère Super Frelon superbement équipé.

Le président libyen avait la hantise de l'attentat et rien n'était trop sophistiqué quand il s'agissait de sa sécurité.

Tout ce dispositif formidable se trouvait à moins de 60 kilomètres de l'endroit où Christopher venait de poser son Twin Otter. Le colonel Kadhafi s'allongea sur le tapis à même le sol, négligeant les deux banquettes disposées au fond de la tente.

Au même instant, le téléphone sonna. Un téléphone vert. Kadhafi avait l'obsession de cette couleur, symbole de l'islam. Tout en Libye était vert jusqu'au drapeau qui ne portait aucun motif ni emblème.

Avant même que son interlocuteur ait pu placer un mot, il sut à qui il avait affaire et sa voix devint dure.

– Comment ça se passe, Obeidi ?

– C'est une question de minutes, Excellence, nous sommes sur le point de capturer les chiens qui ont violé notre territoire, répondit l'autre, d'une voix respectueuse.

– Tu ne les as pas encore, s'étonna le chef d'État ? Je croyais que tu devais les prendre à l'aube.

– Excellence, c'est une question de minutes, répéta l'homme.

– Mon pauvre Obeidi, si tu n'es pas capable de mettre la main sur cet avion, tu ne sers plus à grand-chose.

Le ton était légèrement ironique. L'entourage du colonel Kadhafi savait combien celui-ci pouvait être dangereux, quand il s'adressait ainsi à l'un de ses subordonnés. C'était pire que les crises de colère que, pourtant, chacun redoutait. Aussitôt, Obeidi se confondit en excuses et en explications maladroites.

– Nous allons les capturer Excellence...

Kadhafi le stoppa net.

– Ils sont déjà posés ou non ?

Obeidi sentit son sang se glacer et n'eut pas le courage d'avouer ce qui s'était réellement passé.

– Pas encore, Excellence, ils ont certainement été retardés. Mais ça ne va plus tarder, murmura-t-il d'une voix tremblante. Ce genre de mensonge pouvait lui coûter la vie.

– Alors, trouve-le, Obeidi, tu en es responsable. S'il ne se pose pas, fais-le atterrir ou bien abats-le, mais je le veux.

– Il se pourrait qu'il s'enfuie et qu'il passe la frontière algérienne, Excellence.

La réponse claqua comme un coup de fouet.

– Et alors... quel est le problème ?

Le leader libyen semblait s'énerver.

– Il n'y en a pas, Excellence... Il n'y en a pas, répéta Obeidi platement.

– Alors fais le nécessaire !

Avant même qu'il ait pu répondre, Muhamar Kadhafi avait raccroché.

Chapitre 15

– Maintenant, la priorité, c'est de camoufler l'avion ! Vous allez m'aider, ordonna Christopher aux deux Sahraouis.

– Qu'est-ce qu'on doit faire ? demanda Ould Hassan.

– Vous allez à l'arrière de la soute. Vous trouverez huit parachutes kaki. On va les déplier et les mettre en place pour couvrir entièrement l'avion. Faites vite !

Le Sahraoui se leva aussitôt pour aller chercher les sacs de toile.

Khalifa ne bougea pas…

À toute vitesse, Jennifer et Ould Hassan ouvrirent les immenses parachutes de 60 mètres carrés et Christopher monta sur les ailes pour les déployer sur toute l'envergure. Il fallait ensuite les faire retomber en pente douce sur les côtés. Vu du ciel, l'avion devait ressembler à un énorme rocher.

Une fois de plus, le jeune femme se montra d'une aide précieuse.

Incroyablement active, elle semblait partout à la fois. Jamais

Christopher n'aurait imaginé que cette fille pouvait se révéler aussi efficace en de telles circonstances.

Pendant qu'elle accrochait des suspentes sur le sol, elle s'était entaillé la main sur une pierre coupante mais n'avait pas dit un mot. Toute trace de sophistication avait disparu. Pour avoir moins chaud, elle avait mis un short beaucoup trop grand pour elle. Malgré la sueur et la poussière qui maculaient son visage, elle était incroyablement belle.

Après une demi-heure d'efforts, Christopher examina le camouflage. C'était mieux que la peinture blanche et rouge de l'avion mais ce n'était pas parfait. L'appareil devait faire une tache un peu trop sombre sur le sable ocre. Un observateur expérimenté verrait immédiatement que ce n'était pas un gros bloc de rocher détaché de la colline.

Restait à savoir si les pilotes libyens seraient aussi attentifs que Christopher lorsqu'il avait deviné la présence du Shilka une heure plus tôt ?

Les parachutes n'étaient pas seulement un camouflage... Pour les fugitifs, ils formaient une sorte de grande tente sous laquelle ils étaient à l'abri du soleil. C'était loin d'être négligeable.

Il n'était que sept heures et la température atteignait déjà 32 degrés. Elle risquait de monter au-delà de 45 au milieu de l'après-midi.

– Il aurait pu se bouger un peu, protesta Jennifer en s'essuyant le front dans un vieux chiffon...

Pendant toute l'opération de camouflage, Khalifa n'avait pas fait un geste pour les aider. Il s'était contenté de suivre des yeux chacun des mouvements des autres sans intervenir.

À plusieurs reprises, il avait été sollicité pour donner un coup de main mais il n'avait même pas répondu. Ould Hassan ne savait plus que penser de l'attitude de son compagnon. Depuis qu'ils avaient embarqué dans l'avion, son attitude avait complètement changé.

Christopher termina le déchargement des outils nécessaires pour changer le pneu éclaté. Il transpirait abondamment. Il arrêta quelques instants le montage du cric hydraulique pour observer ses passagers. Assis par terre, les Sahraouis l'observaient. Il avait rarement vu deux individus se ressembler autant, sans être frères. Ils avaient tous les deux le faciès typique des gens du désert. Des yeux très noirs et des cheveux frisés. Les traits anguleux du visage étaient accentués par des joues creuses et la fine barbe traditionnelle des hommes de la région.

Khalifa avait récupéré des forces avec une rapidité exceptionnelle. Il n'avait plus rien du malade apeuré qui vomissait une demi-heure plus tôt sur le plancher de l'avion. Ses yeux brillaient maintenant d'une lueur étrange que Christopher avait déjà croisé chez certains intégristes.

Avant de commencer le changement de la roue, Christopher récupéra le pistolet mitrailleur dans la trappe de visite. Puis il demanda aux deux hommes de venir discuter sous l'aile gauche.

– Tu peux venir aussi, lança-t-il à l'attention de Jennifer.

Lorsqu'elle vint les rejoindre au milieu du cercle, il remarqua l'attitude de Khalifa qui détourna ostensiblement les yeux pour ne pas voir ses jambes nues. À ses yeux, cette fille n'était qu'une créature impure qu'il aurait volontiers enveloppée d'un tchador avant de la faire lapider. Peut-être malgré tout l'aurait-il violée auparavant. Fanatisme religieux ne signifiait pas abstinence.

Christopher évita lui aussi de regarder les longues jambes fuselées, pour se concentrer sur ce qu'il avait à dire.

Il se força à fixer les deux Sahraouis.

Assis sur un débris de pneu, Ould Hassan attendait. Il observait successivement chacun de ses trois compagnons comme s'il ne comprenait pas ce qui se passait réellement. La présence de Jennifer au milieu du groupe lui paraissait incongrue.

– Avant que l'on continue le voyage, commença Christopher, je voudrais avoir quelques explications.

Ould Hassan l'interrompit aussitôt.

– Je peux vous expliquer tout ce que vous voulez, sauf la présence des Libyens, si c'est ce que vous voulez savoir.

Le vice-président l'avait regardé droit dans les yeux. Il avait l'air sincère. Christopher fut convaincu qu'il disait la vérité. Il sortit une carte du Sahara et la déploya sur le sable devant eux. La lumière du soleil perçait difficilement la toile des parachutes et diffusait une lumière presque surnaturelle.

– Montrez-moi par où vous êtes arrivés pour atteindre le Point Oméga, lança-t-il en posant la main à plat sur la carte.

Khalifa, la tête dans les mains, semblait dormir. Ce qui se passait l'intéressait pas. Une fois de plus, ce fut Ould Hassan qui prit la parole. Il s'agenouilla devant la carte. Sans un mot, il montra du doigt le cheminement qu'ils avaient suivi pour parvenir jusqu'au point de rendez-vous. Revivant par la pensée chacune des difficultés qui avaient ponctué leur route. Puis, tout à coup, sa voix changea comme s'il cherchait à s'excuser :

– Ce que je ne comprends pas, murmura-t-il les yeux baissés, c'est comment les Libyens ont pu être sur place aussi rapidement avec tout cet armement.

Christopher approuva.

– C'est aussi la question que je me pose... Je n'ai sûrement pas tout vu, mais il y avait au moins deux Shilka, un Vulcan et une dizaine de camions avec des soldats.

– Oui, il y avait tout ça et certainement davantage derrière les contreforts.

– Est-ce qu'il est possible que cette armée vous ait suivi sans que vous vous en soyez rendu compte, demanda Christopher ?

Tout en parlant, il prit le pistolet mitrailleur Uzi. Il en sortit le chargeur de 32 balles et vérifia que la chambre était vide.

– Même s'ils nous avaient suivis à distance, je m'en serais aperçu, affirma Ould Hassan. Dans le désert, une colonne pareille, ça soulève des tonnes de poussière.

Implacablement, Christopher poursuivit sa démonstration.

– En supposant qu'ils aient réussi à intercepter le message

avec le relais, quand vous nous avez donné votre position. Il aurait fallu qu'il le décode... Ce n'était pas évident mais supposons qu'ils y soient quand même arrivés, vous croyez qu'ils auraient eu le temps de se mettre en place avant notre atterrissage ?

Ould Hassan releva lentement les yeux vers Christopher. Il jeta un coup d'œil furtif sur le PM qu'il avait toujours en main. La tension montait insensiblement.

– Non, c'est impossible, c'était beaucoup trop court. On avait pris des précautions pour éviter ça. D'ailleurs, même s'ils étaient à l'écoute, c'est pas comme ça qu'ils ont trouvé le Point Oméga.

– Alors comment ils ont fait ?

Les deux hommes connaissaient déjà la réponse. Pourtant, Ould Hassan assena une vérité qui le bouleversait.

– Ils n'ont pas eu à le trouver... ils nous y attendaient. Je ne vois pas d'autre solution.

Khalifa, était toujours accroupi sur ses talons. La tête dans ses mains, il semblait très loin de la conversation qui se tenait devant lui.

– Qui a décidé de la position du Point Oméga, poursuivit Christopher ?

Ould Hassan répliqua dans un souffle.

– Khalifa et moi...

Depuis le début de la discussion, c'était la première fois qu'il mentionnait le nom de son ami.

– À quel moment est-ce que vous avez choisi ce point ?

– Pendant la deuxième nuit dans le désert... Il n'y avait que lui et moi, répéta-t-il.

– Lequel de vous deux a transmis les coordonnées ?

Ould Hassan ne répondit pas et Christopher poursuivit.

– Ils nous ont tendu un piège... Et je ne crois pas qu'ils s'intéressent à vous. Ou plutôt à celui de vous deux qui n'est pas dans le coup, rectifia-t-il. Ce qu'ils veulent, c'est cet avion. J'ai foncé tout droit tête baissée dans leur traquenard et je leur ai livré à domicile.

Le vice-président poussa un profond soupir. Le désarroi se lisait sur son visage. Khalifa n'avait toujours pas bougé. Totalement absent, il fixait le sol.

– Je crois que vous avez raison, fit Ould Hassan dans un souffle, mais je n'en suis pas certain.

Il se tourna lentement vers le Sahraoui à côté de lui.

– Khalifa, c'est toi qui as fait ça, murmura-t-il avec le ton d'un père réprimandant son fils ?

Il n'y eut aucune réponse. L'autre ne remuait pas un cil.

Tout à coup, Ould Hassan entra dans une violente colère. Il se mit à hurler comme un dément.

– Ordure… tu les as appelés pendant que je dormais. Il n'y a que toi qui pouvais le faire !

La rage l'étouffait mais il ne faisait pas un geste dans sa direction. Pour la première fois, Khalifa releva lentement la tête vers Ould Hassan. Ses yeux brillaient d'une mauvaise lueur.

– Tu es un imbécile, petit président. Bien sûr que c'est moi qui leur ai donné notre position… Qu'est-ce que tu croyais ? Tu penses que je me suis enfui avec toi, par amitié ?

Son visage était transfiguré par la haine. Christopher comprit qu'à cet instant, le secrétaire prenait un plaisir immense à avouer le mépris qu'il éprouvait pour son chef. Il avait dû en rêver depuis longtemps. Maintenant qu'il l'avait, il savourait sa victoire autant que sa haine.

Sous le coup de la révélation, la rage d'Ould Hassan tomba subitement. Jamais il n'aurait imaginé une telle trahison de la part de celui qu'il considérait comme son meilleur ami. La douleur de son ulcère se réveilla soudain. Il ne put que balbutier maladroitement.

– Pourquoi t'as fait ça ? On a toujours été comme des frères, toi et moi. Je t'ai toujours aidé !

Khalifat cracha par terre.

– Des frères ? Toi et moi ? Tu es complètement fou ! Tu as trahi notre cause, tu n'es rien, tu n'es qu'un chien !

C'était l'insulte la plus terrible qu'il avait pu trouver. Aux yeux d'un musulman, seul le porc était plus impur que le chien.

Khalifa le fixa d'un œil mauvais.

– Tu vas mourir de ma main, petit président. Si je suis resté dans cet avion, c'est uniquement pour te tuer, continua-t-il. Dommage qu'on ne te fasse pas souffrir comme tu le mérites. On aurait dû t'empaler pour te punir de tous tes péchés.

Il montra Christopher du doigt.

– Même ce chien de mécréant ne pourra rien pour toi.

Malgré la situation, Christopher ne put résister.

– C'est plus le Sahara, rétorqua-t-il, c'est un chenil.

Ould Hassan était bouche bée. Il venait de perdre celui qu'il croyait être son ami et découvrait avec effarement qu'il était détesté parce qu'il n'avait pas respecté les cinq piliers de l'Islam.

Khalifa se leva lentement sans quitter Ould Hassan des yeux. Il semblait ne voir que lui.

– Tu vas crever, dit-il en crachant une nouvelle fois.

Christopher comprit qu'il était temps d'intervenir. Il engagea rapidement le chargeur dans l'Uzi et actionna le levier d'armement. Puis il pointa le PM sur la poitrine du fanatique.

– Ne bougez pas, lança-t-il soudain, glacial, vous ne tuerez personne.

– Vous savez très bien que vous n'oserez pas tirer. Vous avez déjà abattu un homme de sang-froid ?

– Jamais, mais je suis certain que je vais commencer aujourd'hui.

– Vous ne pourrez pas, vous verrez !

Sans faire de gestes brusques, le Sahraoui commença à se déplacer.

Tout en fixant Christopher d'un air narquois, il recula très lentement et ramassa le levier du cric hydraulique. C'était une barre d'acier chromé d'un mètre de long, munie d'une poignée en caoutchouc à son extrémité. Une arme terrible.

Christopher comprit qu'il allait devoir tirer. Il était à la fois impressionné et incroyablement froid devant cette situation. Il se déplaça insensiblement sur la gauche pour éviter que les balles ne touchent l'avion au moment où il tirerait.

Khalifa assura calmement la barre d'acier entre ses mains comme un sabre de samouraï. Puis il fit un pas vers Ould Hassan, l'arme tendue horizontalement devant lui, prêt à frapper.

– Si vous faites un pas de plus vers lui, lança Christopher, je vous mets une rafale dans les jambes.

L'autre le regarda avec un sourire plein de mépris.

– Ça ne servira à rien.

Sans plus s'occuper de lui, il avança en levant la barre.

Christopher comprit trop tard ce qu'il voulait dire. Il visa les jambes de l'homme et appuya sur la détente. Rien ne se passa... Il y eut un déclic. L'arme avait percuté à vide ou bien les munitions avaient été sabotées.

Khalifa eut un regard méprisant.

– Vous êtes un grand naïf... Vous ne vous imaginez tout de même pas que les gens qui vous ont donné cet avion vous ont fourni des armes en bon état pour leur tirer dessus ! Je ne vous croyais pas si stupide... commandant Streisand. Vous voyez, je vous connais.

Tout en parlant, il souleva la barre d'acier et s'approcha d'Ould Hassan, pétrifié. Il visa la tête. Comme s'il allait accomplir un geste tout à fait naturel.

Christopher réagit avec une rapidité incroyable. Il jeta de toutes ses forces le PM sur Khalifa. Celui-ci reçut les quatre kilos de métal en pleine poitrine.

Le choc ne fut pourtant pas suffisamment violent pour bloquer son geste. Avec une violence inouïe, il abattit la barre du cric sur le vice-président. Le coup l'atteignit aux jambes.

Il y eut un craquement d'os brisés et le Sahraoui s'écroula en hurlant. En tombant, l'os de la jambe gauche déchira le pantalon. Un flot de sang jaillit et les deux jambes brisées prirent une position bizarre.

Khalifa souffla comme un bœuf et releva son arme pour achever sa victime. Avant qu'il ait eu le temps de terminer son geste, Christopher se précipita sur lui, la rage au ventre. Emportés dans une lutte à mort, les deux hommes roulèrent sur les pierres acérées. Le Sahraoui chercha tout de suite à l'étrangler. Il voulait en finir rapidement. Malgré sa maigreur, il était d'une force peu commune. Leurs visages étaient à quelques centimètres l'un de l'autre et Christopher sentait l'haleine chaude de son adversaire. Il comprit qu'il lui faudrait utiliser toute sa volonté s'il voulait le vaincre.

Il était en train d'essayer d'écarter les doigts meurtriers de sa gorge quand il ressentit une douleur atroce à l'épaule. L'autre venait de le mordre, lui enlevant un morceau de chair à travers sa chemise. Une large tache rouge ensanglanta rapidement le vêtement. Profitant de l'avantage acquis, il saisit Christopher par les cheveux et souleva sa tête de quelques centimètres. Puis il la cogna violemment contre les pierres. Sentant qu'il prenait l'avantage, la fanatique recommença, deux fois, trois fois, déclenchant un voile rouge dans la vision de Christopher. Celui-ci comprit instinctivement qu'il était perdu. L'homme allait le tuer. Avec l'énergie du désespoir, il tenta de résister en raidissant la nuque, se fatiguant inutilement.

Les pensées se bousculèrent dans son cerveau. C'était trop bête de finir ainsi, alors qu'il avait risqué tant de fois sa vie aux commandes de toutes sortes d'appareils. Il allait mourir sans même savoir pourquoi...

Le Sahraoui réussit à lui marteler une fois encore la tête sur la pierre. Un liquide chaud et gluant coula sur sa nuque. Tout chavira. Puis tout à coup le visage de son adversaire sembla se rapprocher, il lâcha ses cheveux. Ses deux mains s'appuyèrent sur le sol de part et d'autre de ses épaules et, très lentement, il s'affaissa sur sa victime.

À la limite de l'évanouissement, Christopher vit les yeux de Khalifa se rapprocher des siens, grossir démesurément. Son regard était étrangement dur. La tête du Sahraoui se posa sur la pierre à côté de lui. Christopher eut l'impression de tomber dans un puits. Ses ongles griffèrent le sol pour se retenir.

Il bascula dans le néant.

* * *

Il ouvrit les yeux avec le sentiment d'être resté évanoui des jours entiers. Étrangement, il sut exactement où il se trouvait et reconnut immédiatement l'énorme hélice du Twin juste au-dessus de lui.

Celle-ci était toujours recouverte du parachute kaki, qu'il se rappelait avoir installé avec Jennifer.

Il remontait d'un abîme sans fond, dans lequel il était descendu infiniment bas. Sa tête lui faisait mal.

Jennifer était penchée sur lui. Elle paraissait inquiète et pourtant il ne put s'empêcher de ressentir une immense joie en la voyant.

– Je suis resté longtemps comme ça, demanda-t-il, la bouche pâteuse ?

– Pas plus de 30 secondes, répondit-elle en lui caressant le front. J'ai eu très peur pour toi.

Elle avait encore à la main la grosse clé anglaise avec laquelle elle venait de frapper Khalifa. Ce dernier était à moitié allongé sur Christopher, un énorme trou derrière la tête. Le sang de l'homme coulait sur sa poitrine.

Quand il avait ouvert les yeux, il n'avait même pas remarqué le Sahraoui couché sur lui.

– Je crois que je l'ai tué, dit-elle dans un souffle. Il ne fera plus de mal. C'était lui ou toi.

Elle s'excusait presque de lui avoir sauvé la vie

– Jenny, commença-t-il, je...

Il voulut se dégager du cadavre et tendre la main vers elle. Mais il dut suspendre son mouvement. Sa tête et son épaule n'étaient que douleur. Il y avait du sang jusqu'à son coude. L'autre avait dû lui entamer un ligament.

– Je sais ce que tu vas me dire, l'interrompit-elle avec un sourire triste. Heureusement que j'étais là, hein... Repose-toi et ne dis pas n'importe quoi !

Elle se leva doucement, après avoir poussé le Sahraoui pour soulager Christopher.

– Je vais commencer par soigner l'autre, expliqua-t-elle. Il a l'air très mal en point.

Puis, alors qu'elle se dirigeait vers Ould Hassan, elle ne put s'empêcher de se retourner.

– Tu vois que j'ai bien fait de t'accompagner ! Si j'avais pas été là, tu serais mort à l'heure qu'il est.

– Si jamais on s'en sort, murmura-t-il...

Il n'eut pas le temps de terminer sa phrase, un gémissement retentit à côté d'eux.

Allongé sur le flanc, Ould Hassan souffrait le martyre. Il était en train de mordre dans une pierre pour ne pas hurler de douleur. Ses cuisses étaient une plaie sanguinolente et sa jambe faisait un angle droit avec le reste du corps. Ce n'était plus qu'un pantin brisé.

Jennifer s'approcha de lui, mais elle ne sut que faire pour le soulager. Jamais elle n'avait vu une blessure aussi atroce.

Les forces de Christopher revenaient peu à peu. Il ferma les yeux, se concentra puis se mit à genoux avec difficulté.

– À l'arrière de la soute, il y a une trousse de secours, dit-il. Tu trouveras deux ampoules de palfium et un tonicardiaque. Mets une ampoule de chaque dans une seringue et injecte-lui tout de suite. Je ne veux pas ramener un mort.

Pendant que Jennifer cherchait de quoi soulager Ould Hassan, Christopher se remit debout. Il lui fallut un certain temps pour y parvenir. Sa tête bourdonnait affreusement. Il avait des vertiges terribles et des élancements au niveau de la nuque.

Il regarda autour de lui. Le spectacle était insoutenable.

Ould Hassan, les jambes broyées, gémissait faiblement. À quelques mètres de là, Khalifa gisait sur le ventre, les bras en croix, le crâne défoncé.

Il s'agenouilla auprès du vice-président. Dans le meilleur des cas, celui-ci ne serait pas dans un hôpital avant 24 heures. Dans le pire, cet endroit serait leur tombe à tous.

Si seulement Christopher réussissait à le ramener vivant au Maroc, le piège se retournerait contre les Libyens. Ils n'avaient pas abattu le Twin parce qu'ils étaient certains de le rattraper. Maintenant ils devaient commencer à douter... Ils allaient remuer ciel et terre pour récupérer le Sahraoui et l'avion. Christopher était décidé à vendre chèrement sa peau.

Jennifer revint avec les médicaments. Au moment où elle enjambait Khalifa, elle poussa un cri de stupeur.

– Mon Dieu... Chris... regarde sa main.

Elle s'arrêta net en montrant les doigts du secrétaire. Ils étaient agités de légers frémissements.

– Il est pas mort !

Christopher s'approcha. Contrairement à toute attente, l'homme était encore en vie. Malgré sa fracture du crâne, il respirait. Christopher se dit que ce n'était pas forcément une bonne chose pour lui. La clé anglaise avait dû faire des dégâts énormes dans son cerveau. S'il s'en sortait, il aurait peu de chances de disposer de toutes ses facultés et son fanatisme risquait d'être beaucoup moins virulent.

Troublée, Jennifer évita d'approcher du Sahraoui. Elle se dirigea vers Ould Hassan. Elle semblait savoir comment s'y prendre. Avec précaution, elle releva la manche tachée de sang, plaça un garrot et lui injecta le contenu de la seringue.

Ça ne le soignerait pas, mais il ne souffrirait plus pendant quelque temps.

– Où as-tu appris à faire des intraveineuses, demanda Christopher en la regardant opérer ?

– J'ai fait des stages, répliqua-t-elle vaguement.

Il ne put en savoir davantage.

Avec des précautions infinies, ils placèrent les deux blessés a l'arrière de l'appareil. Calés aussi confortablement que possible entre des jerrycans, ils s'arrangèrent pour qu'ils ne puissent pas bouger si la turbulence était trop forte.

L'effet de la drogue fut extrêmement rapide. Ould Hassan sembla se détendre et il ferma les yeux, apaisé. Ils essayèrent de réduire ses fractures et confectionnèrent deux attelles de fortune avec tout ce qui leur tombait sous la main. Ils utilisèrent l'Uzi et des outils pour immobiliser les jambes. C'était loin d'être parfait mais c'était mieux que rien. L'hémorragie n'était pas très abondante. Par chance, les artères fémorales n'avaient pas été touchées. Pour le blessé, le danger le plus grave restait l'infection. Avec la chaleur, les risques étaient énormes qu'elle se développe rapidement. Si c'était le cas, l'homme ne survivrait pas longtemps.

Avec les maigres moyens dont elle disposait, Jennifer commença à ranger l'intérieur de l'avion pour le transformer en infirmerie.

Pendant ce temps, Christopher entreprit de faire le tri entre les bidons d'eau et ceux qui contenaient du kérosène. Un à un, il vérifia le contenu de chaque jerrycan. Il dut en écarter 25.

– Nous avons presque 1 000 litres d'eau, expliqua-t-il. On a de quoi boire. Malheureusement, question carburant, c'est pas terrible.

S'il n'avait pas eu le kérosène de Malaga, il serait à présent en panne au milieu du désert et les sbires de Kadhafi auraient eu tout leur temps pour venir les cueillir.

Malgré tout, la situation n'était pas brillante. Il manquait au moins 250 litres de carburant pour rentrer jusqu'au Maroc en vol basse altitude. C'était sans issue... Il fallait choisir entre la panne sèche au ras du sol ou les obus des MiG libyens en altitude.

Christopher décida de poursuivre le vol en rase-mottes. Les

chances de s'en tirer étaient quand même moins réduites s'ils se posaient en Algérie. Les scandales diplomatiques n'étaient pas mortels. En le voyant comptabiliser le carburant, Jennifer voulut savoir.

– On va pouvoir rentrer ?

Il fit non de la tête.

– Je ne crois pas... Si on a du vent favorable, on ira peut-être jusqu'à Smara. C'est le maximum. Si le vent est de face, on risque même de ne pas pouvoir quitter l'Algérie.

– J'ai la trouille de ce qui va se passer, murmura-t-elle en se blottissant contre lui.

Ils restèrent quelques instants immobiles l'un contre l'autre. Puis tout doucement elle commença à défaire les boutons de la chemise déchirée et tachée de sang. Le tissu était collé à la plaie de l'épaule et elle découvrit une vilaine morsure. La chair profondément entamée se remit à saigner quand elle dégagea la manche.

Au moment où il se retournait pour l'aider à retirer sa chemise, sa main effleura un sein à travers le tee-shirt. Elle ne portait rien dessous et le contact de son corps l'électrisa. Il eut violemment envie d'elle, tout de suite.

– Je vais chercher de l'eau pour nettoyer ça, dit-elle en voulant se lever.

Il la prit par la nuque et l'attira à lui.

– C'est pas vraiment grave, tu feras ça plus tard. Reste ici pour l'instant.

Elle ne résista pas et se serra contre lui. Ils restèrent quelques instants parfaitement immobiles. La douleur et l'angoisse des dernières heures s'éloignèrent et ils oublièrent la haine qui les entourait.

Christopher travailla comme un forcené pour changer la roue de l'avion. Il rencontra d'énormes difficultés pour dévisser un des écrous. Au moment de l'atterrissage, la jante avait été faussée et l'écrou était complètement bloqué. Il eut beau s'échiner, il ne put en venir à bout. Pour finir, il dut se résigner à couper le goujon avec une scie à métaux. C'était la seule solution. La roue tiendrait avec quatre écrous au lieu de cinq. Dans la situation où il se trouvait, mieux valait un goujon de moins que pas de jante du tout.

À 17 h 35, tout était remonté et les réservoirs de l'avion étaient remplis à ras bord. En plus du plein actuel, il restait 350 litres dans les jerrycans. Cela représentait environ une heure de vol.

Christopher allégea le Twin Otter en se débarrassant des 1 000 litres d'eau inutiles. En réduisant le poids, il allait diminuerait sensiblement la consommation et l'avion serait plus facile à décoller.

Jennifer n'était pas resté inactive. Pendant que Christopher changeait la roue, elle avait parcouru la pente sur laquelle l'avion allait décoller. En travaillant mètre par mètre, elle avait systématiquement écarté toutes les grosses pierres de la piste. Elle s'était mis les ongles en sang en faisant rouler celles qu'elle ne parvenait pas à soulever.

Après avoir dégagé 150 mètres de terrain, elle revint à l'avion, trempée de sueur et à bout de souffle. Sous les parachutes, le thermomètre du Twin indiquait 47 degrés.

En franchissant la porte, elle tomba dans les bras de Christopher. Ses yeux étaient rouges et ses épaules brûlées par le soleil.

– Je crois que je vais tourner de l'œil, souffla-t-elle.

Il l'attrapa dans ses bras et la ramena dehors.

– Viens. Tu vas prendre la seule bonne chose dont on nous a fait cadeau dans ce voyage.

Elle le regarda sans comprendre.

– Une douche, dit-il !

Il l'entraîna dans la chaleur étouffante.

Christopher monta sur un rocher plus élevé et il renversa sur elle quatre jerrycans de 35 litres. Puis il en cala un cinquième et alla la rejoindre sous un filet d'eau. Luxe suprême... Ils furent certainement les seuls êtres vivants à avoir jamais gaspillé autant d'eau dans cette région du monde.

À mesure que le liquide tiède coulait sur sa peau, elle sentit la vie revenir en elle. Etrangement malgré la gravité de la situation, elle eut soudain la sensation de vivre des instants de bonheur qui ne se reproduiraient plus. Dans la lumière du soleil déclinant, ils se lavèrent et se séchèrent, puis ils rejoignirent le Twin.

Le décollage était prévu vers 21 heures. Entre temps, ils décidèrent de se reposer.

À l'instant où ils pénétraient sous les parachutes, le tonnerre d'un réacteur retentit dans le lointain. Aussitôt, la main de Jennifer accrocha celle de Christopher. L'avion passa très au sud et ils ne le virent pas.

Le bruit du MiG décrut rapidement, mais l'écho de ce qui ressemblait à un orage se répercuta longtemps à travers les collines. Le ciel vide leur parut soudain très menaçant.

Ils s'allongèrent l'un contre l'autre dans la couchette. Puis elle se mit à parler doucement.

– Après t'avoir rencontré, je leur ai dit que je voulais laisser tomber, mais ils m'ont obligée à continuer, souffla-t-elle d'une voix lasse.

Tout en parlant, ses lèvres frôlaient la bouche de Christopher. Comme il ne répondait rien, elle resta immobile et se tut. Le sommeil les surprit presque simultanément. Ils avaient à peine quatre heures à dormir.

Chapitre 16

Christopher se réveilla à 20 h 45. Il avait la tête lourde et la morsure de son épaule le faisait terriblement souffrir. Il se sentait las. En se levant, il remarqua que la blessure de sa nuque avait recommencé à saigner pendant son sommeil. Une large tache maculait la couchette et ses cheveux étaient poisseux.

Il se tourna vers Jennifer. Sa poitrine se soulevait paisiblement. Elle dormait encore. Il se leva avec précaution pour ne pas l'éveiller.

Dès qu'il fut debout, il réalisa que quelque chose d'inhabituel était en train de se produire.

L'avion bougeait insensiblement et des claquements secs retentissaient à l'extérieur. On aurait dit des coups de fouet. C'était ces bruits qui l'avaient réveillé. Encore groggy, il ne comprit pas immédiatement de ce qui se passait.

Ould Hassan gémissait sourdement à l'arrière de l'appareil. Le palfium avait cessé d'agir et le Sahraoui souffrait de nouveau.

Aux plaintes du blessé se mêlèrent brusquement d'autres cris étranges presque surnaturels. De longs hurlements entrecoupés de violents claquements.

Christopher émergea soudain de sa torpeur et comprit l'imminence du danger.

Le vent de sable se levait !

Il se précipita vers la porte restée ouverte. La nuit était tombée. Ce n'était pas encore la tempête, mais ça soufflait déjà très fort. Des gerbes de sable montaient du sol et venaient se coller par vagues mouvantes au pied des parachutes maltraités. Les immenses toiles claquaient brutalement le long des ailes.

Il fallait faire très vite, la tempête n'allait pas tarder à se déchaîner. Pour les fuyards, elle serait à la fois le meilleur allié et le pire ennemi qui puisse exister.

C'était du vent d'est. Il allait les pousser dans la bonne direction. Ils allaient économiser du carburant, mais cela pouvait se révéler épouvantable pour la traverser.

Christopher regarda le ciel. Il n'y avait pas de nuage et pourtant les étoiles étaient invisibles. Même le halo de la lune avait disparu... La violence de la tourmente allait peut-être décourager les pilotes libyens de prendre l'air. Il fallait l'espérer car il était hors de question de voler en rase-mottes dans ces conditions de visibilité.

Il allait falloir prendre de l'altitude et être immédiatement repéré par les radars. S'il réussissait à échapper aux MiG, le Twin serait ballotté comme un fétu de paille et les risques de crash à l'atterrissage allaient être considérables.

Péniblement, Christopher réussit à grimper sur les ailes et commença de libérer les parachutes qui cognaient furieusement. Il faillit glisser plusieurs fois sous les coups des rafales. Il fallait faire vite. La force du vent augmentait rapidement. Dans une demi-heure, il serait trop tard pour décoller. L'un des parachutes s'était emmêlé dans l'hélice du moteur gauche et il perdit un temps précieux à essayer de le dégager. Pour finir, il dut redescendre chercher un poignard dans la soute et le lacéra. Quand, enfin, le parachute s'envola dans la nuit, il était 21 h 10 et la vitesse du vent frisait les 50 noeuds[54].

Christopher connaissait bien les tempêtes de sable. Un jour au Niger, il avait vu des vents d'une violence terrible retourner un lourd bimoteur Fokker 27 sur un parking. Aucun vol n'était possible dans ces conditions. Il n'y avait rien à faire d'autre qu'attendre. Les hommes du désert s'enterraient pour échapper à la torture du sable projeté à toute vitesse sur la peau.

Quand il revint à l'intérieur de l'avion, Jennifer se réveillait.

– Qu'est-ce qui se passe, demanda-t-elle d'une voix ensommeillée ? C'est quoi ce bruit ?

– On décolle tout de suite... Il faut attacher les blessés, la turbulence va être terrible.

À 21 h 30, Christopher lança la mise en route des turbines. Le vent venait d'augmenter subitement et le Twin bougeait sous les rafales. Les limites autorisées au décollage étaient dépassées depuis longtemps. Au point où ils en étaient, ça n'avait plus d'importance.

Sept minutes plus tard, l'appareil était prêt et Christopher lui fit faire un virage de 180 degrés pour l'axer face à la pente douce sur laquelle Jennifer avait dégagé les pierres.

– On y va, murmura Christopher en poussant les gaz à fond.

* * *

Les roues de l'avion quittèrent le sol à 21 h 38.

Sitôt en l'air, Jennifer eut l'impression d'être happée par une main de géant. La violence des rafales était inimaginable. L'appareil était un jouet soumis aux éléments déchaînés. Christopher lui avait demandé de serrer très fort sa ceinture comme si elle allait faire de la voltige. C'était le seul moyen de ne pas risquer de blessures. Bien qu'elle ait suivi le conseil, elle

54. 90 km/h.

plantait ses ongles dans les accoudoirs pour se retenir. Jamais de sa vie elle n'avait ressenti des sensations aussi fortes. C'était délirant.

À travers le pare-brise, la visibilité était nulle. L'avion semblait plonger en permanence dans un trou noir sans fin. Même pendant le décollage, où Christopher avait allumé les pleins phares, ils avaient à peine vu le capot de l'appareil. À présent, ils montaient vers leur altitude de croisière et Christopher pilotait uniquement aux instruments. Il se demandait si l'avion tiendrait le coup après un pareil traitement. Si, par chance, ils s'en sortaient, Peter Maller allait faire une drôle de tête en retrouvant son appareil.

Le sable était l'un des pires ennemis des avions. Il s'infiltrait partout, provoquant une usure prématurée des pièces en mouvement. C'était une véritable torture pour les moteurs. Les pilotes du désert le redoutaient. Il avait causé tant d'accidents que bien peu osaient l'affronter.

Lorsque Christopher sortit de la couche à 9 000 pieds, la première chose qu'il remarqua fut le montant gauche du pare-brise : la peinture noire avait complètement disparu et le métal apparaissait brillant comme s'il était chromé. Il frémit en pensant aux pales des hélices et aux ailettes des compresseurs qui devaient avoir subi le même traitement.

Il décida de se stabiliser à l'altitude de 11 000 pieds. C'était la limite supérieure de la tempête. Le vent y était très favorable et il était possible de capter toutes les balises de radionavigation. Pour les blessés, la turbulence y était moins forte et le vol devint moins pénible.

Le problème, c'est qu'à cette altitude, le Twin devait faire une tache énorme sur les radars libyens. Ceux-ci allaient pouvoir le suivre facilement.

En cas d'attaque, sa seule protection serait de plonger à nouveau dans l'enfer juste au-dessous de lui.

Les pilotes libyens n'avaient pas la réputation d'être de fins chasseurs. Ils ne le pourchasseraient certainement pas dans le sable. Mais il fallait que le Twin tienne le coup.

- On vient de pénétrer dans l'espace aérien algérien, précisa Christopher en montrant l'aiguille du VOR qui venait de basculer !

Jennifer eut l'air soulagée.

- On est à l'abri ?

- Sûrement pas... Ça n'arrêtera ni la tempête ni les Libyens, mais ça nous rapproche un peu de chez nous, dit-il pour la rassurer.

Depuis qu'il avait décollé, il la sentait particulièrement tendue. Visiblement, elle faisait des efforts énormes pour ne pas montrer que la tempête lui faisait peur. Elle se leva avec difficulté, s'agrippant aux montants de la porte du poste de pilotage.

- Je vais à l'arrière voir les blessés. J'espère que la turbulence ne les a pas trop malmenés.

L'état d'Ould Hassan était très inquiétant. Jennifer fut horrifiée en découvrant les souffrances qu'il endurait. Le Sahraoui était inondé de sueur. Chaque secousse provoquait en lui des douleurs insupportables qu'il essayait d'apaiser en mordant dans un mouchoir plein de sang.

Elle prit la seconde ampoule de palfium dans la trousse de secours et la lui injecta. Puis, avec des gestes presque maternels, elle retira le chiffon souillé de ses lèvres, lui en mit un propre dans la main et essuya la sueur de front.

Sous l'effet de la drogue, la douleur s'atténua rapidement. Le corps meurtri de l'homme se détendit peu à peu. Elle lui parla doucement et ses paroles l'apaisèrent.

- Il faut que je parle au pilote, chuchota-t-il en lui prenant la main. J'ai peur de mourir.

Elle le réconforta.

- Vous n'allez pas mourir, répondit-elle sans vraiment y croire. Je vous promets que vous serez bientôt à l'hôpital. On va s'occuper de vous.

Elle s'en voulait de dire des banalités, mais elle avait du mal à trouver les mots justes qui réconforteraient le blessé.

Ould Hassan avait les yeux brillants de fièvre.

– Je veux parler à votre ami, répéta-t-il. C'est très important.

– Je vais lui dire, mais vous devez être patient, il ne pourra pas venir tout de suite.

Elle se leva doucement et se dirigea vers le poste de pilotage. Au passage, elle jeta un coup d'oeil sur Khalifa. Ce dernier était toujours dans un profond coma, mais sa respiration était régulière.

Elle frissonna en réalisant que c'était elle qui l'avait frappé. Pourtant, malgré sa répulsion, elle se dit que si c'était à refaire, elle n'hésiterait pas.

– Celui qui a les jambes cassées veut absolument te voir, dit-elle en reprenant sa place. J'ai peur qu'il ne tienne pas le coup très longtemps.

Christopher eut l'air soucieux.

– Je ne peux pas quitter les commandes maintenant, j'irai plus tard.

Jennifer se colla le nez à la vitre latérale du cockpit et le temps passa. Elle essaya d'oublier la turbulence et se laissa bercer par le ronronnement des moteurs. Elle repensa à la mission qu'on lui avait confiée. C'était la première fois qu'elle faisait ce genre de travail... Jamais elle n'aurait imaginé que ça se passerait aussi mal.

Elle avait beau nier la vérité, Christopher lui plaisait. Elle était amoureuse et c'était complètement stupide. Ceux qui l'avaient envoyée dans ce traquenard l'avaient justement choisie parce qu'ils la croyaient à l'abri de ce genre de faiblesse. C'était réussi.

– On peut vraiment faire confiance à personne, murmura-t-elle.

Absorbé par le pilotage de l'avion, Christopher ne l'entendit pas.

Elle se força à ne plus penser à lui et jeta un coup d'oeil vers l'extérieur. Les étoiles scintillaient au-dessus des nuages de sable qui se développaient sous l'avion. Tout était bleu nuit. Par endroits des éclairs se déchaînaient au sein de la couche. Bien qu'il n'y ait pas une goutte d'eau, les grains de sable emmagasinaient des charges électriques considérables. Au fil des heures, cela provoquait des phénomènes de foudre comparables à ceux d'un cumulonimbus. Le spectacle était féerique.

Tout à coup, l'estomac de la jeune femme se crispa dans une contraction douloureuse. La lune venait de basculer dans le ciel. Elle se mordit la main pour ne pas hurler. Une sensation épouvantable de chute libre lui coupa la respiration.

Le plancher de l'avion se déroba sous ses pieds. Elle allait mourir.

Christopher n'avait pas prononcé une parole. Il venait de jeter brusquement le Twin Otter dans un piqué vertigineux. Il fonçait vers la tempête qui bouillonnait 2 000 pieds plus bas. La vitesse augmenta jusqu'à atteindre la VNE[55].

Perdue dans ses pensées, Jennifer n'avait pas vu la lueur rouge qui se précipitait vers le bas du pare-brise. Une longue flamme éblouissante déchira la nuit.

La mort fonçait sur eux à 1 300 km/h !

* * *

Aux commandes de son MiG-21, le capitaine Ben Moussa ne put s'empêcher de pousser un cri de joie en apercevant le point brillant sur le scope de son radar de tir.

Il le tenait enfin.

Au même instant, la radio crépita dans les écouteurs de son casque. Le pilote du second MiG en patrouille venait également de repérer le Twin Otter. Sa voix vibrait d'excitation.

55. Vitesse à ne jamais dépasser sans risquer des ruptures graves de la cellule.

– Orange leader du numéro 2. J'ai l'objectif à deux heures[56]. Tu me laisses le tirer ?

Ben Moussa pensa que l'autre pilote se comportait comme à un gamin dans un magasin de jouets. Il hurla immédiatement pour ramener l'autre à la raison.

– Négatif... Négatif... L'Américain est pour moi. Toi, tu restes derrière et tu regardes. Tu passes en FMO[57].

Pour toute réponse, il n'obtint qu'un grognement inintelligible.

Pour rien au monde Ben Moussa n'aurait laissé à son équipier la gloire d'abattre l'Américain. À présent, les ordres étaient formels, il fallait le descendre. Plus question de jouer au plus malin... Ils avaient passé la nuit précédente à le surveiller sans se faire voir. Ça n'avait pas été facile ! Ils avaient eu un mal fou à ne pas le perdre car ce diable pilotait comme un dieu au ras du sol.

Ben Moussa permuta le commutateur de son radar en position de tir rapproché. Il ne put réprimer un juron. L'écran était devenu noir... Il s'était trompé dans le sens de rotation du commutateur, ce qui avait eu pour conséquence de faire disparaître l'objectif. C'était toujours le même problème sur les avions de construction soviétique. Toutes les inscriptions étaient en caractère cyrillique et Ben Moussa n'arrivait pas à s'y habituer. Comme les Russes n'avaient jamais fait l'effort de les traduire, les pilotes se trompaient tout le temps dans les manoeuvres.

Tout le monde dans les escadrons de Mig et de Sukhoi rêvait de voler sur Mirage, ne serait-ce que pour pouvoir porter la combinaison de vol française. Elle était confortable et élégante. Pas comme celle qu'on leur avait donnée qui était rose pâle[58]. Même les mécaniciens souriaient quand les pilotes traversaient

56. *Devant, à droite.*
57. *Formation de manœuvre offensive.*
58. *Dans les années 80, les combinaisons de vol de certains escadrons de chasse soviétiques étaient roses.*

les parkings pour aller aux avions. En pestant, Ben Moussa commuta l'interrupteur dans l'autre sens et l'objectif réapparut plus brillant. Il se trouvait à une distance de 50 kilomètres légèrement sur sa gauche. Aussitôt le Libyen changea de cap. Il fit un large virage pour venir se placer exactement derrière la cible. Celle-ci ne devait pas dépasser 400 km/h alors que le Mig croisait tranquillement à 950. En allumant sa post-combustion, il pouvait même accélérer en vol supersonique jusqu'à 2 000 km/h[59]... C'était du gâteau ! Il allait l'abattre comme à l'exercice. Presque trop facile. L'Américain ne se doutait de rien et, de toute façon, il n'avait aucune défense.

Ben Moussa ne pouvait pas le rater.

Il maintint son allure en dessous de la vitesse du son et se prépara à l'attaque avec l'état d'esprit d'un samouraï livrant le combat de sa vie.

L'objectif se rapprochait. Ben Moussa arma les deux canons de 23 millimètres et fit sauter les sécurités des missiles air-air Atoll K-13 qu'il portait accrochés sous ses ailes.

Dans quelques instants, il aurait le contact visuel sur le Twin Otter. Il jeta un dernier regard sur l'écran radar pour vérifier le cap d'interception et eut un coup au coeur.

Il y avait deux échos sur le scope de son radar !

Ben Moussa crut qu'il allait étouffer de rage. Jetant un coup d'œil sur la droite, il comprit immédiatement... Son équipier avait disparu. C'était lui qui filait en supersonique vers le Twin. Ce salaud voulait abattre l'Américain pour en tirer toute la gloire. Au lieu de rester derrière son leader, comme celui-ci le lui avait demandé, l'ailier avait pris la trajectoire la plus directe et allait tenter une interception à 90 degrés vers l'avant. Il était complètement fou. C'était une manoeuvre très difficile à réussir. Les chances de l'abattre sur une telle passe de tir étaient

59. *En 1966, un MiG-21 piloté par Marina Solovyeva abattu un record de vitesse à 2 062 km/h sur une distance de 500 kilomètres en circuit fermé.*

minces. En outre, le pilote du Twin risquait de le voir arriver. Il plongerait aussitôt dans la tempête de sable et il ne pourrait pas le tirer.

Ben Moussa bouillait de rage. Cet imbécile allait tout faire rater. Il hurla dans la radio.

– Orange 2 du leader. Dégage tout de suite ! Je vais être en position de tir dans quelques secondes... Je répète, tu dégages... Tu me le laisses. Il est à moi. C'est un ordre.

Il lâcha les derniers mots les dents serrées.

L'autre joua les imbéciles.

– Orange leader du numéro 2, je vous reçois très mal. Pour information, j'arrive sur l'objectif, je ne peux pas le manquer.

La discipline ne comptait plus en comparaison de la gloire que rapporterait une telle victoire aérienne. Ben Moussa comprit que son ailier serait à portée de tir quelques secondes avant lui.

Il ne s'avoua pas vaincu. Il avait encore une chance de montrer à ce petit lieutenant arriviste qui il était. La rage au ventre, il avança la manette des gaz à fond jusqu'à passer la butée de la postcombustion[60]. À l'arrière du MiG, une longue flamme apparut sur la tuyère. Le réacteur Tumansky RD-13 300 cracha brusquement sept tonnes de poussée.

Dans le cockpit, Ben Moussa ressentit un coup dans le dos, il vit l'aiguille du machmètre partir en avant pour franchir le chiffre fatidique de Mach 1.

Le MiG venait de dépasser le mur du son. La vitesse augmenta rapidement jusqu'à 1 300 km/h. Les deux points sur le radar se rapprochèrent à toute allure. Une nouvelle fois, Ben Moussa tenta de convaincre son coéquipier de se montrer raisonnable.

– Orange 2, arrête ! Il va te voir arriver.

L'autre ne se donna même pas la peine de répondre. Ben

60. Pleine puissance pour voler en supersonique.

Moussa aurait voulu le tuer. C'était de la démence. L'Américain n'était pas un débutant. Si on le ratait une première fois, il allait disparaître et ils ne le retrouveraient pas avant longtemps. Ce gars-là était diabolique aux commandes d'un avion.

Le Libyen arriva dans le domaine de tir de son missile. Avec un peu de chance, s'il était assez rapide, il pourrait peut-être arriver avant son équipier. Les deux échos étaient tout près, à présent. Ce n'était plus qu'une question de secondes.

Ben Moussa leva les yeux et scruta la nuit devant le pare-brise du chasseur. La lune éclairait la tempête juste au-dessous de lui et les nuages mortels défilaient sous l'avion à près d'une fois et demie la vitesse du son. Tout se déroula alors très vite. Il aperçut un point minuscule qui grossissait à une vitesse vertigineuse. C'était le Twin Otter. Au même moment, une longue traînée orange déchira la nuit. L'autre petit salaud venait de tirer son missile. L'Américain réagit avec une rapidité incroyable. L'appareil sembla pivoter sur lui-même en un demi-tonneau d'une audace inouïe. Il plongeait comme une pierre vers la tempête. Jamais Ben Moussa n'aurait imaginé qu'un pilote puisse avoir des réflexes aussi rapides. C'était un as. Heureusement qu'il n'avait qu'un bimoteur sans défense. Il n'aurait pas aimé se trouver en face d'un tel adversaire dans un combat à armes égales.

Sentant que le Twin allait s'échapper, il tira lui aussi. Sous les ailes du MiG-21, les deux missiles K-13 se détachèrent pratiquement simultanément, laissant derrière eux une flamme gigantesque. Ils accélérèrent vers Mach 3[61].

Une seconde après la mise à feu, les têtes chercheuses à infrarouges entrèrent en action pour se verrouiller sur leur cible.

Le capitaine Ben Moussa suivit des yeux la trace lumineuse laissée par les deux K-13 dans l'obscurité.

Brusquement, une fantastique explosion déchira la nuit, éclai-

61. *Trois fois la vitesse du son.*

rant les nuages d'orage de manière féerique. Il y eut quelques traînées lumineuses et tout redevint sombre.

– Bingo, hurla-t-il dans la radio. Je l'ai eu !

Il avait rarement vu un spectacle aussi grandiose. Un vrai feu d'artifice !

– Tu as vu ce coup-là ?

Il n'y eut pas de réponse.

– Orange 2, tu me reçois ? T'as vu mon tir ? Je l'ai eu...

C'est à cet instant qu'il réalisa avec horreur qu'il venait d'abattre l'autre MiG-21 !

⁂ ⁂ ⁂

Depuis qu'il volait au-dessus de la tempête, Christopher était resté constamment aux aguets. Il était certain que les Libyens le surveillaient et qu'ils n'allaient pas tarder à se manifester. À l'instant même où il aperçut le point noir à l'avant droit de l'appareil, il comprit que c'était un chasseur et que celui-ci allait tirer. Dans le centième de seconde qui suivit, il avait engagé le Twin dans un demi tonneau extraordinaire pour se mettre a l'abri dans la tempête.

Il sentit, plus qu'il ne le vit, le missile air-air passer à l'endroit où se trouvait le Twin quelques instants plus tôt. Il l'avait échappé de justesse. Malgré la bizarrerie de l'attaque, le Libyen l'aurait abattu si Christopher n'avait pas réagi aussi rapidement.

Au moment précis où il pénétra dans la couche nuageuse, il vit la lueur d'une explosion formidable. C'était tout près de lui. Comme si le missile avait touché une citerne d'essence en plein vol. Sans vraiment comprendre ce qui venait de se produire, il poursuivit son piqué jusqu'à 2 000 pieds.

Quand il y fut, il stabilisa l'avion en palier et poursuivit sa route vers l'ouest... À présent, les choses allaient devenir plus complexes. La consommation augmentait de nouveau. Les débitmètres tournaient à toute vitesse. Derrière dans la soute, tout allait mal. Le piqué avait provoqué un désordre terrible. Tout ce qui n'était pas arrimé avait volé à travers la cabine.

Maintenant, la turbulence était repartie de plus belle et Jennifer s'inquiéta en imaginant la souffrance du blessé secoué à l'arrière. L'homme devait endurer un véritable martyre.

– On ne peut pas trouver une zone plus calme, proposa-t-elle timidement, au bout d'un moment ?

Christopher fit non de la tête.

– Le seul endroit où ça ne turbule pas, c'est au-dessus de nous. Et c'est là qu'ils nous attendent, répliqua-t-il en pointant un doigt vers le ciel. Dès qu'on sortira de cette poisse, ils vont nous tomber dessus.

Et puis la météo changea doucement... À mesure que les minutes passèrent, la visibilité s'améliora et la turbulence se fit moins violente. La tempête semblait se calmer. Christopher commença à se faire du souci.

Si ça continuait ainsi, ils allaient bientôt sortir dans le beau temps et les autres débouleraient pour la curée.

– Si on parvient à leur échapper, est-ce qu'on aura assez de carburant pour rentrer, voulut savoir Jennifer ?

Malgré le tragique de la situation, Christopher ne put s'empêcher de lui sourire.

– Dans notre malheur, on a de la chance. La tempête nous pousse. On a 140 km/h de vent qui souffle vers l'ouest. Comme nous n'avons pas beaucoup consommé quand on était à 11 000 pieds, nous avons gagné beaucoup de terrain. Si je peux me poser sans casse, je rajouterai les 350 litres qui nous restent et on pourra peut-être atterrir à Smara, peut-être même à El Aiun. Le seul problème, ça va être de lâcher les vautours qui tournent au-dessus de nous.

– Tu crois qu'ils sont toujours là ?

Christopher ne répondit pas. Il ne cessait de regarder le ciel. Un pâle rayon lumineux apparut par instants à travers les nuages. Ça se gâtait...

– C"est quoi cette lumière ? demanda-t-elle.

– C'est la lune, et c'est très mauvais pour nous. Notre abri est en train de disparaître.

Au moment même où il disait cela, ce fut le drame.

La turbulence cessa brutalement... La visibilité s'améliora et le Twin sortit du trou noir dans lequel il volait depuis plus d'une heure. Il se retrouva dans la nuit limpide. Ils venaient de franchir la limite du mur de sable. Comme toujours dans ce genre de phénomène météorologique, la frontière entre le beau temps et le mauvais temps était très mince. On passait de l'un à l'autre sans transition.

La tempête fut brusquement derrière eux.

Le danger allait survenir d'une seconde à l'autre. Une fois de plus, Christopher plongea vers la protection du sol, dépassant de 90 km/h la vitesse maximale autorisée en piqué.

Il était déjà trop tard. Le MiG était en place derrière lui et son canon de 23 millimètres cracha la mort...

* * *

Ben Moussa s'était mis en attente à l'altitude de 35 000 pieds, très largement au-dessus de la tempête. À cette hauteur, la consommation du MiG était minimum. Il avait affiché la poussée réacteur la plus économique en adoptant une vitesse légèrement supérieure à celle de l'Américain. S'il voulait le surprendre, il lui fallait prendre un peu d'avance.

Il fallait qu'il l'abatte quoi qu'il lui en coûte. Les conséquences de son erreur de tir le terrorisaient. Jamais on ne lui pardonnerait d'avoir tué son équipier, même si c'était la faute de ce petit minable. À moins de réussir à tirer le Twin Otter, Ben Moussa était bon pour le tribunal révolutionnaire de discipline. Il n'osait y penser.

Sa seule chance d'abattre l'Américain était de le guetter à sortie de la tempête. Tant que l'autre se cachait dans les nuages, il lui était impossible de l'en déloger. De toutes les façons, le sable brouillait son radar de tir et Ben Moussa n'avait aucune envie de voir comment son réacteur se comportait en avalant des tonnes de sable. Nul doute que le compresseur du Tumansky ne résisterait pas à un pareil traitement. En outre, il ne se sentait pas de taille à affronter un tel gibier dans des conditions aussi difficiles. Maintenant qu'il avait tiré ses missiles air-air et il allait devoir utiliser ses deux canons de 23 millimètres. Ce n'était pas gagné...

C'est après avoir dépassé la balise de Reggane d'une soixantaine de kilomètres qu'il aperçut enfin la limite de la tempête. Le spectacle était fabuleux. Les nuages s'arrêtaient verticalement et c'était vraiment une gigantesque falaise de sable qui avançait sur une hauteur de 10 000 pieds.

Cette fois, Ben Moussa le tenait. Le Twin n'allait pas tarder à surgir et il allait pouvoir le cueillir comme un gibier sortant de son terrier.

Ben Moussa repéra le gros bimoteur à l'instant même où celui-ci jaillit des nuages. Immédiatement, il plongea à sa poursuite, pleins gaz. Comme il s'y attendait, l'Américain réagit avec une rapidité étonnante. Il piqua vers le sol pour se mettre à l'abri. Le Libyen pensa que, pour une fois, il n'avait pas été assez rapide.

Il le tenait.

En jubilant, il plaça son MiG juste derrière et l'encadra dans son viseur de tir.

Il imagina le leader de la révolution libyenne le félicitant et appuya sur la gâchette.

CHAPITRE 17

Au moment où Christopher redressait le Twin Otter pour le maintenir au ras du sol, il y eut une violente explosion à l'arrière. Jennifer crut que tout allait se désintégrer. Elle hurla.

Le premier obus frappa la dérive et sectionna net le câble du compensateur de direction, arrachant au passage une des trois charnières de la gouverne. Christopher ressentit immédiatement des vibrations d'une violence terrible dans le palonnier.

– Accroche-toi, lança-t-il en basculant en virage serré.

Il fallait à tout prix empêcher le pilote du MiG d'ajuster à nouveau son tir ou ils étaient morts. Pour cela, il n'y avait qu'une solution : le faire passer devant. Alors, peut-être, il pourrait le semer en se cachant au ras des vallées désertiques qu'il était en train de survoler.

Le cerveau de Christopher tournait au même régime de survitesse que les turbines du Twin. Pour gagner quelques secondes, il engagea l'appareil dans un enchaînement de virages serrés pour désorienter son adversaire. Cela lui permit de vérifier les commandes. À l'exception du palonnier qui vibrait bruyamment, le reste semblait fonctionner à peu près normalement. Mais le Twin était toujours en survitesse... Les ITT étaient dans la zone rouge. Puis, tout à coup, il y eut un craquement sec à l'arrière. Quelque chose venait de céder dans la direction. Christopher comprit qu'il ne pourrait pas maintenir une seconde de plus l'avion au-delà de la vitesse maximum sans provoquer une rupture grave.

Il fallait ralentir et tenter l'impossible pour que le MiG les dépasse. Si ça ne marchait pas, ils étaient morts.

Christopher tira de toutes ses forces sur le manche et engagea l'avion dans une chandelle pratiquement verticale. Il garda les torques au maximum en se disant qu'aucun pilote n'avait jamais tenté une telle manoeuvre sur un appareil de ce type. Les réservoirs étaient presque vides, le Twin était léger et, malgré la queue endommagée, il répondit à la sollicitation, passant presque sur le dos en haut de la trajectoire. Christopher le récupéra dans un demi-tonneau barriqué.

Ecrasée sur son siège par la force centrifuge, Jennifer, eut l'impression que le sang quittait son visage. Ses joues se déformèrent sous l'accélération circulaire.

Au moment où le Twin arriva en haut de la manoeuvre, une ombre noire comme un rapace nocturne passa en trombe sous le fuselage.

Ben Moussa fut surpris par la manoeuvre soudaine de l'Américain. En une seconde, il réalisa qu'il venait de se faire posséder. Il était devant... Le chasseur virait très mal et il allait lui falloir au moins quatre kilomètres pour revenir à l'endroit où le pilote du Twin l'avait lâché.

Il hurla dans la radio :

– *Oh no...*

Il ne se faisait aucune illusion. Son adversaire venait de marquer un point décisif. Il prenait la main... Ce n'était plus comme lorsqu'il était sorti des nuages et s'était fait surprendre.

À présent, il allait filer comme un lézard au ras du sol et Ben Moussa ne le retrouverait pas.

Pendant que le MiG cherchait à revenir sur sa proie le plus rapidement possible, Christopher changea de cap et s'engouffra dans une vallée rocailleuse orientée est-ouest. Le pilote libyen eut beau serrer son virage à plus de 4 g[62], quand il repassa sur la trajectoire du Twin, celui-ci avait disparu. Fou de rage, il changea l'orientation de son antenne radar, mais l'écran resta désespérément vide. L'Américain devait voler à deux mètres du sol.

* * *

Pendant dix minutes, un silence de plomb régna dans le cockpit.

Christopher se tenait sur ses gardes, s'attendant à chaque instant à subir une nouvelle passe de tir du chasseur.

– Je crois que je l'ai semé, annonça-t-il enfin. Autrement, il serait déjà sur nous.

– Il va peut-être nous retrouver...

– Ça va devenir de plus en plus difficile pour lui. Il a consommé beaucoup de pétrole en nous attendant... Il doit être en train de consommer ses dernières gouttes.

Jennifer ne put retenir un soupir de soulagement. Peut-être allaient-ils s'en tirer ?

Elle se reprit à espérer quand l'explosion à l'arrière lui revint à l'esprit. Il y avait des sifflements anormaux et l'avion craquait étrangement.

– On a été touché gravement, demanda-t-elle ?

– Je ne sais pas vraiment quels sont les dégâts, mais la direction en a pris un coup.

– Qu'est-ce que tu vas faire ?

– Il va falloir se poser... De toute façon, on approche du

62. L'accélération de la pesanteur est multipliée par quatre.

travers de Tindouf et nous allons être à court de pétrole. Ce sera la dernière fois. J'ajoute les 350 litres qui me restent et ensuite je vais jusqu'au bout.

Elle n'osa pas lui demander ce qu'il entendait par « aller jusqu'au bout ».

– Où est-ce qu'on est ?

– Nous venons de franchir la frontière algérienne, précisa-t-il.

Elle sourit.

– Alors, on est au Maroc ?

Il crut bon de tempérer son enthousiasme.

– Non pas vraiment.

– Je comprends pas ?

– Le cap initial que j'ai pris sur El Aiun nous oblige à traverser la pointe nord de la Mauritanie. Maintenant, le Maroc est un peu plus loin.

– Ça change quoi ?

– Pas grand chose, sauf qu'on va se poser en Mauritanie, expliqua-t-il.

– Ils sont accueillants ?

Christopher haussa les épaules.

– Pas vraiment mais de toute façon, ça n'a aucune importance... Dans ces régions, les frontières ne sont que des traits sur des cartes. Si le MiG qui vient de nous attaquer a suffisamment de pétrole, c'est pas ça qui l'arrêtera.

Ils survolaient à présent la limite nord de l'erg Iguidi et les jauges étaient de nouveau à zéro.

Christopher prit alors le minimum d'altitude nécessaire et repéra une bande de terrain qui lui parut convenable. Un rapide coup d'œil à sa montre... Il était 1 h 10 du matin. La lune était maintenant très haute dans le ciel et les ombres portées quasiment nulles. La visibilité était excellente. S'il n'y avait pas eu le problème du pneu gauche tailladé, l'atterrissage aurait été aussi facile qu'en plein jour. Il dut amener l'avion en finale incliné sur la roue droite. Les risques d'éclatement de l'autre côté étaient énormes. Si cela se produisait maintenant, ils ne pourraient plus redécoller car il n'y avait plus de roue de secours.

Quant à demander l'asile politique en Mauritanie, autant se suicider tout de suite.

Incliné sur l'aile droite, le Twin ressemblait à un oiseau blessé. Ce n'était pas un véritable problème. Christopher s'était souvent posé en brousse avec un pneu crevé. La véritable difficulté était de ne pas éclater le pneu gauche pour pouvoir repartir ensuite.

La roue droite toucha le sol en douceur. Christopher garda l'appareil incliné, aussi longtemps que les gouvernes furent efficaces. Jennifer regardait avec inquiétude le bout de l'aile effleurer la piste. Puis, lentement, elle sentit le Twin revenir a plat et entrer en contact avec la terre ocre de la piste.

Le terrain était excellent. Christopher ne freina pas pour éviter tout effort sur le pneu à moitié déchiqueté. L'avion s'arrêta avec les reverses. Quelques secondes plus tard, Christopher descendait pour examiner les dégâts.

C'était effarant !

– Le loueur ne va pas être content, murmura-t-il en découvrant l'état du Twin Otter !

Rongée par la tempête de sable, une partie de la peinture avait disparu. Les bords d'attaque des ailes, les montants du pare-brise et les hélices étaient brillants comme s'ils avaient été poncés au papier de verre. Toute la partie avant du Twin Otter avait été sablé. Il ne restait que quelques traces de peinture dépolie dans les secteurs protégés du vent relatif.

Il n'osa imaginer l'état dans lequel devaient se trouver les ailettes des compresseurs.

L'examen de l'empennage ne fut pas plus encourageant. Un obus de 23 millimètres avait touché la gouverne de direction et avait désintégré le tab[63] automatique.

63. Gouverne surface de compensation aérodynamique.

Un tiers de la gouverne et son trim avait totalement disparu. La tôle déchiquetée se retroussait en pointes acérées, attestant de la violence de l'explosion. L'ensemble tiendrait peut-être encore une heure, le temps d'atteindre le Maroc, mais son efficacité était nulle. Dans l'état où était le pneu gauche, cela poserait un sérieux problème.

Le gros Goodyear était entaillé de toutes parts et deux énormes hernies déformaient ses flancs. Il ne résisterait certainement pas au choc du prochain atterrissage. Sans les précautions infinies que Christopher venait de prendre au toucher, il n'aurait pas tenu. Jennifer ouvrit des yeux affolés en faisant le tour de l'appareil.

– Je n'y connais pas grand chose dans les avions, dit-elle, mais celui-là, c'est une épave. Tu crois qu'il va tenir jusqu'à Agadir ?

Christopher tenta de la rassurer.

– Si nous arrivons à quitter cet endroit, nous avons de grosses chances de nous en sortir.

En fait, il n'en savait rien. La seule chose dont il était certain, c'était qu'il serait capable de maîtriser l'appareil sur le béton de l'aéroport, même avec deux pneus éclatés. Le tout était de pouvoir arriver jusque là-bas. Si l'avion les lâchait en vol, il leur resterait la prière...

– Ce serait trop bête que ça finisse comme ça, murmura-t-elle en se collant à lui.

Christopher ne put s'empêcher de refermer ses bras sur elle. Aussitôt, elle enfouit sa tête dans le creux de son épaule.

– Oui, ce serait trop bête, répéta-t-il, troublé.

Un furieux désir de la prendre l'envahit. C'était complètement stupide, mais dans une heure ils seraient peut-être morts. Ses mains se glissèrent sous son tee-shirt pour caresser ses seins quand elle le repoussa doucement.

– Arrête... Tu oublies le blessé, il te demande sans arrêt. Tu ne penses pas que c'est plus important pour l'instant ?

Christopher soupira. Elle avait raison. Pourtant il aurait

volontiers abandonné Ould Hassan un moment. Il en avait par-dessus la tête de cette histoire à laquelle il ne comprenait rien.

– J'y vais, dit-il à regret.

– Fais attention à lui, il est très mal. Pendant ce temps, je vais dégager les pierres devant l'avion.

Étant donné l'état de la roue gauche, ce ne serait pas inutile.

Sans attendre, elle le planta là avec son désir et disparut dans la nuit.

En remontant dans le Twin, Christopher entendit Ould Hassan gémir à l'arrière. Une nouvelle fois, l'effet du palfium commençait à se dissiper et la douleur revenait. Le Sahraoui était pitoyable. Il était bouillant de fièvre. La turbulence semblait l'avoir terriblement affaibli.

Christopher examina les plaies. Ce n'était pas beau à voir. La partie inférieure du fémur fracturé avait perforé le muscle de la cuisse. Sous la violence des secousses dans la tempête, l'attelle de fortune avait bougé. Le sang avait coulé dans ses vêtements et jusque sur le plancher.

Le Sahraoui paraissait à bout de forces. Si seulement Christopher réussissait à le ramener vivant, il prendrait une revanche fantastique sur ceux qui l'avaient envoyé sans scrupule à la mort.

– Vous voulez boire ? demanda-t-il en passant un mouchoir humide sur le front du blessé.

Ould Hassan détourna la tête.

– Non... Je veux vous parler... C'est très important... J'ai peur de mourir et je sais beaucoup de choses qui... les... dérangent.

Il parlait par saccades. Chaque mot lui demandait un effort énorme, mais l'homme semblait avoir une volonté farouche de parler.

– Écoutez-moi et... n'oubliez rien, murmura le Sahraoui.

Christopher l'écouta attentivement. Sans rien dire. À mesure que le Sahraoui parlait, il se dit que les Libyens avaient pris un risque insensé en se servant de lui comme appât. Jamais ils n'avaient imaginé qu'il réussirait à passer au travers des mailles du filet.

Excès de confiance ou stupidité, quoi qu'il en soit, cela risquait de leur coûter cher.

Les révélations d'Ould Hassan étaient capitales. Les Marocains allaient sauter de joie en apprenant les intentions de leurs ennemis.

Pourtant, il restait un point obscur et une question brûlait les lèvres de Christopher.

– Pourquoi est-ce qu'ils m'ont attiré dans ce piège ?

Le Sahraoui était à bout de forces. Il tenta de redresser la tête et répondit avec difficulté :

– Je ne... sais absolument pas pourquoi ils ont monté un... coup pareil. Vous avez examiné votre avion ? Il transporte peut-être quelque chose qui les intéresse ?

– Il n'y a rien ! Ou alors c'est bien caché. Mais ça ne tient pas debout. Pourquoi Kadhafi aurait-il fait tant d'histoires pour amener quelque chose qu'il aurait pu faire transporter par ses propres appareils ? Non, il y a autre chose. Quelque chose qui nous échappe encore.

Le Sahraoui ne répondit pas. Il resta un long moment à regarder cet homme qui avait réussi à le sortir du désert.

– Vous êtes un sacré pilote souffla-t-il, les yeux brillants. Essayez de nous ramener jusqu'au bout.

– Rassurez-vous, je n'ai pas envie de finir mes jours ici.

Les deux hommes restèrent un instant silencieux. Christopher se dit qu'il avait devant lui un véritable guerrier qui avait fait un choix difficile. Il risquait de le payer de sa vie.

Au bout d'un moment, il demanda à brûle pourpoint.

– La fille qui est avec moi, vous la connaissez ?

Malgré la douleur, le Sahraoui eut l'air stupéfait.

– Je l'ai jamais vue. Pourquoi ?

– Pour rien, reposez-vous.

Le voyage n'était pas terminé. Christopher se leva et retourna dans le poste de pilotage pour préparer la dernière étape.

* * *

Allongé dans le noir, les yeux grands ouverts, le leader libyen ne dormait pas.

D'un geste machinal, il passa sa main dans son épaisse chevelure. Un geste que ses proches connaissaient bien et qu'ils redoutaient. C'était le signe d'un énervement intense de la part du chef de l'État. Les habitués évitaient alors de se trouver sur son passage. Tous les prétextes devenaient bons pour assouvir sa colère.

Le colonel avait exigé que son chef d'état-major le rappelle à quatre heures précises.

Il était 4 h 02.

Le téléphone sonna... Sans allumer, il attrapa le combiné avant la fin de la première sonnerie.

– *Naam*... J'avais dit quatre heures, lança-t-il d'une voix blanche. Où sont-ils ?

L'autre tremblait de peur au bout du fil.

– Ils nous ont échappé, Excellence. Heu... ce pilote est un as. Nous avons trop bien choisi.

L'interlocuteur évita de lui dire que la République Jamahiriya Arabe Libyenne Populaire et Socialiste venait de perdre deux MiG-21. L'un était tombé en flammes sans que l'on sache encore pourquoi et le pilote de l'autre s'était éjecté en rentrant à sa base à court de carburant... Le chef de l'État le saurait bien assez tôt.

– *Mkallekh... h'mar*[64]... Vous êtes tous des imbéciles, lança soudain Kadhafi. Je règlerai ça plus tard. Pour l'instant, vous allez les arrêter où qu'ils soient... Dans quelle direction est-ce qu'ils sont partis ?

64. Espèce d'âne.

– Ils vont atterrir soit à Agadir, soit à El Aiun.

Le ton était mielleux, l'homme rampait, trop heureux de ne pas subir la colère du «Guide Suprême ».

– Je ne veux surtout pas qu'Hassan II recueille ce traître d'*Ould el Qahba*[65]. Faites ce qu'il faut à l'atterrissage.

– Mais, Excellence... commença l'autre.

– Prévenez les combattants de la Jamahiriya sur place.

Le chef d'état-major eut un frisson désagréable dans le dos. Si Kadhafi voulait utiliser les commandos Jamahiriya, c'est que l'affaire était grave. Jamais il ne les avait fait intervenir pour des questions mineures. Il comprit qu'il fallait absolument éliminer Ould Hassan et abattre cet Américain, sinon des têtes allaient tomber. Et la sienne serait parmi les premières.

Les Jamahiriya étaient formés d'un petit nombre de combattants d'élite fanatiques. Disposant d'un armement parfois sophistiqué, ils représentaient un moyen d'action formidable à la disposition de l'armée libyenne. D'autant que le colonel avait eu l'idée de les mettre en place à l'avance dans certains points sensibles en attente d'une mission.

Les hommes étaient prêts à exécuter les instructions. Cachés parfois depuis plusieurs années sous l'aspect d'inoffensifs commerçants, ils étaient dispersés dans certaines grandes villes africaines. S'ils en recevaient l'ordre, ils pouvaient être opérationnels très rapidement. Rompus à la guérilla et aux embuscades, ils étaient de redoutables machines à tuer.

Kadhafi ne les « brûlait » que pour des cas d'importance vitale et leurs échecs étaient rares.

Ils n'avaient vraiment manqué leur cible qu'une seule fois lorsque le roi du Maroc s'était rendu en visite officielle à Dakkla[66], en plein cœur du Sahara marocain. La venue du souverain chérifien avait été annoncée à la dernière minute. Pris par

65. Jeu de mot entre Ould Hassan et Ould Qahba (fils de pute).
66. Anciennement « Villa Cisneros » du temps de la colonisation espagnole.

le temps, les commandos n'avaient pas eu le temps de se mettre en place malgré le formidable armement dont ils disposaient ce jour-là. Sans le savoir, Hassan II avait échappé à un terrible attentat.

* * *

Le Twin Otter venait de passer la frontière marocaine. Il était 4 h 51 et il volait maintenant à 14 000 pieds. Le jour que Christopher n'oublierait jamais allait se lever. L'état de santé du Sahraoui était stationnaire. Il n'y avait plus de palfium et il souffrait atrocement. Par chance, la turbulence avait cessé et l'appareil glissait dans une atmosphère immobile.

Le dénouement approchait.

Jennifer revint vers l'avant. Elle était restée un moment au chevet des deux Sahraouis. Avant de revenir, elle avait troqué son short sale contre un jean grenat très serré. Mais son visage était creusé par les épreuves de la nuit.

– Est-ce qu'on va avoir assez de carburant pour rentrer jusqu'à Agadir ?

Christopher inspecta ses jauges.

– On a toujours du vent favorable... Ça devrait pouvoir passer. Quoi qu'il en soit, on y sera dans une demi-heure. Le jour va se lever, on va longer la plage. Si ça cafouille, je me poserai en bordure de mer.

Christopher avait envisagé un moment d'atterrir à la ferme, Alex aurait pu lui donner un coup de main en cas de problème, mais il renonça à cette idée. Le Sahraoui avait besoin de soins médicaux urgents... En outre, ils allaient devoir fournir beaucoup d'explications sur ce qui s'était passé. Ce n'était pas la peine de compliquer les choses en atterrissant dans une propriété privée.Volant vers l'ouest, ils ne virent pas les premières lueurs de l'aube mais, au changement imperceptible du bleu de la nuit, Christopher devina que le jour n'allait pas tarder. Il observa discrètement Jennifer... Quoi qu'il arrive, il ne la laisserait jamais partir, elle faisait partie de sa vie, maintenant. Il était certain que c'était sérieux entre eux. L'avion approchait de la côte.

En passant à quelques kilomètres de l'Orangeraie, il décida de contacter Alex sur leur fréquence personnelle. Il pourrait venir leur donner un coup de main à l'aéroport. Il commuta les fréquences sur la VHF et utilisa leur code.

– Eagle à Hawk. Tu me reçois ?

Il y eut un déclic dans les écouteurs, comme si quelqu'un tenait le micro de la VHF sans parler.

Christopher fronça les sourcils, intrigué. Il répéta le message.

– Alex, tu me reçois ?

Le même phénomène se reproduisit. Étrange... Pour la première fois, il sentit l'inquiétude le gagner à propos de son ami. Il y avait quelqu'un chez lui. Le type tenait le micro mais il ne voulait pas parler. Jamais Alex n'aurait fait ça.

– Qui est au micro, aboya-t-il, furieux. Répondez, ça n'a rien de drôle!

Il y eut un nouveau déclic et il reconnut Ben Aïssa, le gardien. Sa voix semblait enrouée.

– C'est vous, monsieur Chris ? Je suis bien content de vous entendre.

Le ton démentait complètement ses paroles. Christopher crut qu'il allait se mettre à pleurer. Jamais il ne l'avait entendu s'exprimer comme ça.

– Qu'est-ce qui t'arrive ? Passe-moi Alex !

Ben Aïssa ne répondit rien.

– Passe-moi Alex, je te dis !

Comme Christopher insistait, il finit par répondre.

– Il est à l'aéroport d'Inezgane. Il est en train de charger du parathion...

– OK... C'est bon alors. On va se retrouver là-bas, j'y serai dans quelques minutes.

Au moment où Christopher allait couper la radio, Ben Aïssa le rappela :

- Heu... Monsieur Chris, vous avez eu des ennuis... pendant votre voyage ?

Il avait l'air gêné de lui demander ça.

Christopher sursauta. Comment son gardien pouvait-il savoir ?

- Qu'est-ce que tu sais au juste ?

- On sait rien, monsieur Chris, sauf que Monsieur Alex a dit que c'était mauvais pour vous que le gardien du gouverneur était mat[67].

Il y eut un silence pesant.

- Alex a raison, c'était pas bon du tout.

- Monsieur Chris...

Il reprenait sa voix plaintive du début.

- Oui, qu'est-ce qu'il y a ?

- Il y a rien !

Ben Aïssa voulait parler de la mort de Rachid mais il n'y arriva pas.

Comment pourrait-il dire qu'il l'avait retrouvé lui-même baignant dans son sang ?

C'était à Alex d'annoncer le nouvelle.

- Il y a rien, Monsieur Chris, répéta Ben Aïssa en coupant la VHF pour éviter les questions.

Christopher n'aimait pas ça du tout. Il changea de fréquence et appela la tour d'Inezgane. Il prévoyait l'atterrissage dans sept minutes.

À l'instant où il obtint le contact, un Boeing 727 de la Royal Air Maroc recevait l'autorisation de mettre en route pour un départ sur Paris-Orly.

- Agadir, ici N15448B, vous me recevez ?

Le contrôleur répondit immédiatement mais il eut du mal à dissimuler sa surprise... Au Maroc, tous les vols, sans

67. Mort.

exception[68], étaient soumis au dépôt d'un plan de vol. Christopher n'en avait évidemment pas.

– N15448B... je vous reçois 5 sur 5. D'où est-ce que vous sortez ? Je n'ai rien reçu pour vous.

– Nous sommes en provenance d'El Aiun, mentit Christopher, ils ont dû oublier de vous le transmettre.

– Ça m'étonnerait, lança le contrôleur brusquement soupçonneux.

Puis, après un temps de silence

– Je vous passe les paramètres, vous vous expliquerez tout à l'heure au bureau de piste. Vous prendrez la piste 29, le QNH est de 1017, le vent est du 270 degrés pour 5 nœuds...

Christopher l'arrêta immédiatement. La 29 ne l'arrangeait pas du tout. Le Twin Otter arrivait par le sud-ouest. Il survolait actuellement la plage. S'il utilisait la piste 29, il lui faudrait faire un détour qui l'amènerait à survoler de nombreuses habitations.

Compte tenu du peu de carburant qui lui restait, il ne pouvait prendre un tel risque.

– Agadir de N15448B, je préférerais la piste 11, si ça ne vous dérange pas.

La demande ne sembla pas vraiment plaire au contrôleur qui explosa sur la fréquence. Un pilote surgi de nulle part ne pouvait pas imposer ses conditions pour atterrir...

– Négatif 15448B. Vous prendrez la 29, parce que c'est la piste en service.

Christopher allait expliquer le caractère urgent de sa demande, quand il vit tout à coup l'aiguille du fuel flow du moteur droit chuter vers zéro. La torque suivit immédiatement et, dans la seconde d'après, l'hélice passa en drapeau puis s'arrêta. Le réservoir droit était vide ! Aussitôt le Twin fit une violente embardée que Christopher contra au pied et au manche. Il y eut un craquement dans la timonerie... Sans compensateur de direc-

68. Y compris les vols intérieurs qu'ils soient IFR ou VFR.

tion, l'avion était difficilement contrôlable. Christopher reprit le micro et lança d'une voix calme.

– Écoutez, je vais prendre la 11, même si ça ne vous plaît pas. Je suis pratiquement en panne sèche, ma roue gauche va éclater à l'atterrissage et le moteur droit est en drapeau. Alors mettez les pompiers en place et libérez-moi la 11. Si ça vous suffit pas, j'ai encore quelques autres pannes mineures.

– Si c'est une blague, ça va vous coûter cher, répliqua le contrôleur, visiblement ébranlé.

– Ce n'est pas une blague, rétorqua Christopher. Et pour information, j'ai deux blessés à bord. Alors vous appelez aussi une ambulance. Ils sont tous les deux dans un état très grave.

– *Stand bye* 15448B, je vous rappelle.

Il y eut un très long silence pendant lequel, le contrôleur informa certainement son bureau de piste de ce qui se passait. Il voulait se couvrir... Lorsqu'il eut l'accord de son chef, il reprit le micro.

– Présentez-vous pour la piste 11 November 15448 Bravo. On fait le nécessaire pour les pompiers et l'ambulance.

Le Twin Otter arriva par la mer et s'aligna de très loin dans l'axe de la piste.

Avec un moteur mort et une gouverne direction inutilisable, Christopher voulait absolument éviter de virer à basse altitude. Il ne fallait pas tenter le diable. L'appareil n'avait rien à envier aux bombardiers blessés rentrant de mission lors de la Seconde Guerre mondiale.

– N15448B. On arrive en finale 11. Le dernier vent ?

– Le vent est calme, 15448, vous êtes autorisé à l'atterrissage sur la 11.

À la seconde où le contrôleur termina son message, le commandant du Boeing 727 prit la parole sur la fréquence :

– Heu... les gars. On vous dit « Merde » pour l'atterro. Je ne sais pas d'où vous venez comme ça, mais ça va pas être facile.

Christopher remercia le navigant pour ses encouragements.

Ce dernier pouvait comprendre les difficultés que pouvaient représenter une approche dans de telles conditions.

– Jenny, serre ton harnais très fort, ordonna Christopher... C'est la dernière épreuve.

Cette fois Christopher ne pouvait pas toucher le sol incliné sur une seule roue. Du fait de l'état de la gouverne de direction et de la turbine stoppée, le Twin ne pouvait plus approcher comme lors du précédent atterrissage. Il fallait le présenter parfaitement à plat. Toute dissymétrie serait terriblement dangereuse.

Réduisant la vitesse au minimum, il effectua un arrondi jusqu'à la limite du décrochage et posa les roues le plus légèrement possible sur le ciment.

Ça ne servit à rien... À l'instant où l'appareil toucha le sol, il y eut une violente explosion. Christopher vit voler des morceaux de gomme devant le pare-brise. Le Twin Otter s'inclina irrésistiblement et partit en virage vers l'extérieur de la piste.

– Aide-moi au pied à droite, je le tiens plus !

Il pesa de tout son poids sur le palonnier, sans résultat. Malgré l'aide de Jennifer, l'avion accrocha une balise lumineuse et sortit de la bande cimentée. Le choc ne fut pas très fort mais la balise détruisit l'amortisseur anti-shimmy. Aussitôt, des vibrations terribles firent trembler la cellule.

Les secousses étaient si brutales que Jennifer se mordit la lèvres pour ne pas hurler. Le bimoteur allait se disloquer.

L'aile gauche racla le sol, mais l'avion ne s'arrêta pas. Il continua sa course folle en dehors de la zone balisée. Un énorme nuage de poussière monta aussitôt derrière le fuselage. La roulette de nez fut arrachée au passage d'un canal d'irrigation. Sous le choc, le poste de pilotage plongea vers le sol.

L'enfer dura jusqu'à ce que le Twin se bloque dans la terre et s'arrête. L'atterrissage n'avait duré qu'une trentaine de secondes mais les occupants avaient l'impression que le calvaire avait duré des heures. Jennifer soupira.

– Mon Dieu... On est vivants !

– Il faut aller voir les blessés, ils ont dû être secoués, lança Christopher...

Il n'eut pas le temps d'en dire plus. De toute part, des véhicules déboulaient sur les lieux. Il y avait une ambulance, des voitures de police et un énorme camion de pompiers.

Le Twin était pitoyable. La roulette de nez arrachée, la queue en l'air, une aile posée sur le sol, il ressemblait à un énorme oiseau blessé. Jamais les gens de l'aéroport n'avaient assisté à un tel atterrissage.

– N15448B, est-ce que ça va ? demanda le commandant de bord du Boeing 727 à la radio.

Il avait suivi le crash depuis le parking et avait attendu pour commencer son roulage que tout soit terminé. Sécurité oblige.

– Ça va, je vous remercie, répliqua Christopher. L'avion en a pris un coup, mais tout le monde est sauf. On vous a même libéré la piste, vous n'aurez pas de retard au décollage.

– Félicitations... j'aurais pas aimé être à votre place.

Après avoir certifié qu'il se posait de cette manière à chaque atterrissage, Christopher prit congé du commandant du 727 et il coupa le contact général.

Tout était terminé.

En quelques minutes, ce fut une pagaille indescriptible autour de l'avion. Tout le monde donnait des ordres contradictoires. Une fourgonnette de police tentait sans succès de se frayer un chemin jusqu'à l'avion. Les pompiers déroulaient les lances d'incendie en hurlant.

Christopher eut beaucoup de mal à faire comprendre qu'il n'y avait plus aucune goutte de carburant à bord et que les risques d'incendie étaient nuls.

On aurait difficilement rempli un briquet avec le kérosène des réservoirs. Le préposé au canon de neige carbonique s'obstina pourtant à pointer son engin sur les turbines, comme si elles allaient exploser.

– Il y a des blessés à bord, laissez passer l'ambulance, hurla Christopher au milieu de la confusion générale !

Il venait de remarquer deux voitures blanches avec des gyrophares un peu en retrait. Dans la cohue, elles ne parvenaient pas à se frayer un passage jusqu'au Twin. Il fut frappé par la différence d'aspect entre les deux véhicules. La plus proche était l'ambulance de permanence à l'aéroport. C'était un simple combi Volkswagen, sur lequel on avait peint un croissant rouge. Elle n'avait d'ambulance que le nom. Sa principale fonction était de transporter le personnel de l'administration en ville. Il ne devait pas y avoir un morceau de sparadrap à bord.

L'autre voiture était un immense break Oldsmobile, climatisé et ultramoderne. Le Maroc en avait acheté un grand nombre à l'occasion de la Marche verte. C'était un véritable bloc opératoire roulant.

Jennifer aperçut également l'Oldsmobile. Elle croisa le regard de Christopher et ils eurent la même pensée en le comparant au vieux combi poussif.

– J'espère qu'ils vont embarquer les blessés dans le break, l'autre est complètement pourri, lança-t-elle d'un air dégoûté.

Comme pour lui donner raison, au même instant, deux infirmiers en blouse blanche impeccable sortirent une civière du break et montèrent dans l'avion, sans dire un mot. Stéthoscope au cou, un jeune médecin les suivait. Il passa devant Christopher et lui fit un signe de la main.

– On s'occupe de vos blessés, expliqua-t-il.

Au moment où Christopher s'apprêtait à le suivre, un gros policier moustachu l'arrêta.

– Ne vous inquiétez pas, ils vont être bien traités, remarqua-t-il. Vous voulez bien me suivre, s'il vous plaît ? Il y a des gens qui veulent vous poser des questions.

Le fonctionnaire lui montra un véritable cortège de voitures qui s'avançait vers le Twin. Des Fiat 131... Au loin, plus en arrière, un gros van bleu nuit longeait la piste d'atterrissage. Il venait vers lui à toute allure. Christopher le regarda approcher. Il avait déjà vu ce genre de véhicule à Rabat. Sur l'aile droite flottait le drapeau américain.

C'était plutôt rassurant.

– Vous avez de la visite, reprit le moustachu avec une nuance de respect dans la voix.

Le cortège de voitures noires s'arrêta à quelques mètres des services de sécurité. Une dizaine d'hommes en costume sombre descendirent des Fiat 131 et s'approchèrent.

Tout allait très vite... Il n'y avait pas cinq minutes que le Twin était au sol et les services spéciaux marocains étaient déjà là. Le doute n'était pas permis.

Tout ce beau monde attendait l'arrivée de l'appareil depuis longtemps. Il allait falloir fournir des explications et ça ne serait pas une mince affaire.

Le van de l'ambassade vint se ranger lentement à côté des Fiat. La porte coulissante s'ouvrit et Christopher reconnut immédiatement la silhouette d'O'Brian.

Le voyage du Twin Otter avait dû provoquer des frayeurs dans de nombreux services pour qu'on vienne l'accueillir aussi rapidement.

Trois hommes sortirent derrière O' Brian. Christopher ne les avait jamais vus. Américains et Marocains confondus se dirigèrent vers l'avion.

O'Brian tomba littéralement dans les bras de Christopher. Il semblait sincèrement heureux de le retrouver. L'Irlandais était plutôt du genre démonstratif.

– *Bull Shit,* s'exclama-t-il. Tu nous as foutu une de ces trouilles !

Tout en lui serrant vigoureusement la main, il jeta un regard vers Jennifer.

– C'est Alex qui nous a prévenus, mais on savait pas que t'étais parti accompagné, lança-t-il d'un air étonné.

– Je n'ai pas eu à regretter sa présence.

O'Brian la fixait intensément. Elle lui tendit une main distante qu'il saisit pourtant chaleureusement.

– *Nice to see you,* dit-il simplement.

Il y eut un moment de silence gêné, puis O'Brian sembla revenir soudain sur terre et se tourna vers un homme aux cheveux blancs qui se tenait derrière lui :

– Voici John Felzman. Il s'occupe des questions ayant un rapport avec ce qui s'est passé. La « Compagnie » s'est un peu affolée depuis deux jours. Tu vois ce que je veux dire.

Christopher voyait très bien. Il gardait un goût amer de sa première rencontre avec ceux qu'il avait cru être de la CIA.

John Felzman s'approcha. Les deux hommes en retrait restèrent à distance. Ils ressemblaient plus à des gorilles qu'à des diplomates.

– M. Felzman a déjà tout arrangé avec les Marocains, ajouta O'Brian. Inutile de préciser que tu viens de faire un très joli coup en ramenant le type vivant. Viens on va discuter...

La porte latérale du fourgon s'ouvrit. Christopher y monta, suivi des quatre hommes.

À son grand étonnement, Jennifer ne tenta même pas de pénétrer dans le véhicule. Elle fit demi-tour et alla s'asseoir dans l'herbe à quelques mètres de là.

Du coup, Christopher retint O'Brian par la manche.

– Pourquoi est-ce qu'elle ne vient pas avec nous ?

– Tu ne crois pas qu'il est préférable de laisser ton amie en dehors de ce que nous allons raconter ?

Il avait prononcé le mot « amie » d'une étrange façon.

Christopher n'y comprenait plus rien. Il était persuadé qu'elle travaillait pour les Américains et O'Brian ne semblait même pas la connaître, ni soupçonner la manière dont elle s'était introduite dans le Twin.

Les cinq hommes s'installèrent autour d'un minibar.

– Vous buvez quelque chose, demanda Felzman ?

– Rien, merci. Si ça ne vous dérange pas, j'aimerais qu'on

attaque tout de suite. J'ai encore beaucoup de choses à faire. Les Marocains vont me tomber dessus.

– Ne vous inquiétez pas. De ce côté-là, tout est réglé. Ces derniers temps, nos relations se sont bien améliorées et je peux vous certifier qu'ils sont ravis d'avoir récupéré Ould Hassan.

Raison d'État oblige, le roi du Maroc avait fini par faire semblant d'oublier quelques vilaines incartades de la CIÀ à son égard. En se servant un grand verre de bourbon, Felzman reprit la parole sans regarder Christopher.

– Tout d'abord, commandant Streisand, au nom de beaucoup de gens à l'ambassade, laissez-moi vous adresser nos plus vifs reproches pour votre départ précipité dans cette expédition. Vous auriez dû nous prévenir... C'était complètement débile ! D'un autre côté, tout le monde va vous féliciter pour en être revenu avec le Sahraoui et l'avion, ajouta-t-il après un temps de silence.

Il avait un sourire radieux.

– Je me suis bien fait rouler, n'est-ce pas ?

– C'est le moins qu'on puisse dire. Vous êtes certainement le plus beau pigeon que je connaisse.

– Je sais, reprit Christopher, je l'ai compris un peu tard... C'est rare chez les Marocains, mais le véritable général Haddajji *a les yeux bleus.* Quand je m'en suis rendu compte, j'étais en plein désert.

Felzman écarquilla des yeux étonnés.

– Je vous demande pardon ?

– À ma place, vous seriez aussi tombé dans le panneau. Les Libyens avaient monté le coup de telle façon que je croie qu'il s'agissait d'une opération marocaine. Tout le monde connaît vaguement le visage d'Haddajji. Ils m'ont présenté un excellent sosie. Ils n'ont même pas eu à me le présenter. Je l'ai « reconnu » tout de suite. Il n'y avait qu'un détail qui clochait : l'homme avait les yeux noirs. Je me suis vaguement rendu compte de quelque chose à Paris quand j'ai vu une photo du vrai Haddajji dans une revue. Il était en visite officielle à la Maison Blanche. Mais, à ce moment-là, j'avais d'autres problèmes et je n'y ai pas vraiment porté attention.

Christopher évita de préciser le genre de problèmes qui le préoccupaient alors qu'il était étendu auprès du feu avec Jennifer.

– Le stratagème a été très bien monté, poursuivit-il, j'ai même cru que vous étiez dans le coup.

– Vous savez qu'Ould Hassan a servi d'appât sans le savoir, l'interrompit Felzman.

– Je m'en suis rendu compte par la suite, mais j'ai bien failli le laisser tomber quand j'ai vu que c'était un piège.

– Les Libyens l'ont eu dans l'os, reprit Felzman... Avec les précautions qu'ils avaient prises, ils n'auraient jamais imaginé que vous réussiriez à leur échapper. Nous sommes déjà au courant pour l'eau à la place du kérosène.

Christopher sursauta.

– Comment savez-vous ça ?

Felzman sourit, ravi de son effet.

– Notre service Action a été particulièrement efficace. Nous avons eu une longue conversation avec un ancien mécanicien du Bourget. Un gars qui s'appelle Routier, vous voyez de qui je parle ?

– Je vois très bien, répliqua Christopher... En fait, c'est parce qu'ils croyaient qu'on n'avait plus de carburant que le Libyens ne nous ont pas abattus dès le début.

– Quoi qu'il en soit, leur coup tordu est un échec total, conclut Felzman.

Christopher crut bon de refroidir un peu son enthousiasme.

– C'est pas aussi clair que ça, dit-il, pensif. C'est vous qui m'avez appelé pour me menacer avant le décollage du Bourget ?

L'Américain sembla tomber des nues.

– Qu'est-ce que c'est que cette histoire ? Jamais de la vie. Vous pensiez bien que si on avait été au courant à ce moment-là, on ne vous aurait jamais laissé prendre l'air. C'était un jeu d'enfant de vous bloquer au sol sous un prétexte quelconque.

Christopher lui raconta l'épisode du coup de fil à l'agence Hertz. L'autre n'y comprenait rien. Il n'y avait apparemment aucune réponse logique. Pourquoi les Libyens auraient-ils tenter de faire échouer leur propre plan ?

Christopher avait bien une idée, mais il se garda d'en faire part à Felzman.

Une autre question le hantait, bien qu'il se doutât un peu de la réponse qu'allait lui donner le correspondant local de Langley.

– Pourquoi voulaient-ils cet appareil ?

– Kadhafi voulait se venger... Il n'a pas digéré que nos F-14 aient abattu deux de ses chasseurs l'année dernière. Vous vous souvenez, c'était pendant nos manœuvres en Méditerranée, au large de la Libye. Cela faisait déjà longtemps que la Maison-Blanche s'attendait à un clash. Les Sukhoi de Kadhafi ont tiré les premiers. Alors nos gars les ont flingués les doigts dans le nez. Le monde entier a rigolé quand on a annoncé la nouvelle. Depuis ce temps-là, Kadhafi ne rêve que d'une chose : il veut capturer un avion américain en infraction sur son territoire pour nous ridiculiser aux yeux de l'opinion publique mondiale. C'est débile, mais c'est comme ça.

– Il aurait du mal à capturer un SR-71, lança O'Brian rigolard.

Le SR-71 était un avion espion qui volait à 80 000 pieds[69] et la Libye n'avait aucun appareil capable de monter à cette altitude. Même les nouveaux missiles sol/air SA-6 « Kub » qu'elle venait d'acheter aux Russes ne dépassaient pas 36 000 pieds.

– Comme il n'avait aucune chance d'abattre un de nos zincs, il a fabriqué lui-même un avion espion américain avec un pilote ayant un passeport de l'Oncle Sam. Et il l'a envoyé chez lui... Vous avez pénétré illégalement dans l'espace aérien libyen. Vous

69. 25 000 mètres.

transportiez de l'armement israélien et vous vous êtes posé sur son territoire. Avouez que l'idée était géniale... Il n'a pas manqué grand-chose pour que ça réussisse.

Christopher frémit en pensant au sort qui lui aurait été réservé s'il avait été capturé. Il y eut un silence gêné... L'ombre machiavélique du leader chevelu plana au-dessus du van.

– Je n'aurais pas aimé être à votre place, si vous vous étiez fait prendre, reprit Felzman. Pour nous, c'était une catastrophe. Personne n'aurait cru à notre innocence dans un pareil ratage. Pas même les gens de chez nous !

Christopher sourit.

– Moi-même, j'ai cru sincèrement que vous étiez dans le coup.

Felzman apprécia la franchise de son interlocuteur. Il ne put s'empêcher d'être admiratif devant l'exploit qu'il venait d'accomplir.

– Vous ne paraissez quand même pas en grande forme, plaisanta l'homme de Langley.

Christopher se força à sourire.

Il devait faire peur à voir.

Avec sa barbe de trois jours et sa chemise maculée de sang, il avait l'air de revenir de l'enfer.

– J'ai beaucoup volé, depuis quelques temps...

– À propos d'avions, reprit Felzman, les rapports de nos satellites nous indiquent que deux MiG-21 se sont écrasés cette nuit dans la région où vous vous trouviez. Vous ne voyez pas de quoi je veux parler ?

Il buvait du petit lait. Non seulement, les Libyens n'avaient pas mis la main sur le Twin mais ils y avaient laissé deux de leurs chasseurs.

– Je crois qu'ils se sont tirés l'un sur l'autre, expliqua Christopher. Je n'y suis pour rien.

– Quoi qu'il en soit, en ramenant le Sahraoui, vous avez fait un sacré coup. Quel scoop fantastique ! Le numéro 2 du Polisario se réfugie au Maroc pour échapper à la protection libyenne.

– Soyez très prudent, le stoppa Christopher. Ce type-là sait beaucoup de choses. Il est en danger. Vous devez le protéger.

O'Brian n'avait pratiquement pas prononcé un mot depuis le début de l'entretien. Il l'interrompit.

– Ne t'inquiète pas, Chris, nous le prenons en charge. L'ambulance que tu as vue tout à l'heure appartient à l'ambassade. Il y a à bord le matériel le plus moderne pour lui donner les premiers soins. Il ne risque rien, crois-moi.

Il semblait sûr de lui et Christopher se sentit un peu rassuré pour le Sahraoui.

– On ne sera pas les seuls à le protéger. Les Marocains vont veiller sur lui comme sur la prunelle de leurs yeux, ajouta Felzman.

Christopher leur fit alors le récit détaillé de tout ce qui s'était passé pendant ces deux jours en n'oubliant pas de mentionner que Jennifer lui avait sauvé la vie dans la plaine de l'Ubari. Sans savoir pourquoi, il évita de raconter comment elle lui avait imposé sa présence à bord. Il ne parla pas davantage de la conversation qu'il avait eue avec Ould Hassan une heure auparavant.

C'était de la dynamite. Pour le moment il valait mieux être discret sur ce sujet.

Les deux hommes l'écoutèrent attentivement sans jamais l'interrompre. Christopher était certain qu'il y avait un magnétophone dans le fourgon et que ses paroles étaient soigneusement enregistrées.

Quand il eut terminé, il y eut un long moment de silence puis ce fut O'Brian qui posa la question que tout le monde attendait :

– D'où sort cette fille ? Pourquoi vous a-t-elle couvert comme ça sur ce boulot ?

Christopher dut avouer son ignorance.

– Je n'en ai aucune idée, répliqua-t-il. En fait, jusqu'à maintenant, j'ai cru qu'elle travaillait pour vous.

Felzman bondit.

– Absolument pas... Elle n'appartient pas à la maison.

Il se retourna vers l'un de ses hommes à sa gauche.

– Mettez le paquet pour savoir d'où elle vient. Je veux ça le plus vite possible. Ça ne doit pas être bien difficile, elle ne passe pas inaperçue, lança-t-il avec un sourire ambigu.

Aussitôt, l'homme se leva et quitta le mini salon pour rejoindre les places avant du fourgon, où il décrocha un téléphone. Le regard de Felzman revint vers Christopher. Il tenta de le sonder.

– Vous avez fait quoi avec elle pendant ces deux jours ?

Le ton avait changé. C'était celui d'un interrogatoire et Christopher se crispa aussitôt.

– Ça ne vous regarde pas... Je ne suis pas sous contrat avec vous.

Les yeux bleu brillaient d'une lueur étrange. Après tout, il se moquait éperdument de ces types et de ce qu'ils pouvaient penser. Maintenant, Jennifer avait beaucoup plus d'importance pour lui qu'il ne voulait se l'avouer.

S'il le fallait, il la protégerait.

– Écoutez-moi bien, continua-t-il, renseignez-vous sur elle, mais laissez-la tranquille. C'est grâce à elle si j'ai pu ramener cet avion ici. Si elle n'avait pas neutralisé l'autre Sahraoui, vous seriez dedans jusqu'au cou. Alors, fichez-lui la paix.

Felzman ne répondit pas mais eut un regard interrogateur en direction d'O'Brian.

– De toute façon, il y a autre chose de bien plus important, reprit Christopher.

– De quoi s'agit-il ?

Les autres ne marcheraient certainement pas, mais il décida de tenter sa chance malgré tout.

– Il faut que l'ambassade m'obtienne une audience avec le roi le plus rapidement possible. C'est vital.

Les Américains écarquillèrent des yeux stupéfaits.

– Dites donc... Vous n'y allez pas par quatre chemins quand vous demandez un service, dit Felzman. C'est vital pour qui ?

– Vital pour tout le monde, insista Christopher, sans en dire plus.

L'autre réfléchit un moment, puis il se décida :

– Donnant, donnant. Vous nous dites de quoi il s'agit et on vous obtient votre entrevue avec Hassan II.

Christopher secoua la tête.

– Pas d'accord.

Felzman se ferma aussitôt comme une huître.

– Alors, ne vous faites pas trop d'illusions, ça m'étonnerait que ce soit possible. Vous en demandez peut-être un peu trop. Vous savez, il est très difficile d'obtenir une audience royale.

C'était une façon polie de le remercier.

Christopher se leva et sortit. Il se débrouillerait autrement.

À l'instant où il s'apprêtait à rejoindre Jennifer, il aperçut Alex qui arrivait en courant. Il semblait à bout de souffle mais arborait un large sourire, tant il paraissait heureux de le revoir. Une fois de plus, il avait oublié ses papiers et avait eu des difficultés pour passer la police de l'aéroport. C'était juste pendant le crash du Twin et il avait failli se battre avec le fonctionnaire de service.

– Sale con, lança-t-il, radieux. Tu m'as foutu une de ces trouilles! Qu'est-ce qui s'est passé ?

– Je t'expliquerai plus tard. Attends-moi ici un instant. Il faut que j'aille la voir.

Alex parut stupéfait d'apercevoir Jennifer assise dans l'herbe à quelques mètres.

– Qu'est-ce qu'elle fait là ?

– J'en sais rien du tout.

Alex eut l'air soudain étrange.

– Chris...

– Oui ?

– Non rien !

Il avait envie de lui dire que Rachid était mort à sa place mais il n'en eut pas le courage. La disparition du jeune Berbère lui causerait un immense chagrin. Il préféra attendre quelques instants. D'ailleurs, Christopher était déjà parti retrouver Jennifer. La tête posée sur ses genoux, elle semblait dormir. Il n'en était rien. Quand il fut tout proche, elle leva les yeux vers lui et sourit. Elle l'attendait.

– Vous avez parlé de moi, dit-elle simplement.

– Oui.

– Ils veulent savoir pour qui j'ai fait ça, hein ?

Il hocha la tête affirmativement.

– Est-ce qu'ils le savent déjà ?

– Je ne crois pas, mais ça ne va pas tarder. En ce qui me concerne, ça m'est complètement égal. Pour l'instant, c'est pas vraiment important.

– Ils ne vont pas tarder à être au courant, mais ce n'est pas à moi de leur apprendre, murmura-t-elle.

– Tu risques des ennuis ?

Elle sourit d'un air rassurant.

– Absolument aucun, ne te fais pas de soucis.

Il eut envie de la prendre dans ses bras, au milieu de la foule des sauveteurs. Leurs yeux se croisèrent et elle comprit à quel point il l'aimait.

Cela en était presque douloureux.

Elle posa sa joue contre sa main et ils restèrent ainsi sans bouger, goûtant les derniers instants de paix qui leur seraient jamais donnés.

Le gros policier toussa plusieurs fois avant d'oser les déranger.

– On vous demande de venir à la Land Rover, là-bas. Ils ont des questions à vous poser. Ne vous inquiétez pas, c'est de la routine. Ce sera pas long, ajouta-t-il comme pour s'excuser.

La Land était garée à 300 mètres du Twin. Les hommes en costume sombre descendus des Fiat étaient groupés autour.

Ils semblaient attendre.

C'était le petit matin. L'air était limpide et la lumière rasante donnait à l'atmosphère une coloration orange presque irréelle. Les cheveux au vent, Jennifer marchait à côté de Christopher. Pour la première fois depuis longtemps, il eut la sensation d'être pleinement heureux. Rien d'autre n'avait vraiment d'importance.

Au moment où le petit groupe atteignit la Land de la police, les véhicules des pompiers quittèrent l'épave de l'avion pour regagner les hangars de l'aéroport.

Au loin, le Boeing 727 de la Royal Air Maroc commençait à rouler en direction de la piste 11.

Curieusement, le commandant de bord avait fait le même choix que Christopher. Il avait préféré cette piste à la 29. Peut-être voulait-il jeter un coup d'œil au passage sur le Twin Otter accidenté.

L'un des Marocains en costume sombre s'approcha de Christopher et lui tendit la main.

– Pouvez-vous patienter une minute, commandant Streisand ? Nous attendons un contact radio d'un moment à l'autre.

Indifférent aux questions qu'on allait lui poser, Christopher attendit.

La silhouette du 727 grossissait peu à peu au bout du taxiway.

Chapitre 18

Le gros policier se mit à tripoter sa radio en jurant. Le poste semblait fatigué. Autour de l'avion, il n'y avait plus maintenant que le gros break ambulance, une R-16 noire et quelques mécaniciens qui examinaient avec curiosité le train d'atterrissage arraché. Jennifer rejeta ses cheveux en arrière d'un geste machinal.

– S'ils n'ont pas besoin de moi pour ces questions, proposa-t-elle, je vais chercher mes affaires dans le Twin et voir les blessés.

Elle avait parlé en anglais. Le Marocain qui les avait accueillis voulut montrer qu'il avait parfaitement compris. Il arbora son plus beau sourire.

– Il n'y a aucun problème, mademoiselle. Si le commandant Streisand reste avec nous, vous êtes parfaitement libre.

Il prononça le grade de Christopher avec un plaisir évident. Au Maroc, tout ce qui avait rapport avec l'armée était sacré. Elle retourna vers l'avion. Christopher la suivit des yeux, écoutant distraitement le policier commenter les conditions fantastiques de son atterrissage.

Enfin la radio de la Land Rover consentit à fonctionner et le policier se mit à parler à toute vitesse en arabe.

Le Boeing approchait.

Le sifflement des réacteurs s'amplifia et l'homme à la radio dut élever la voix pour se faire entendre de son correspondant.

Il se retourna vers Christopher en hurlant.

– Ils veulent vous parler.

Christopher l'entendit à peine.

La R-16 noire venait de se détacher de l'appareil. Christopher eut un pressentiment étrange. Jennifer était à mi-chemin entre le Twin Otter et la Land.

Le 727 roulait lentement à présent sur la piste. Il passa à une dizaine de mètres d'eux. Le bruit était insupportable et le policier renonça à parler.

Jennifer se déplaçait légèrement dans la lumière de l'aube. Un instant, elle s'arrêta pour observer l'avion de ligne qui passait près d'elle, puis elle reprit sa progression vers le bimoteur.

À ce moment-là, la R-16 accéléra et passa à grande vitesse devant les Fiat 131. Christopher eut le temps de remarquer les quatre hommes à l'intérieur.

Son sang se glaça dans ses veines en apercevant le visage du passager avant. C'était le jeune médecin qu'il avait vu quelques instants auparavant, pénétrant dans l'avion.

Il regarda instinctivement dans la direction du Twin.

L'ambulance était toujours là. Immobile... Toutes portes fermées. Jennifer s'en approchait. Elle n'était plus qu'à vingt mètres.

Debout à côté du poste radio, le policier se bouchait les oreilles, les yeux instinctivement plissés.

Ce fut le début du cauchemar.

Christopher le bouscula et partit en courant vers l'épave de l'avion. Du fond de lui-même jaillit un hurlement qu'il n'entendit pas tant le grondement des réacteurs était assourdissant.

– Reviens !

Aligné sur l'axe de la piste, le Boeing venait de mettre pleins gaz. Le pilote lâcha les freins et le triréacteur s'élança pour décoller. Un vacarme effroyable remplit l'espace, faisant vibrer l'air.

Christopher était presque à l'endroit où Jennifer s'était retournée pour regarder le Boeing, quand tout à coup une flamme gigantesque jaillit et l'ambulance se pulvérisa. Il eut l'impression de se heurter à un mur brûlant qui le rejeta violemment en arrière.

Il resta une dizaine de secondes sur le sol, face contre terre. Étourdi par le souffle de la bombe. Dans le tonnerre du décollage du 727, l'explosion était passée pratiquement inaperçue.

Christopher resta un instant à genoux sur le sol puis, lentement, il se leva et marcha vers l'ambulance en flammes... Comme un somnambule.

Jennifer était tout près de la carcasse déchiquetée. Recroquevillée en chien de fusil, elle semblait dormir.

Le Boeing était parti. Il n'était plus qu'un grondement dans le lointain.

Seuls les crépitements du feu tordant les tôles de la voiture troublaient maintenant le silence.

Christopher s'approcha d'elle. Soulevant sa tête avec précaution, il la posa sur ses genoux.

Le soleil était complètement levé.

Un mince filet de sang coulait de son oreille droite et ses yeux entrouverts regardaient le ciel. Elle ne semblait pas blessée. Seule une mèche de cheveux brûlés et une tache sur la joue montrait qu'elle avait été exposée aux flammes. La rage de l'impuissance devant l'injustice de ce meurtre éclata en lui dans un cri inhumain.

Il la serra de toutes ses forces dans ses bras. L'explosion l'avait tuée sur le coup...

Au loin, les sirènes des pompiers retentirent à nouveau.

Lugubres. Il resta prostré longtemps, la tenant contre lui. Ignorant l'agitation des secours qui tentaient de maîtriser l'incendie du break.

Une main se posa sur son épaule... Alex.

-Viens, il ne faut pas rester là, murmura-t-il doucement. Tu ne changeras plus rien pour elle.

Il semblait épouvanté.

Christopher ne bougea pas d'un pouce.

-Viens, je t'en prie, insista-t-il.

Christopher remit en place la mèche de cheveux brûlés et se leva, la gorge nouée. Il ne savait pas où aller.

Deux infirmiers se précipitèrent et déposèrent le corps de Jennifer sur une civière crasseuse. À l'instant où le drap se rabattit sur son visage, il eut l'impression qu'un rideau de plomb lui tombait sur les épaules.

* * *

Allongé sur son lit, les yeux grands ouverts, Christopher n'arrivait pas à trouver le sommeil. Il attendait... Jennifer était morte. Les deux Sahraouis avaient été pulvérisés dans l'explosion de l'ambulance et à son arrivée à l'Orangeraie, Alex avait éclaté en sanglots en lui annonçant la mort de Rachid.

Au comble du désespoir, Christopher se jura de retrouver un jour les responsables de cette tuerie. Après avoir laissé le corps de Jennifer aux infirmiers, il avait suivi Alex jusqu'à la Range restée sur le parking de l'aéroport. Alex s'efforçait de débiter des paroles de réconfort. Christopher n'entendait rien.

Ce n'est qu'au moment où Alex avait démarré qu'il lui avait demandé de s'arrêter près d'O'Brian, debout au bord du trottoir. Il lui avait lancé d'une voix blême.

– Maintenant que le Sahraoui est mort, l'audience est vitale. Je veux voir le roi.

L'autre tenta de protester.

– Je t'ai déjà dit...

– Je me moque de ce que tu m'as dit, je peux te certifier que si je ne le rencontre pas, toi et Felzman vous serez virés comme des malpropres. Pour incompétence...

Avant même qu'O'Brian ait eu le temps de demander plus d'explications, ils avaient démarré sur les chapeaux de roues, le laissant médusé au milieu de la route.

– Je t'appellerai, avait-il crié alors que la Range était déjà à plus de 200 mètres.

À 22 heures, le téléphone sonna. C'était Felzman. Il semblait tout excité:

– Le roi veut vous voir le plus tôt possible. Il y a un Falcon 50 en *stand bye*[70] sur le parking d'Agadir. Foncez là-bas. Il vous emmènera à Fez.

– J'y vais, répliqua simplement Christopher.

Il allait raccrocher, quand Felzman reprit :

– Streisand ?

– Oui.

– Tout le monde est sur les dents. La mort d'Ould Hassan les a drôlement secoués. Jamais on n'aurait pensé que le médecin de l'ambassade lui-même travaillait pour les Libyens.

Christopher grinça des dents.

– Parce qu'en plus c'était votre toubib ?

– Hélas ! Pour l'instant, on court après. Mais on n'a pas de nouvelles.

– Qui est au courant de cette audience, demanda Christopher d'une voix neutre ?

– C'est top secret. On a fait ça discrètement. J'espère que vous savez ce que vous faites !

– Ne vous inquiétez pas, rétorqua simplement Christopher.

Il se sentait terriblement las. Au moment où il allait raccrocher, Felzman reprit.

70. En attente.

– Il y a autre chose... Nous avons les renseignements sur la fille.

Christopher ne put s'empêcher de revoir l'image de l'ambulance en flammes à côté du Twin.

– Allez-y. Déballez votre sac, murmura-t-il.

– C'est beaucoup moins grave qu'on le pensait. Elle travaillait pour les Anglais. Depuis qu'ils ont viré les Libyens de leur ambassade de Londres, les cousins du MI 6 sont morts de trouille. Ils sont certains que Kadhafi est en train de leur préparer un enfant dans le dos. Dès que les Libyens se grattent le nez, tous leurs agents sont sur le pied de guerre.

– Je ne comprends pas comment est-elle arrivée jusqu'à moi, avant même qu'Haddajji me contacte ?

– C'est un coup de bol... Il y a une semaine, le Twin a été loué à votre nom par un Libyen qu'ils surveillaient. Les services anglais ont flairé quelque chose de pourri. Ils sont remontés jusqu'à vous et vous ont collé cette fille dans les pattes. Histoire d'en savoir plus... C'était une débutante. Elle n'avait jamais bossé.

Il resta un instant silencieux avant de rajouter d'une voix triste.

– Pour une première mission, elle s'est bien débrouillé mais elle n'aura pas duré longtemps dans le métier.

Christopher raccrocha, écœuré.

Il se sentait vidé de toute substance. Il avait décidé qu'il irait voir Hassan II parce qu'il en avait fait la promesse au Sahraoui. Après... il ne savait pas ce qu'il ferait.

Le Falcon 50 mis trois quarts d'heure pour rejoindre l'aéroport de Fez Sais. Une BMW noire aux plaques banalisées attendait sur le parking. Christopher embarqua aussitôt et le véhicule partit en trombe en direction du palais.

Un colonel de la garde royale conduisait tandis que deux colosses, visiblement armés jusqu'aux dents, encadraient Christopher à l'arrière de la voiture. Les ordres étaient formels, personne ne devait lui adresser la parole pendant le trajet.

Il régnait dans le véhicule un silence lugubre.

La BMW pénétra dans l'enceinte du palais royal par une porte latérale et s'arrêta dans une cour intérieure dont les entrées étaient gardées par des militaires en armes.

Un homme âgé, entièrement chauve, attendait devant une des portes. Très droit dans un costume sombre, il ne bougea pas d'un pouce quand les portières de la voiture s'ouvrirent. Christopher l'avait déjà vu à plusieurs reprise, c'était le général Moulay Hafid Alaoui, un des plus proches collaborateurs du roi. Le colonel de la garde royale se mit impeccablement au garde-à-vous et dit simplement.

– Mon général, voici le passager.

Le chauve tendit une main ferme à Christopher.

– On parle beaucoup de vous en ce moment, dit-il avec un demi-sourire. Voulez-vous me suivre ? Sa Majesté désire vous rencontrer immédiatement.

Christopher suivit le général à travers les dédales du palais. Il le conduisit dans un immense patio d'une beauté stupéfiante.

La végétation y était luxuriante et l'air embaumait la fleur d'oranger. Le murmure des jets d'eau mêlé aux chants des oiseaux créait ici une atmosphère incroyablement paisible.

Le roi du Maroc était là...

Assis dans un fauteuil de cuir rouge, il lisait un journal en arabe. Hassan II passait pour un homme fin et cultivé, grand amateur de littérature française et arabe.

Il posa son journal et regarda Christopher approcher.

Celui-ci fut frappé par l'intelligence du regard. Pendant les conférences de presse, le roi était la joie et la hantise des journalistes. Doué d'un sens de la repartie rare, il savait démonter les arguments les plus perfides pour les retourner à son avantage. Il n'était pas rare que les correspondants de presse applaudissent.

Malgré un tempérament particulièrement autoritaire, c'était l'un des chefs d'État les plus avisés d'Afrique.

Les deux hommes se serrèrent la main et un courant de sympathie passa immédiatement entre eux. Hassan II entra tout de suite dans le vif du sujet

– Monsieur Streisand, je suis au courant de ce qui s'est passé. Je ne connais évidemment pas tous les détails et je pense pas que vous ayez demandé à me rencontrer pour me les raconter. J'espère seulement que les précisions que vous m'apportez valent la peine d'être entendues.

Il arborait un demi-sourire. Le roi du Maroc le recevait sans protocole, en jean et chemise de sport, mais il lui signifiait tout de même qu'il n'avait que peu de temps à lui consacrer.

– Majesté, vous recevrez certainement des rapports qui vous diront ce qui est arrivé pendant ce voyage. Je ne suis pas venu pour cela. Ce serait trop long. Je pense par contre qu'il serait bon que vous ayez connaissance de la conversation que j'ai eue avec le vice-président de la RASD quelques heures avant sa mort.

Christopher perçut une lueur d'intérêt dans le regard du souverain. Il comprit qu'on ne l'avait pas dérangé pour rien.

– Je vous écoute, monsieur Streisand.

– Il se trouve que la chute d'Ould Hassan a été foudroyante. Quelque temps avant d'être écarté du pouvoir, il a eu accès à des informations secrètes par un membre des services spéciaux libyens.

Christopher parla longtemps... Puis ce fut Hassan II qui posa des questions, pour connaître en détail les paroles du Sahraoui.

L'entretien dura plus d'une heure et demie.

Quand il eut terminé, le roi sembla profondément préoccupé. Christopher eut même l'impression qu'il était triste.

– Je vous remercie infiniment de ce que vous venez de m'apprendre. En mon nom et en celui du peuple marocain. J'aurais sincèrement préféré que vous fussiez venu me déranger pour rien. Dieu ne l'a pas voulu. Vous m'avez malheureusement appris des choses terribles. Je vous suis reconnaissant d'être venu.

Christopher se leva pour prendre congé.

– Puis-je faire quelque chose pour vous, demanda le roi ? Si vous avez besoin d'un ami, je pourrai vous aider.

Christopher sut aussitôt que ce n'était pas parole en l'air. Le souverain avait la réputation de toujours tenir ses promesses et de ne jamais oublier ses amis... comme ses ennemis.

– Un jour peut-être, Majesté... Je vous remercie, mais aujourd'hui vous ne pouvez rien pour moi.

L'image de Jennifer allongée dans la poussière à côté de l'ambulance en flammes lui revint à l'esprit.

30 janvier 1983.

Quatre jours plus tard, Christopher débarqua à Orly Sud par le vol Air France 2044 en provenance d'Agadir.

En passant devant les boutiques hors taxes, il s'arrêta pour acheter « Le Monde » et « Life ». On parlait beaucoup du Maroc. Le président François Mitterrand y était actuellement en visite officielle. Fidèles à leur tradition d'hospitalité, les Marocains le recevaient avec beaucoup de faste.

Une autre nouvelle retint l'attention de Christopher... La veille, le général Ahmed Dlamouchi avait trouvé la mort dans un accident de voiture sur une petite route de la palmeraie de Marrakech. Il venait tout juste de quitter le palais royal.

Le roi du Maroc perdait avec lui un de ses plus proches collaborateurs. Pourtant les journalistes s'interrogeaient. Certains disaient que ce n'était pas un accident. Quelques heures plus tôt, le roi aurait convoqué son général pour une mise au point houleuse. On murmurait qu'il s'agissait d'un coup d'État avorté.

En réalité, personne n'avait d'informations vraiment précises. Christopher songea qu'il faudrait beaucoup de temps pour connaître la vérité. Ils étaient si peu à la posséder !

La solution n'était peut-être pas au Maroc.

Le coup de téléphone menaçant du Bourget lui revint soudain à l'esprit. Il comprit soudain. L'homme qui l'avait appelé avait dû pressentir le risque énorme qu'il courait si Christopher réussissait à récupérer Ould Hassan. Malgré les formidables précautions des Libyens, il avait voulu arrêter la machine infernale.

Il sortit de l'aérogare. Le ciel était gris. Une pluie fine tombait sur Paris. Il releva le col de son blouson et se dirigea vers la file des taxis. Pour la première fois de sa vie, une écrasante sensation de solitude l'envahit. Il faudrait qu'un jour le responsable de tout cela soit puni.

Au milieu d'un parking, un immense panneau publicitaire montrait une fille brune courant en jean au bord de l'eau. La mer avait la couleur de ses yeux. Pendant une seconde, il ne vit plus que la tache de lumière dans la grisaille des bâtiments.

Jennifer riait. Elle semblait heureuse.

Il eut l'impression qu'elle le regardait. Il ferma les yeux un instant et monta dans un taxi.

Il aurait préféré ne pas la revoir.

— FREDERIC ZUMBIEHL —

PILOTES DE L'AÉRONAVALE
PILOTES DE CHASSE
PILOTES DE L'EXTRÊME

— ANTONY ANGRAND —

AS DE LÉGENDE - *4 tomes*

— LUTZ WARSITZ —

PREMIER PILOTE DE JET

— NEIL WILLIAMS —

J'AI EU 9 VIES !

— EUGENE CERNAN & DON DAVIS —

J'AI ÉTÉ LE DERNIER HOMME SUR LA LUNE

— WILLIAM PROCHNAU & LAURA PARKER —

MIRACLE SUR L'HUDSON - *Le témoignage des rescapés*

* * * * *

Dans la collection ALTI-POLAR

— JEAN-PIERRE OTELLI —

OMEGA POINT - *Le piège de Kadhafi*

— FREDERIC ZUMBIEHL —

CHARLIE BLUES

* * * * *

Dans la collection L'HISTOIRE DANS L'HISTOIRE

— ANNE-MARIE MOMMESSIN —

FEMME À SA TOILETTE - *Beauté et soins du corps à travers les âges*
FEMMES CRIMINELLES - *Coupables hier... innocentes aujourd'hui !*

Et bien d'autres ouvrages à découvrir sur notre librairie en ligne :
www.altipresse.com

Cet ouvrage a été imprimé en France par

CPI
BUSSIÈRE

à Saint-Amand-Montrond (Cher)
en mai 2013

N° d'impression : 2003213.
Dépôt légal : juin 2013.